U0366843

大海洋出版工程
智库系列

中国海洋装备工程科技发展战略研究院
CHINA STRATEGY INSTITUTE OF OCEAN ENGINEERING

海洋装备产业链发展现状与展望

郑洁　主编

上海交通大学出版社
SHANGHAI JIAO TONG UNIVERSITY PRESS

内容提要

本书以海洋运载、海洋油气开发、海洋安全保障、海洋动力四大领域装备的产业链为对象,分别从国际、国内两个维度,来研究海洋装备产业链的发展现况与问题,跟踪国际动态,分析国际海洋装备产业的格局及其变化,研判国际海洋装备产业链的发展趋势,界定海洋装备产业链的内涵,构建谱系图,厘清海洋装备产业链上、中、下游主要环节的发展现状及优、劣势,基于海洋强国、"双循环"和"碳减排"等国家战略需求,面向 2035 年、2050 年提出我国海洋装备产业链未来高质量发展的原则、目标、重点任务、路线图及相关举措和建议,以期为我国船舶、海洋工程、海洋油气等行业领域的专家、学者研究产业链问题提供参考。

图书在版编目(CIP)数据

海洋装备产业链发展现状与展望/郑洁主编.

上海:上海交通大学出版社,2024.12. —ISBN 978-7-313-31926-5

Ⅰ.F426.4

中国国家版本馆 CIP 数据核字第 202424JN04 号

海洋装备产业链发展现状与展望
HAIYANG ZHUANGBEI CHANYELIAN FAZHAN XIANZHUANG YU ZHANWANG

主　　编：郑　洁
出版发行：上海交通大学出版社　　　　　地　　址：上海市番禺路 951 号
邮政编码：200030　　　　　　　　　　　电　　话：021-64071208
印　　制：上海文浩包装科技有限公司　　经　　销：全国新华书店
开　　本：710mm×1000mm　1/16　　　印　　张：14
字　　数：239 千字
版　　次：2024 年 12 月第 1 版　　　　　印　　次：2024 年 12 月第 1 次印刷
书　　号：ISBN 978-7-313-31926-5
定　　价：98.00 元

本书编委会

顾　问

林忠钦　严新平　周守为　黄　震　邱志明

编写组

卢明剑　汤　敏（海洋运载装备领域）

付　强　程　兵　朱　琳（海洋油气装备领域）

肖　进　谢晓敏（海洋动力装备领域）

马　蕊　蔡　鹏　王欣月（海洋装备产业链需求与规划）

陈建华　冯　炜　霍炳璋（海洋安全保障装备领域）

郑　洁　柳存根　薛鸿祥　曾一非（总稿统筹）

建设海洋强国寄托着中华民族向海图强的时代夙愿，肩负着实现中华民族伟大复兴中国梦的重要使命。党的十八大以来，以习近平同志为核心的党中央高度重视海洋强国建设，从统筹中华民族伟大复兴战略全局和世界百年未有之大变局的高度，擘画建设海洋强国宏伟蓝图，采取了一系列具有划时代意义和里程碑标志的重大举措，海洋强国建设实现一系列突破性进展，取得一系列标志性成果。

当前，我国正处于由海洋大国迈向海洋强国的关键时期。如何以习近平总书记关于建设海洋强国的重要论述精神为指引，立足中国式现代化战略全局，准确把握我国海洋强国建设的核心问题、推进海洋工作的方向和目标，显得尤为重要。作为思想库、智囊团，海洋领域智库是国家软实力的重要组成，对海洋强国建设、国家经济社会发展和全球海洋关系处理具有重要参谋作用。这也是海洋领域智库建设的必然始因。

正是在这样的时代背景下，我们精心策划并推出了"大海洋出版工程·智库系列"，旨在为我国海洋强国建设提供坚实的智力支撑。丛书阐述海洋强国建设中科技、经济、人才、教育等全方位发展前沿、动态、问题、趋势等，为政府决策提供智力支撑。

丛书汇聚了海洋领域智库的最新研究成果与前沿思考，具有以下显著特点：一是综合性，既有海洋强国建设宏观问题阐述，也有科技、产业、人才等关键问题针对性研究；二是战略性，对海洋强国建设中科技发展趋势、政策导向、国际竞争态势等进行深度剖析、深入解读；三是前瞻性，分析海洋强国建设中的新技术、新业态、新模式、新产业、新思想和新理念等；四是持续性，丛书计划持续出版，以开放式的选题和内容，介绍我国海洋强国中的新机遇、新趋势、新进展、新经验，力争成为展现海洋战略研究领域最新研究成果的知名出版物。

丛书旨在构建一个全面、系统、开放的海洋智库研究出版物,促进海洋智库成果转化,既为海洋科技工作者、教育工作者及公众提供权威、实用的参考资料,也能够对国家和部门决策及行业发展产生积极影响,为推进我国海洋强国建设、为推进中国式现代化做出时代贡献。

林忠钦

2024 年 12 月

序

　　中国海洋装备工程科技发展战略研究院作为中国工程院和上海交通大学共建的海洋领域科技智库，围绕海洋科技创新、海洋经济高质量发展、海洋产业转型升级、海洋权益保障维护等方面，开展了系列高水平、前瞻性、综合性、持续性的战略研究，产生了一批智库研究成果。作为大海洋出版工程的重要组成部分，"智库系列"将集中呈现中国海洋装备工程科技发展战略研究院的最新成果，服务海洋装备工程领域科技决策、产业发展和人才培养。《海洋装备产业链发展现状与展望》是"智库系列"的首本出版物。

　　海洋装备是支撑海洋开发活动的重要抓手。保障海洋安全、促进海洋经济发展、实现"碳减排"等国家战略，对海洋装备产业链供应链的高质量发展提出迫切需求。随着海洋强国战略的推进，我国建立起较为完备的海洋装备工业体系，成为世界第一造船大国，在深水油气钻井平台、豪华邮轮、液化天然气（LNG）运输船研发设计与建造方面取得一系列成绩和突破。

　　海洋装备产业链是从原材料到终端产品的海洋装备相关产业组成的完整链条，包括原材料、研发设计、配套、总装建造、船海服务及运行维护等主要环节。总体来看，海洋装备产业链长且复杂，是由各行各业、全球配套形成的，很难完全实现国内自主配套。在此客观因素下，结合俄乌战争等国际形势来看，我国面向全球大市场采购的海洋装备产业链供应链可能面临"断链"的风险。

　　虽然我国海洋装备工业体系完整，但目前仍处于价值链中低端，无法满足供应链自主可控及装备高端化发展的需求。海洋装备产业链高质量发展面临亟待解决高端原材料、核心关键技术、总装建造智能化、核心配套受制于人及运维服务能力不足等方面的问题。在此背景下，研究建立基于国内产业支撑的、安全自主的海洋装备产业链,既是挑战,也是机遇。

本书系中国工程院2022年重大战略咨询项目"我国海洋装备产业链发展战略研究"的成果之一。在无法健全海洋装备产业链的客观现实下,本书不求大而全地解决所有产业链问题,但求尽可能抓住痛点和弱点,聚焦技术链和供应链研究,重点回答和解决影响我国海洋装备产业链发展的自主研发、自主配套等短板弱项问题。

在研究内容方面,本书从国际、国内两个维度研究海洋装备产业链的发展现况与问题,以海洋运载装备、海洋油气开发装备、海洋安全保障装备、海洋动力装备四大领域的产业链为主要研究对象,总结海洋装备产业链发展中存在的共性问题,以期为海洋装备产业链的高质量发展建言献策。首先,跟踪国际动态,研究国际海洋装备产业链格局及其变化,研判国际海洋装备产业链发展趋势、前景及其对我国海洋装备产业链发展的影响。其次,基于海洋强国、经济高质量发展、"双循环"和"碳减排"等国家战略需求,从国家安全、海洋产业发展、行业高质量发展等方面评估我国海洋装备产业链的发展需求;界定海洋装备产业链的内涵,分析海洋装备产业链上、中、下游主要环节,构建谱系图。再次,从市场规模、核心关键技术、产业差距、在全球供应链中的地位等方面厘清主要领域海洋装备产业的发展现况,剖析海洋装备产业链发展存在的共性问题、长板优势及短板弱项。最后,围绕"海洋强国、制造强国、科技强国"等国家战略需求,面向2035年、2050年等重要时间节点提出我国海洋装备产业链高质量发展的原则、目标、重点任务、路线图及相关举措建议。

本书是集体智慧的结晶。本书的顺利出版要特别感谢林忠钦院士、严新平院士、周守为院士、邱志明院士、黄震院士的指导和帮助。在此过程中还得到了中国工程院、中国船舶工业行业协会、中国船舶集团有限公司等相关行业单位和企业的大力支持,相关行业资深专家也提出了宝贵的意见和建议,帮助提升了成果质量。

在此,还要对诸位院士团队的主要执笔人在出版中做出的贡献表示感谢,他们分别承担了相关研究工作,为本书的编撰提供了重要支撑:武汉理工大学,卢明剑、汤敏;中海油研究总院有限责任公司,付强、程兵、朱琳;中国人民解放军海军研究院,陈建华、冯炜、霍炳璋;上海交通大学,柳存根、薛鸿祥、肖进、谢晓敏、马蕊、蔡鹏、曾一非、王欣月、张海霞。

最后,对上海交通大学出版社参与本书编撰工作的相关人员的辛苦付出,一并表示感谢。

由于海洋装备涉及的专业领域广,海洋装备产业链涉及的工业体系庞大,本书搜集到的资料有限,仅以主要海洋装备领域的产业链发展为例进行阐释,抛砖引玉,不足之处敬请广大读者批评指正。

中国海洋装备工程科技发展战略研究院

2024 年 12 月

目录

一、研究背景与意义

实现海洋强国,需要以海洋装备产业的高质量发展为立足点和突破口。海洋装备产业外向型特征明显,市场竞争高度国际化,受全球宏观经济的影响密切,其产业链涉及诸多环节,链长且复杂,集制造业之大成,能够反映一个国家科技和工业的发展水平。海洋装备产业链的自主可控、安全稳定,是构建双循环新发展格局的基础,也是保证我国经济社会可持续发展的根基。从产业链来看,海洋装备产业链是由上游的设计、原材料、配套产品,中游的海洋装备总装制造,下游的运行维护和船海服务等主要环节所构成的。

目前,我国海洋装备行业对国民经济、制造强国建设所发挥的作用并不明显,尚未满足国家海洋强国建设等战略需求。国内大部分海洋装备产品的设计技术相对成熟,浅水和低端装备设计积累了较多的经验,用于浅海、近海的低端配套设备方面有所突破,但海洋高端配套装备产业起步晚、基础差,设计能力还相对薄弱,与国际水平差距明显,高端海洋配套设备领域尚有空白待填补。海洋装备大型成套配套设备的制造能力不足,核心零部件依赖进口,产业链处于价值链低端。一旦全球供应出现紧张,或被制裁,对外依存度高、市场资源"两头在外"的海洋装备行业的发展将面临极大风险,难以保障国家海洋经济的可持续发展。

虽然海洋装备建造的重心已经向亚洲转移,我国海洋装备制造业近年来整体也呈上升趋势,2023年,以载重吨计,我国造船完工量、新接订单量和手持订单量三大指标分别占全球总量的50.2%、66.6%和55%,以修正总吨计分别占全球总量的47.6%、60.2%和47.6%,前述各项指标的国际市场份额均保持世界第一。但在高端海洋装备制造和设计、关键通用与专用配套设备集成供货等领域,欧美企业仍然占据着垄断地位,始终处于整个海洋装备产业链的高端地位。

随着海洋能源资源的不断开发,海洋装备产业的国际竞争将会更加激烈。各海洋强国正在加紧布局未来海洋装备产业的发展,我国面临激烈的国际竞争形势。韩国前总统文在寅宣布 2030 年韩国力争"第一造船强国"地位,实现绿色船舶 75% 的市场占有率,自主船舶占全球 50% 的市场份额等系列目标;英国出台《国家造船战略》,将造船业视为工业核心,计划以 40 亿英镑打造"造船强国"。

保障海洋安全、发展深蓝海军、促进海洋经济发展和"碳减排"等国家战略,对海洋装备产业链和供应链的安全自主提出了迫切需求。海洋装备行业更应着力增强产业链自主可控能力。解决海洋装备产业链与产业发展的自主可控安全问题,应重点提升海洋装备产业链的基础能力和产业链关键环节的掌控能力,提升我国海洋装备在全球产业链价值链中的地位和竞争力,促进海洋装备的高质量发展,进而带动海洋国防、海洋权益维护、海洋经济各领域的协同发展。

在此背景下,本书从国际、国内两个维度研究海洋装备产业链的发展现况与问题,以海洋运载、海洋油气开发、海洋安全保障、海洋动力四大领域装备的产业链为主要研究对象,总结海洋装备产业链发展中存在的共性问题,以期为海洋装备产业链的高质量发展建言献策。

首先,在国际层面,跟踪国际动态,梳理世界海洋装备的发展历程,研究国际海洋装备产业链的格局及变化,研判国际海洋装备产业链的发展趋势、前景及其对我国海洋装备产业链发展的影响。

其次,在国内层面,结合海洋经济发展、双循环等国家重大战略,分析海洋装备产业链发展的重要性和紧迫性;界定海洋装备产业链的内涵与环节构成,构建谱系图;从市场规模、关键核心技术、产业差距、在全球供应链中的地位等方面厘清主要领域海洋装备产业的发展现状,剖析海洋装备产业链发展存在的共性问题、长板优势及短板弱项。

最后,基于海洋强国、经济高质量发展、"双循环"和"碳减排"等国家战略需求,从国家安全、海洋产业发展、行业高质量发展等方面评估我国海洋装备产业链的发展需求;围绕"海洋强国、制造强国、科技强国"的国家战略导向,面向 2035 年和 2050 年提出我国海洋装备产业链未来发展的原则、目标、重点任务、路线图,以及提升海洋装备产业链基础和关键环节掌控能力的政策建议。

二、国内外海洋装备产业链发展现状与关键问题

(一)海洋装备产业链发展概述

本书界定了海洋装备产业链的内涵,认为其是"从原材料到终端产品的海洋

装备相关产业组成的完整链条"，并将海洋装备产业链划分为六大环节，包括原材料、研发设计、配套、总装建造、船海服务及运行维护，其中配套环节重点研究动力系统、甲板机械、舱室设备、通信导航系统、电气及自动化系统、舾装设备的产业发展情况。

总体来看，我国海洋装备产业链上的原材料属于优势环节，主流船型建造所需原材料可基本实现自主可控，仅有高端船舶、深远海油气开发装备、极地和深海勘探开发装备所需的耐腐蚀钢等原材料自主可控性较低。总装建造环节属于优势环节，我国已成为第一造船大国，总装建造能力和水平处于世界第一方阵，但存在生产效率管理水平弱，行业标准和测试验证能力尚处于借鉴、追赶国外先进水平阶段，以及制造与信息技术融合度不高等方面的问题。研发设计属于劣势环节，尤其是高端海洋装备的研发设计基本被国外垄断，比如，缺乏豪华邮轮等新船型的自主创新能力，国内自主可控情况较弱。配套属于劣势环节，虽然我国海洋配套装备产业体系已形成，但核心设备对外依赖度极高，关键技术和基础数据掌控不足、自主配套装备的自给率不足且国际市场占有率很低。比如，海洋装备工业软件90%被美国、欧洲等地区的企业掌控，智能船舶感知控制元器件、高精尖传感器、通信导航等高端配套均为国外进口或引进国外许可证生产。船海服务及运行维护环节基本可以满足国内需求，劣势短板在于国际化服务和市场开拓能力不足。

（二）海洋运载装备产业链国内外发展现状与问题

在海洋运载装备产业链发展方面，绿色零碳船舶是海洋运载装备发展的大势所趋。从国际发展格局来看，欧洲占据高端海洋运载装备产业链供应链，在研发设计、产品谱系（品牌）、配套设备、全球运维服务方面占据明显优势，是国际标准和规则的率先践行者，除邮轮、特种船外，已基本退出总装建造市场。韩国正在致力于打造第一造船强国，推动产业链自主发展，液化天然气（LNG）运输船、超大集装箱船和油船的总装建造产业在国际市场中占据优势；在配套设备方面，除通信导航系统外，基本自给自足，舱室和甲板机械等大量出口，成立了船用设备全球服务中心，建成全球服务网络，逐渐占据更多国际海洋运载装备中高端的市场份额。日本正在以智能绿色转型为契机，重塑产业核心竞争力，其虽在总装建造领域的国际市场竞争力逐渐削弱，但正致力于整合船厂，开展一系列数字化、信息化改造，以期开拓新业务；在配套设备方面，日本的产业能力较强，本土化装船率可达95%以上，并通过许可证转让等方式大量出口。

从国内发展现状来看,海洋运载装备产业体系相对完善,核心技术受制于人,高端装备供应链薄弱,亟待提升自主创新、自主配套能力,推进智能化水平。在原材料方面,三大主力船型钢板可立足国内生产和采购,尚存在耐腐蚀钢研发生产难度大,极地船用低温钢研发处于起步阶段,船舶涂料以合资、外资企业为主,国产船舶材料性能弱等问题。在总装建造方面,我国目前的总装造船产能稳居世界第一,市场地位超过日本,但在自动化、智能化、绿色化方面落后于日本和韩国,存在建造效率不高、工艺水平待提升、邮轮总装建造供应链体系薄弱等方面的问题。在设计研发方面,具备了三大主力船型的自主设计能力,LNG 运输船、邮轮等高端船型的研发设计处于起步阶段,目前面临船舶设计软件多为国外进口,缺乏对新船型新运输平台的自主创新设计,极地船、邮轮研发能力薄弱等方面的问题。在配套方面,目前基本具备三大主力船型动力与机电设备配套能力,但仍是海洋运载装备产业链上的薄弱环节,国产化率约为 40%,自主配套设备的性能可靠性与国外的差距大,在远洋船舶上的装载率较低,目前国内对极地船、邮轮的配套设备进口依赖很大。在船海服务方面,国内基本形成了与海洋运载装备发展相关的标准制定、船级认定、金融保险等服务体系,综合来看,仍存在软服务能力缺乏国际竞争力、融资渠道单一、船舶保险服务能力不及国外、标准制定国际话语权较弱等方面的问题。在运行维护方面,国内的修船产业占据全球核心地位,港口基础设施规模化,但总体来看,修船业处于价值中低端,效率低,产能过剩,大型 LNG 加注港尚未建设,全球运维服务网络建设不足,无法支撑配套设备参与国际市场竞争的需求。

(三)海洋油气装备产业链国内外发展现况与问题

总体看来,我国海洋油气装备产业链的原材料环节属于优势环节,国内钢铁企业可基本满足海洋油气装备钢材市场的大部分需求,优势的海洋油气装备原材料产品主要有 D、E、F 级海洋平台用钢和 X65、X70 大壁厚海管钢,空白产品主要为以铁镍基合金、镍基合金、奥氏体不锈钢等为代表的耐蚀合金海工用钢;弱势产品及潜力产品主要为(超)高强度钢、(超)低温用钢材料。海洋油气装备的总装建造环节属于优势环节,国内目前建造的海工产品覆盖产业链的上、中、下游,可实现多数浮式生产装置集成能力,但也面临制造效率和质量待提升、智能数字化生产工艺差距大、立柱浮筒式平台(SPAR)建造能力缺乏等问题。研发设计环节属于劣势环节,虽然我国已经掌握了 300 米水深导管架、全海域全天候全系列浮托设计能力,初步形成 1500 米水深半潜式生产平台设计能力,但与国外相比仍有不小差距,特别是在超深水、绿色、智能的海洋高技术领域,国内现行的多数海洋油气装备结构有限元模拟分析多依赖国外软件,亟须建立相关海工装备在水动力载荷、稳性分析、结构分析、强度分析、安装分析等方面的自主软件体系;另外,海洋油气装备设计能力的国际认可度也有待进一步提高。海洋油气装备的配套环节属于劣势环节,虽然浅水油气开发配套设备能力已得到提升,浅水油气勘探配套可实现国产替代,但深水钻井、生产、应急救援设备对外依存度高,核心配套设备自主研发能力弱,国际竞争力弱。在海上安装环节,国内已经掌握了五大板块、十四类海上核心安装业务技术,但仍存在深水浮式生产设施安装能力、水下生产装备的集成测试与安装能力有待提升,智能化手段不足等问题。在运行维护服务方面,浅水油气装备的运行维护服务已实现高度自主;深水运行维护能力基本具备,但仍面临部分关键设备的大修维护等服务依赖进口商,尚未形成大型海洋油气装备国际化的运维模式等问题。

(四)海洋安全保障装备产业链国内外发展现状与问题

从国际海洋安全保障装备产业链上游的研发设计环节来看,欧美和日、韩等国家及地区都具有自主研发设计装备的能力,设计理念先进,建设计划不断增加。美国海军、欧洲海军在该产业链上游具有较高的创新创造能力。以美国为首的西方强国由于占据高技术领域,不断创新创造全新的作战概念,提出颠覆性、前沿性技术,设计出技术含量高、集成难度大的海洋安全保障装备。国际海洋安全保障装备产业链上配套环节的市场空间巨大,比如,未来10年世界舰载雷达市场空间累计达343亿美元,未来10年全球光电系统市场空间累计超过1179亿美元,其中海军方面运用最多。国际海洋安全保障装备产业链中游总装建造重组合并的需求强烈,做大做强成为趋势。欧美国家当今的安全船舶制造业正面临着一轮合并浪潮,对于欧洲各船厂间进行合并或建立联盟的必要性在行业内部已经取得了共识。从国际海洋安全保障装备产业链下游的运行维护环节来看,随着全球海洋安全保障船舶船龄的增加,世界各国都在通过先进的设备和在役维护或大修计划对其船舶进行现代化的投资改造,船舶维护、修理和大修产业的主要竞争者包括通用动力公司、蒂森克虏伯股份有限公司、BAE公司和亨廷顿·英格尔斯工业公司,这些公司正在通过采用新技术来降低维护成本,并从世界各国的海军获得新的长期合同,从而扩大其在市场上的影响力。

通过近年来的各大海洋安全保障船舶设计经验的积累,目前我国相关装备产业链研发设计的能力显著增强,自主设计开发软件的成果进步明显,能够依托国产先进的数字化手段开展复杂船舶设计,确保设计、生产、维修一体化。但平台总体集成的创新设计能力仍旧较弱,缺少特定船型的原始创新,跟踪国外研究多,应用研究少。究其原因是我国的基础研究创新能力偏弱,集成多学科的优化技术不被重视,总体设计偏保守等。此外,还存在因设计和总装建造环节使用的设计软件不兼容的问题,影响生产效率。在海洋安全保障装备产业链的原材料方面,一是部分主干材料受制于人,比如某船用涂料,虽然国内替代产品已逐渐上市,但在指标和实际性能上与进口产品仍有差距,目前我国军用舰船仍使用西方国家的产品;二是部分合金材料的可选择性不多,虽然有的合金技术已成熟,但由于市场价格偏高,仍无法大面积用于船舶建造中的某些关键结构的减重环节。在海洋安全保障装备产业链的配套环节,因技术能力有限,导致少量核心关键高端配套产品无法实现国产化的生产供应,一旦发生国外市场断供,可能存在部分关键部件断链和延迟交付的风险。此外,部分配套产品国内竞争不充分、供货渠道来源单一,某些供应商提供的产品存在采购价格垄断、价格降幅有限的问题;若供方上游渠道出现断链,将严重影响配套任务的进度。

(五)海洋动力装备产业链国内外发展现状与问题

在航运业脱碳转型的背景下,国际海洋动力装备商业巨头纷纷加快推进新燃料发动机的研制。以低碳燃料(如天然气、醇类、醚类等)、碳中和燃料(如生物燃料、合成甲醇、合成 LNG 等)、零碳燃料(如氢、氨、电能等)等为代表的清洁燃料应用对海洋动力装备产业链的发展提出了更高要求。曼恩(MAN)公司计划于 2024 年将用于大型远洋船舶的二冲程氨燃料发动机投放市场,随后将提供翻新改造服务,以使现有船舶能在 2025 年前以氨燃料运行。瓦锡兰公司正在计划推出纯氨燃料、纯氢燃料船用发动机,韩国的三星重工、现代重工等企业正在聚焦开发船用氢燃料电池、氨燃料四冲程发动机等新型船舶动力装备。总体来看,当前国外低碳零碳发动机技术研究的应用还处于初期阶段,为我国在低碳零碳海洋动力装备领域实现技术突破和引领提供了战略机遇。

此外,国外海洋动力装备的研发与制造体系趋于分离,正在通过区域一体化的高端产品开发模式占领高价值市场。随着全球产业转移与分工演变,世界船用低速机行业研发与制造体系分离。船用低速机制造主要集中在中、日、韩三国,产量占世界总量的 90% 以上。在欧洲范围内已形成完整的船用发动机整机研发、关键零部件及系统开发、前沿核心技术研究的一体化研发设计平台,如在开发某型号发动机时,轴瓦、活塞环、电控系统、燃油系统等均有专业厂商参与同步开发,大学和专业设计公司的参与更确保了新产品的高技术水平。

从国内发展现状来看,我国已建成较大规模的海洋动力装备生产基地,分别是长三角、环渤海和珠三角地区。十八大以来的自主创新阶段,取得了一系列成就,如成功开发了双燃料发动机(CX40DF)、EX340EF‑UB船用电控低速柴油机、WinGD X52、8M23G气体机和CS27智能中速机等。目前,国内海洋动力装备产业链仍存在以下问题:一是低速机目前仍然以专利授权方式生产为主,自主品牌刚起步,有初步成果,但无法从总体上掌控低速机产业链,在业界话语权不够。二是我国船舶中速机生产企业众多,产能分散,且地域分布广泛,企业规模和研发的生产能力参差不齐。整机市场呈现两个极端:远洋船、工程船、特殊用途船等中高端市场几乎全部为许可证和进口中速机产品配套;内河沿海运输船舶中低端市场几乎全部为国产低端中速机产品配套。三是我国已经逐步掌握船舶柴油发电机组主要技术,产品大部分技术指标已经达到国际先进水平,但发电机组相关设计与仿真分析软件仍依赖进口,关键部件的技术性能也存在一定的差距,国产产品的整体工艺水平、产品的质量稳定性和可靠性也有待提升。

三、促进我国海洋装备产业链高质量发展的举措建议

促进海洋装备产业链的高质量发展可首先考虑从以下两个方向着手:第一,以绿色、智能为着力点,依托产业链短板能力提升工程、船海领域"新基建"工程等重大工程和项目,分类施策,推进海洋装备关键产品和技术的国产化及国际化。第二,聚焦海洋装备产品和产业链的高端环节、"卡脖子"环节,顶层规划分类、分阶段部署。梳理重点依赖进口的产品和设备清单,形成路线图,明确5~10年攻关的阶段目标,培育一批填补国内空白、具有世界影响力的创新型海洋装备产品。具体的建议举措包括如下几方面。

一要把海洋装备高端产业支撑政策的建立放在首位,以政策引导市场发力,加快高端海洋装备产业核心技术攻关。通过政策机制调整,将国有企业、民营企业紧紧地拢成一个大的产业集团,由企业牵头,联合高校等科研单位集中攻关,提升科技创新能力。另外,要抓住和利用国家计划建立区域创新中心的机会,以总装建造牵引配套等上、下游产业的协同发展。

二要面向国家重大需求、面向前沿技术,特别是着眼未来绿色智能技术的发展,着力实施海洋装备产业链长板工程。加快海洋装备企业转型升级,利用数字技术对传统产业进行改造和提升,如船舶工业。在打造优势产品、优势品牌的同时,还应重视建立一套极端情况下的应对策略和方案,以充分应对制造业回流、

产业回购等影响海洋装备产业链稳定发展的不利因素。

三要以实现"双循环"和"双碳"目标为契机,换道超车,拓展布局新的海洋装备产业链,加快探索未来我们能够站在国际制造、高端海洋装备的突破口,锚定海洋装备产业应该聚焦的重点方向和任务,如绿色低碳、智能方向。以重大装备的创新研发为牵引,逐步建立和完善海洋装备产业链上不足和缺失的装备设备及关键技术。

四要加大需求拉动和培育市场需求的研究。海洋装备产业链的高质量发展势必要走国际化的道路,仅靠内需驱动是不够的。要谋求国际合作,获取更多的国际订单,通过退税奖励等方式鼓励企业使用国产配套设备,提升国产配套能力,这是拉动和培育国内高端海洋装备市场的重要方式。另外,市场品牌的建立和售后服务,对提升国际竞争力而言非常重要。

第一章

海洋装备产业链内涵与图谱构建

本章重点界定海洋装备产业链的内涵,认为其是"从原材料到终端产品的海洋装备相关产业组成的完整链条",并将海洋装备产业链划分为六大环节,包括原材料、研发设计、配套、总装建造、船海服务及运行维护,其中配套环节重点研究通用配套设备和专用配套设备。在此基础上,阐述了海洋装备产业链图谱构建的原则和形式,明确了本书研究过程中评价海洋装备产业链的方法和思路。

第一节　海洋装备产业链内涵

一、海洋装备的内涵与分类

经系统梳理发现,目前由于海洋装备的内涵缺乏统一界定,学界对海洋装备的类别划分存在交叉。中国海洋装备工程技术发展战略研究院发布的《中国海洋装备发展报告》中将海洋装备定义为:人类从事海洋活动中使用的各类装备和配套设备的总称。

中国船舶集团有限公司(以下简称"中船集团")将海洋装备分为四大类:海洋运输装备、海洋开发装备、海洋安全装备、海洋科考装备。海洋运输装备主要是指各类海洋运输船舶,海洋开发装备主要是指各类海洋资源勘探、开采、储存、加工等方面的装备,海洋安全装备主要是指各类海洋军事装备和海上执法装备,海洋科考装备主要是指各类专门用于海洋资源、海洋环境等科学调查和实验活动的装备。

此外，学界也对海洋装备的概念和主要类型进行了梳理。

海洋运载装备是指以开发和利用海洋资源、维护海洋权益为目的的运输与作业装备，是认知海洋、开发海洋、利用海洋、维护海洋权益的基础和保障。按照用途和功能可以分为两大类：以运输为目的的民用商船及装备；为完成特定海上任务，以作业为主要用途的特种船舶及装备。

海洋安全保障装备是指以满足海域监控和管控为目的，与维护、保障国家海洋安全相关的海洋装备。为满足海域监控和管控目的，需要具备海域感知和海上维权两方面的能力。海域感知装备主要指用于掌握与海域相关可能影响国家安全、安保、经济或环境的目标及环境信息的装备，包括海洋监视预警装备和海洋环境观测装备，其中前者针对管控海域的空中、水面以及水下目标，后者针对海洋气象、水文、地理环境等海洋环境。海上维权装备主要指海上维权力量所使用的用于执行海洋权益维护保障行为的装备，包括海上维权平台装备、武器装备和执法取证装备等。吴有生院士团队则提出，海洋安全保障装备指针对军民融合、寓军于民的相关海洋安全保障装备，包括海上执法船（如海警船、海监船、渔政船、海巡船、海关船等）、海上救助船、多用途保障船、海上保障基地（如活动基地、海礁基地、水下安保系统）等，但不包括海军作战装备。

本书结合主要研究内容与目标需求，主要选取我国发展多年且比较成熟，已形成较为完整产业链的海洋运载装备、海洋油气装备、海洋安全保障装备、海洋动力装备的产业链发展情况作为主要研究对象。

二、海洋装备产业链内涵

（一）海洋装备产业链

1. 产业链的内涵及发展

在西方，产业链的研究起源于 17 世纪末，以亚当·斯密为代表的古典经济学家认为，产业链是指企业将外部采购的原材料和零部件通过生产和销售等活动，传递给零售商和用户的过程。新古典理论和新古典学派经济学代表人物马歇尔则强调企业之间分工协作的重要性，被视为产业链理论的真正起源。1985年，迈克尔·波特在《竞争战略》中首次提出了价值链（value chain）的概念，指出价值链不仅存在于一个企业内部，也存在于不同企业之间，不同企业价值链之间存在着纵向联系，以获得竞争优势。自此，基于价值链的产业链研究兴起，从价值链视角考察产业链内各环节的价值增值活动及其关联关系,如哈里森基于价值网络的概念将产业链定义为一个网络体系,即包括原材料采购、中间商品和成品转换及成品销售,强调价值链增值过程和产品链价值贡献的功能作用。

供应链概念产生后,西方学者开始从供应链的角度研究产业链,如荷利汉认为,产业链是从供应商到制造商再到分销商,最终到达消费领域的所有物质流动。斯蒂文斯则将产业链视为贯穿在物流和信息流中的一个系统;供应链的研究是为了降低采购成本,确保安全供给及企业的正常运行。

西方现代学者对产业链的相关研究主要集中在企业和产业两个层次,从国家角度来看,并未将产业链视为独立的对象进行系统研究,研究重心是产业链的表现形式等方面。国外学者主要是在经济全球化、信息技术高速发展和企业之间竞争复杂化的基础上,立足于企业的可持续发展,将企业之间的价值链作为新兴方式分析产业链现象,主要解决产业链中企业的纵向整合或企业之间跨组织的资源整合问题。

总体来看,尽管产业链概念的产生起源于国外,但是由于国外的经济发展更多地关注于微观的企业领域的发展,因而,随着价值链理论的兴起,国外的理论现在基本上集中于对企业价值链和供应链的研究,而较少涉及产业链的研究。

20 世纪 90 年代,产业链的概念在我国真正引起关注。国内学者对产业链的内涵、类型、效率、形成与运行机制、全球运作等多个角度进行了深入研究。作为一个本土化概念,产业链带有很强的中国产业发展的竞争与垄断、分工与协作、生产效率与效益等特色烙印。

从产业分工的活动视角来看,产业链是由核心企业为主导的相关联的产业群体基于产业分工而产生的,因此,产业链包含从产业的原材料采购到产品生产加工再到产品销售的各个环节的产业活动所构成的整个纵向链条。

从产业空间的组织形式来看,产业链是建立在价值链或价值增值功能基础上的新型空间组织形式,表现为一定产业集聚区域内的一种战略联盟关系链,将产业链视为是一种介于产业组织和企业组织之间的研究范畴。从价值链角度看,产业链是产业价值转移和创造过程的一种反映,强调产业链内的价值活动及其价值增值环节。从产业关联的视角看,产业链其本质是两个以上分工不同的产业部门经济的联系和实现协调供应的需要所构成的一种经济关联关系,包括投入产出、供给需求等方面的数量比例关系。

2. 产业链与价值链、供应链之间的关系

产业链并不是一个独立的概念,是与价值链、供应链、生产链交织,贯穿于产

业组织的生产活动、价值活动和供应活动在内的集合,与生产链、价值链、供应链的概念存在交织。在分析不同定义异同的基础上,对相关概念做出以下界定。

产业链(industry chain)是由从原材料到终端产品的相关产业所组成的完整链条,是由处于不同行业或不同行业阶段的企业所构成的生产服务协作的体系。

价值链是指企业在一个特定产业内的各种活动的组合,它反映企业所从事的各个活动的方式、经营战略、推行战略的途径,以及企业各项活动本身的根本经济效益。与产业链相比,价值链上的营销、生产成本等都是可计算的,是一种微观的概念。

供应链(supply chain)是指在生产和流通过程中,涉及将产品或服务提供给最终用户活动的上游与下游企业所形成的网络结构。供应链是从采购生产资料到制成产品,并经由销售、运输网络把产品送达终端,将供应商、制造商、分销商直到最终用户连成一个整体的产业生态体系。产品的生产和销售通过这种网链结构和产业生态体系、由这一链条上的相关企业分工合作来共同完成。与产业链相比,供应链是一个微观概念范畴,它从物流管理的角度来分析供应情况,过程中涉及的仓储、运输等成本都是可以计算的。

总的来说,产业链的范畴大于价值链和供应链,它涉及产业或行业的宏观概念层面,通常所说的产业链都会限定在某一个具体行业的范围内,如汽车产业链、钢铁产业链等,因此三者的研究范围可以用式子表示为,价值链<供应链<产业链。另外,三者涉及的研究对象不同,价值链主要是研究企业内部的生产运营环节,并不涉及市场的交易行为;供应链研究有供求关系的企业之间的协调与合作,主要是通过市场的交易行为来完成,以降低市场的交易费用;产业链则是以整个产业为研究对象,不仅涉及市场的交易竞争行为,同时还与国家的整体经济战略和产业政策相关,带有一定的政府调控或指导性,并不是完全的市场竞争行为。

3. 海洋装备产业链的定义

海洋装备业属于复杂程度高、综合性强的大型装备制造业,除了总装制造外,还有庞大的配套体系,涉及大量复杂的设备和系统,如动力系统、机电系统、通信导航系统、各专业化设备及系统等。

根据已有产业链的定义,结合产业链在海洋装备产业的应用研究,认为海洋装备产业链是,由从原材料到终端产品的海洋装备相关产业所组成的完整链条。

(二)海洋装备产业链的构成要素

海洋装备产业链的系统构成包含原材料、研发设计、配套、总装建造、船海服务及运行维护六大主要环节。

原材料是海洋装备产业的基础。海洋运载装备业作为海洋装备业中的重要部分,其产业基础材料一般按照壳(船体)、舾(舾装)、涂(涂装)三大类划分,主要包括钢板、管材、型材、焊材、隔热绝缘材料、管子、管附件、风管、电缆、舾装件以及内装的非金属材料和涂装涂料。海洋油气装备业除了通用材料外,还需要各种核心材料,如海洋自升式平台用大厚度(厚度超过 150 毫米)齿条钢,低温环境用高强度 F 级平台钢,水下井口和采油树用超级双相不锈钢、铁镍基合金、镍基合金等。

研发设计按照阶段流程可以分为概念设计、详细设计、生产设计、完工文件。初步设计阶段是根据船舶所有人使用要求,从船舶总体设计的全局出发,对船舶尺度、总布置、主要性能、船体结构、舾装、内装、轮机、电气、空调、通信导航和自动化等各个主要方面,通过计算、绘图及多方案的分析比较,得出一个合理的设计方案;详细设计是对设计方案的细节进行设计,绘制详图,编制计算书,有的项目还需要进行模型试验并编制试验报告,完成准确而完备的图样和技术文件;生产设计是结合总装建造厂的具体工艺条件,绘制建造所需的全部施工图纸,编制具体的施工工艺规程等技术文件;完工文件是按照建造实际采用的布置、结构、材料、设备等绘制完工图纸,编制各项试验、试航的报告,编制总体性能的完工计算书,并根据航行和操作需要编制有关使用手册和操作手册。

海洋装备配套是指生产和制造除船体/平台以外的所有设备及装置。按照配套设备功能不同,配套设备大致可以分为通用配套设备和专用配套设备。通用配套设备主要包括动力系统、甲板机械、舱室设备、通信导航系统、电气及自动化系统、舾装设备;专用配套设备是指各类不同功能的专用配套设备,包括勘探、钻采、液货维护等。配套环节是海洋装备产业的重要组成部分,其发展水平直接影响海洋装备的综合竞争力。

总装建造环节属于复杂程度高、综合性强的大型海洋装备制造环节。船舶总装是在部件装焊、分段或总段装焊及舾装、涂装的基础上,在船台(船坞)完成船舶整体装焊和舾装、涂装的工艺阶段。在进行船舶总装前,应做好分段的预修整工作、船台上的准备工作,然后进行分段吊装工作及分段装焊工作。

目前,我国已经具备了几乎全部船型的建造能力,也具备了浅海海洋油气装备的建造能力,但特种船型与深海油气装备领域的建造能力还有进一步的提升空间。

船海服务包括国际或国内与海洋装备发展相关的标准、认证、金融、保险等环节。船海服务中的标准由国际海事组织(IMO)及各国政府机构制定。IMO

的宗旨在于促进各国的航运技术合作,鼓励各国在促进海上安全、提高船舶航行效率、防止和控制船舶对海洋污染方面采用统一的标准,处理有关的法律问题。船舶的认证环节由船级社进行,船级社对船舶制造企业建造全过程进行监督和检验,核定其是否符合船级社的规则、政府法定的标准或国际公约的要求,以提供入级服务和法定服务。金融、保险为海洋装备制造企业和航运企业提供买方和卖方的信贷、保函等金融类服务。

运行维护环节主要包括海洋装备的维修保养、售后服务等。维修保养一般分为事后维修、定期维修和视情维修。事后维修是指设备发生故障或性能下降到合格水平以下时采取的非计划性维修,或对事先无法预计的突发故障采取的维修方式;定期维修也称为计划预防维修,目的是实现防患于未然,减少故障和事故,减少停机损失,提高生产效益,是较为注重维修经济性的维修方式;视情维修是指以状态监测和预测技术为基础的一种维修方式,根据系统运行状态的监测数据及预测结果来确定最佳修理时间。售后服务是总装厂或配套厂对售后服务的支撑体系,即服务船舶所有人可调用的服务团队力量,有完善、标准、有效的服务流程;能够准确迅速地提供备件、技术支持;完善的售后服务网络包括拥有具备全球服务网络和能力,便于安排登船服务,处理突发事件等。

第二节　海洋装备产业链图谱构建

一、图谱构建原则

科学性。绘制图谱前期,依据船舶工业体系标准、行业专家意见,参照船舶行业、海工装备行业及其他相关行业的多种产业链图谱形式,确定海洋装备产业链主要环节及产业链图谱的构建形式。图谱经过多轮专家研讨及修改,力求获得行业专家认可,具有一定的科学性。

完整性。根据研究需求,图谱需要全面反映海洋装备产业链的概貌及其主要环节,并体现各行业中的代表性企业及其主要产品的自主可控情况。

层级性。根据行业专家的建议,聚焦"典型的、附加值较高的、自主可控能力亟待提高的海洋装备"构建图谱,在绘制总图谱的基础上,根据研究需要将某海洋装备产业链图谱的绘制分为颗粒度不同的三个级别,便于反映产业链上某个主要环节的二级乃至三级配套产品的行业现状。

二、图谱构建形式

海洋装备产业链图谱架构如图 1 - 1 所示。

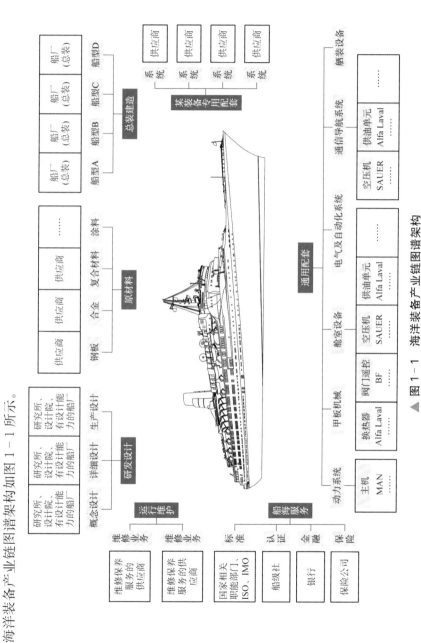

▲ 图 1 - 1　海洋装备产业链图谱架构

第三节　海洋装备产业链的评价

一、产业链上主要产品的确定

海洋装备产业链上的主要产品是指对某个产业链环节影响较大的产品,其确定原则包括高价值和高技术两个方面(两者具备其一即可):①高价值原则,该产品价值量比较大,对成本有较大影响;②高技术原则,该产品的技术壁垒较高,制约产业链环节的整体发展。

二、产业链上主要产品的评价指标

结合并参考信息技术、国防科技和航天等领域的自主可控评价方法研究,总结共性特点,并结合海洋装备产业链的特点,提出了三项一级指标和七项二级指标,以对海洋装备产业链中的主要产品进行评判(见表1-1)。

表1-1　海洋装备产业链上的主要产品判别要素

一级指标	二级指标
国产能力	国内生产企业情况(有/无)
	关键技术自主知识产权情况(有/部分有/无)
技术能力	R&D投入占比(主要企业的数据)
	技术人员占比(主要企业的数据)
	关键零部件国产情况(是/否)
产品性能	与国外产品相比,国产产品的性能(与国外的相差几年)
	国产装船率

三、产业链上主要产品的分类

基于国产能力、技术能力和产品性能三个方面的指标评价,将海洋装备产业链上的主要产品分为四类(见表1-2)。

表1-2　海洋装备产业链上主要产品的分类示例

产品类型	风险及问题类别	设备类型(列举)
空白产品	国内市场空白 完全依赖进口	• 水下生产系统 • 动力定位系统 • 通信导航系统 ……
弱项产品	性能不足 无法满足需求	• 水下传感器 • 海上采油树 • 大功率吊舱推进器 ……
潜力产品	市场竞争力弱 难以形成规模效益	• 船舶防火材料 • 高速发电机组 • 船用双燃料低速机 • 豪华邮轮防火材料 ……
优势产品	自主可控 技术能力强、 性能良好	• 钢板/管材/型材等基础材料 • 动力推进器 • 甲板起重机 ……

空白产品：没有国产能力、完全依赖进口的产品，即国内没有可以生产该产品的企业。

弱项产品：有国产能力，但技术能力较弱、性能不足、无法满足需求的产品，主要表现在不掌握关键技术的自主知识产权、关键零部件依赖进口、科研投入不高等。

潜力产品：有国产能力和技术能力，但市场竞争力弱，难以形成规模效益，主要表现在与国外产品相比，市场口碑和影响力不足，尚未被船舶所有人广泛接受。

优势产品：自主可控，技术能力强、性能良好，已经开始被船舶所有人信任的产品。

海洋装备产业链上产品评价流程如图1-2所示。

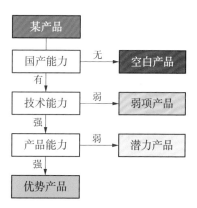

▲ 图1-2　海洋装备产业链上产品评价流程

第二章　国际海洋装备产业及产业链发展现状与趋势

本章首先梳理欧盟、日本、韩国、美国、巴西、新加坡等地区和国家在海洋运载装备、海洋油气装备、海洋安全保障装备、海洋动力装备领域的产业发展规划、特点;其次,概述四大海洋装备领域的国际总体产业格局;再次,以研发设计、原材料、总装建造、配套等海洋装备产业链的六大环节为切入点,重点剖析国际海洋运载装备、海洋油气装备、海洋安全保障装备、海洋动力装备领域的产业链发展现状;最后总结国际海洋运载、海洋油气、海洋安全保障、海洋动力四大领域的装备技术发展趋势,以及对相应产业链转型升级提出新需求。

第一节　主要国家海洋装备产业发展的总体形势与规划

一、代表性国家的海洋装备产业发展的政策规划

(一)各国(地区)海洋运载装备产业发展的相关规划

1. 欧盟

1) 行业联手积极争取政策与资金支持

为应对新冠疫情的影响,欧洲海事界积极推动政府和有关单位对欧洲船舶产业采取支持措施。为了每周监视会员国的情况,并评估疫情等对企业、员工和供应链的影响,欧洲造船和设备协会(The Shipyards' & Maritime Equipment

Association of Europe, SEA Europe)成立了内部工作组,并敦促欧盟委员会(European Commission)通过针对欧洲船舶产业的特定需求而提供政策和财务支持,政策和财政支持不仅用于应对新冠疫情暴发,还致力于提升欧洲船舶产业的长期生存能力。德国造船与海洋工业协会(German Shipbuilding and Ocean Industries Association)与欧洲其他机构联手制订船队更新计划,以鼓励建造海岸警卫队、消防队等政府部门所需的公务船、科研船,公共交通所需的客船及环保商船,从而改善新造船市场需求不足的状况,并推进"欧轮欧造"。在市场竞争保护方面,2021年欧盟委员会公布了应对外国政府补贴以重建公平市场秩序的白皮书,拟动用一揽子政策工具,在企业并购、公共采购、申请欧盟资金等领域加强监管。

2)海事产业绿色化进程再次提速

近年来,为了走出经济增长持续低迷的困境,欧洲进行了以技术革命为核心的绿色经济变革,旨在使绿色经济成为新的增长引擎。在"欧洲绿色协议"的框架下,2021年,欧盟委员会联合欧洲投资基金共同成立了总额7 500万欧元的"蓝色投资基金",旨在通过扶持创新型企业的成长,推动欧盟海洋经济的可持续发展。该基金旨在为活跃于蓝色经济中的初创企业、中小企业等提供股权融资,以支持企业研发创新并向"欧洲绿色协议"提出的碳中和目标转型。

欧洲配套企业也在持续开展绿色技术和产品的研发工作。欧盟科研创新框架计划"Horizon 2020"为Ship FC项目提供拨款,该项目已有14家欧洲公司参与,计划在2023年前在一艘海工船上安装氨动力燃料电池,以证明将这种技术应用到其他船型的可能性。2021年,MAN ES公司开始MAN ES B&W ME-LGIP二冲程发动机氨燃料变型开发项目,瓦锡兰公司也启动了氨燃烧测试。

3)船海产业链数字化转型持续推进

为进一步提升欧盟数字产业的竞争力,2021年2月19日,欧盟公布了《塑造欧洲数字未来》(Shaping Europe's Digital Future)的数字化战略,以及《欧洲数据战略》(European Strategy for Data)和《人工智能白皮书》(White Paper on Artificial Intelligence)两份文件。随即欧洲造船和设备协会发布了关于欧洲数字化战略的立场文件,欢迎和支持欧盟委员会"特别关注可持续发展和智能出行产业",并将造船业确定为具有"责任和潜力来推动可持续发展"的行业之一。SEA还进一步呼吁欧盟委员会将造船和海事设备制造作为欧盟下一步出台的"智能和可持续交通"与"离岸战略"的优先事项。

在海事领域,欧洲船配企业仍然以引领行业数字化转型为目标发展。2021

年,康士伯数字(Kongsberg Digital)公司推出了 Vessel Insight,与 MAN ES 公司的 PrimeServ Assist 数字化方案相匹配的方案,能优化发动机的使用和维护,Vesser Insight 从船舶和船队获取情境化数据,用于船舶运营。ABB 涡轮增压器公司与康士伯公司达成一份战略合作协议,旨在发挥各自在边缘数据收集和船舶发动机性能分析领域的优势,构筑统一的数据基础平台。壳牌有限公司(Shell plc)与康士伯公司达成框架协议,由康士伯数字公司提供 Kognitwin® Energy 数字化双胞胎软件及相关服务。该协议包括为壳牌有限公司上游、下游和生产线的全球资产和资本项目提供基于云技术的数字化双胞胎服务。该服务解决方案将为壳牌有限公司全球资产提供集成、可视化和分析能力。

2. 日本

1) 加快智能制造,大力发展智能船舶

在生产制造智能化、数字化转型方面,随着物联网、云计算、大数据、区块链等技术的快速发展,日本造船企业在政府政策的支持下,加快推进船厂数字化的智能化发展,将信息技术与管理模式、建造技术进行融合,改变管理生产模式,提高生产力。例如,常石造船(Tsuneishi Shipbuilding Co., Ltd.)推进业务流程自动化,引入智能解决方案 Digital Worker,应用于设计、管理、销售等部门,每年可减少 7 000 小时工作量,同时在设计工作中使用数字化云服务 Smart DB。日本造船联合(JMU)公司计划投资 400 亿日元,向使用机器人和物联网(IoT)的智能工厂转型,同时加强与今治造船(Imabari Shipbuilding Co., Ltd.)的协同,提高采购能力,目标到 2025 财年将建造成本降低 10%～20%,预计工时数可降低 20%～30%。川崎重工(Kawasaki Heavy Industries, Ltd.)计划建立包括销售、采购、设计、生产等各个阶段数据的数据库,并对生产模式进行改造,最大限度缩短建造时间。今治造船将对工厂进行设备投资改造,具体方案尚未披露,预计数字化、信息化建设将是投资改造的重点内容之一。

在智能船舶研发方面,日本主要通过政府牵头整合国内船舶相关企业机构技术、设施资源的方式,合作研发智能船舶。目前,规模较大的研发项目是 2020 年启动的"无人船示范试验技术开发共同项目",该项目汇集航运、造船、配套商等 40 余家企业,合作开展智能渡船开发、无人航行船、以内航集装箱船和渡船为基础的无人化技术示范试验、无人航行船的未来创造、示范试验水陆两用无人驾驶技术五个课题的研究。还有商船三井、三井造船、日本船级社联合开展的"自主远洋运输系统技术概念项目"等。另外,日本十分注重智能船舶的相关标准与规范的制定,先后主导提出并推动了 10 余项国际标准研制,覆盖了船舶通信导

航、航向控制、航行记录、信息传输等船舶智能化领域,抢占国际话语权和主导权。

2)布局新能源,推动绿色低碳发展

目前,日本提出了"构建零碳社会""2050年实现碳中和"的发展目标,全力支持企业进行绿色技术产品的研发以及相关产业的发展布局。在船舶产业领域,国土交通省提出了"2028年投放全球首艘零排放船、2050年实现零排放"的发展目标,并对相关技术产品的研发提供资金支持。

从企业层面来看,当前日本船企主要从氢能、氨能、海上风电三个新能源产业方向进行布局。氢能方面,川崎重工是最早布局氢能产业的造船企业,推出了全球首艘氢运输船和大型液化氢船货物围护系统,计划将氢能业务作为未来重要的经济增长点,目标在2030年氢能业务收入达到1 200亿日元,2040年达到3 000亿日元。氨能方面,日本三菱重工投资分布式绿氨制造技术公司,开始布局氨能产业;今治造船将建造氨燃料船,并与欧美海事机构合作制定氨燃料安全使用的标准规范。海上风电方面,由于经济溢出效应巨大,日本估计相关业务规模将达到数千亿日元,日本造船(Nihon Shipyard)已经计划进入海上浮式风电场业务领域。

3)加强合作关系,发挥协同优势

与中韩两国相比,日本造船企业数量多、产业集中度较低,企业之间联系较为紧密,特别是在市场低迷时期,通过组建产业联盟、联合成立公司、共同设立平台等方式加强企业间的合作关系,以实现优势互补和效益协同,共同应对国际市场的竞争。

在组建联盟方面,2017年,日本三菱重工与今治造船、名村造船所、大岛造船所在商船建造业务领域组建联盟,合作开发新船型,共享设计,推进工程标准化和装备的共通化。2018年,三井E&S造船与常石造船成立业务联盟,在研发和供应链方面开展合作,目前三井E&S造船将商船业务转让给常石造船,并退出造船业务。在联合成立公司方面,2021年,今治造船与日本联合造船公司合资成立销售和设计公司日本造船,利用双方的技术优势和建造经验提升大型批量化船舶的接单能力。在共同设立平台方面,2020年,今治造船等九家造船企业和日本船级社共同组建"新一代环保船舶研发中心",通过整合各自的专业技术,研发新一代绿色船舶,并推动商业化发展。

4)频繁出台政策,推动行业复苏发展

近年来,中韩两国造船实力日益强大,特别是中韩主要造船集团合并重组,给日本造船企业带来前所未有的压力,在此情形下,日本政府一改此前"冷淡"态度,近两年频繁出台产业规划和配套政策,再次重视造船业的发展,希望加快推动行业复苏。

在产业规划方面,2020年5月,国土交通省发布《海事产业未来愿景研究》,提出了促进造船企业之间协作、推进产业结构数字化发展、拓展海外公务船市场、实现零排放船建造、拓展新业务领域等多项措施,促进日本海事产业的发展。2021年1月,国土交通省发布《为确保国际海运发展提出的造船业及其基础设施发展支持措施》,提出了日本造船业短期和中长期的发展措施:短期措施主要集中在刺激释放订单需求和强化产业基础两个方面;中长期措施主要包括促进技术研发、培养日本系统集成商、鼓励海洋资源开发、确保公平的竞争环境、培养人才、促使《拆船公约》生效等。

在相关配套的政策方面,一是提供低息贷款和资金补助,国土交通省发布产业基础强化计划,对提高竞争力和推进业务重组的造船企业进行认定,并提供支持,包括提供长期低息贷款、财政补贴以及降低税率等。二是推动企业之间合作,国土交通省支持企业设立联盟,构建共同承接订单、联合研发新型船舶、共享设计生产信息、统一配套产品规格的机制,不断优化船舶供应链。三是鼓励研发新一代船舶,政府每年对海洋资源开发、节能环保等新技术的研发提供资金补贴,计划分别拨款210亿日元和119亿日元研发氢燃料船舶和氨燃料船舶。

3. 韩国

1) 推进船企合并重组,打造高效协同的产业生态

韩国现代重工集团(以下简称"现代重工")和大宇造船海洋株式会社(以下简称"大宇造船")的合并重组,是韩国推进产业结构调整的重大举措。2019年7月正式提交申请,历经两年多时间,先后经哈萨克斯坦、新加坡和中国的"无条件批准",以及欧盟多次审查和延期,最终于2022年1月14日,做出拒绝合并申请的决定,合并重组以失败告终。

韩国在推进现代重工、大宇造船整合的同时,也在大力推进中型造船企业的重组。STX(大连)造船、城东造船被 HSG 重工(HSG Heavy Industries)与Curious Partners 投资公司联手收购,并改名为 HSG 城东造船,退出了整装造船领域,转而从事船舶分段制作和船舶修理业务;大鲜造船(Dae Sun Shipbuilding)被以东一钢铁公司为主的并购财团收购,继续从事造船业务;STX(大连)造船被韩国最大的不良债务清算机构 UAMCO 和私募股权基金 KH Investment 组成的财团收购,后更名为 K 造船(K Shipbuilding),继续从事造船

业务;韩进重工(现已更名为 HJ 重工,HJ Shipbuilding & Construction Co.,Ltd.)被韩国东部建设财团收购,继续从事造船业务。

此外,在推进船企战略重组和结构调整的同时,韩国积极打造高效协同的产业生态。例如,成立造船海洋产业发展协会,协助解决中小型船企、配套企业等"弱势群体"利益受损等问题,推动大型船企和中小船企之间的均衡、协作发展。从解决现实问题的方面看,该协会主要是为了解决三大较为突出的矛盾:一是大型船企时有损害中小型企业的利益,二是中小型船企在市场遭受挤压,三是现代重工并购大宇造船股权引起的企业恐慌和焦虑。

2) 大力开发绿色智能船舶,强化高技术船舶竞争力

在绿色、智能船舶逐步商用化的新形势下,韩国积极抢占技术高地,引领国际标准和认证标准,确保在未来市场竞争中取得主导权。目前,韩国在低碳船舶(如 LNG 动力等)领域具有竞争优势,正大力开发零碳船舶(如氢、氨燃料等)和自主航行系统。绿色船舶方面,韩国基于 IMO 在环保、安全领域的规范要求,率先实施技术革新投资,近年来主要聚焦研发 LNG 燃料、氨燃料、氢燃料电池、固体氧化物燃料电池等新型动力方式。智能船舶方面,韩国以丰富的船舶建造运营经验为基础进行技术开发,收集、管理和利用船舶航行产生的数据,搭建数据平台,大力开发智能船舶。三大船企分别开发了各自的智能船舶综合解决方案,包括现代重工的 ISS 系统、大宇造船的海洋 DS4® 系统和三星重工的 SVESSEL 系统,目前各系统正不断优化。此外,韩国的自主航行船舶已经成功完成内河试航,下一步即将开展远洋试航。

此外,为巩固 LNG 运输船等高技术船舶的竞争力,韩国大力开发 LNG 运输船相关系统,例如:现代重工和大宇造船在 LNG 运输船货物围护系统上取得突破进展,现代重工研发的 HiMEX 系统获得英国劳氏船级社(LR)的一般批准,大宇造船的 Solidus LNG 系统也先后获得劳氏船级社、美国船级社、韩国船级社、挪威船级社等的批准;三星重工开工建造造船业首个 LNG 系统测试设施,完工后三星重工将能自行开展 LNG 创新核心技术的评估;大宇造船首次将其独立开发的空气润滑系统 DSME ALS 应用于新建的 LNG 运输船,并联手高校研发 LNG 运输船配套耐酷寒设备。此外,韩国政府联合业内主要力量开发第二代 LNG 运输船液货舱,计划开展环保船用超低温隔热系统技术开发及实证中心建设。

3) 政府加大支持力度,力争建设世界第一造船强国

2021 年 9 月,韩国产业通商资源部、雇佣劳动部、海洋水产部联合发布《韩

国造船再腾飞战略》,该战略明确提出的目标是将韩国建成世界第一造船强国,其成败取决于造船业的新"蓝海"——绿色环保船舶和智能船舶。该战略包括三大重点任务:一是确保拥有与订单业绩相匹配的生产能力,2022年培养造船人才8000人,增强造船及配套企业的智能制造能力,到2030年造船的生产效率比2020年提升30%。二是引领绿色环保船舶和智能船舶发展,到2030年绿色船舶、智能船舶全球市场的占有率分别达到75%和50%,位居世界第一。三是构建可持续发展的造船产业生态体系,提高中小船企及配套企业的竞争力,创造市场需求,加大金融、出口、营销、物流支持等。

2022年10月9日,韩国产业通商资源部发布了《确保造船产业超级差距战略》(以下简称"新战略"),继承了2021年《韩国造船再腾飞战略》。韩国本届政府提出"要像培养半导体产业一样发展海运和造船业,实现新海洋强国的再腾飞",仍以绿色与智能发展为主线,力图以全行业系统性的升级来实现2030年的发展目标。新战略目标的措施更加细化:一是2030年绿色船舶世界市场占有率达75%,加大建设大型油船(VLCC)、12 000标准箱(TEU)集装箱船和1.4万立方米LNG运输船等高附加值船舶;二是分别在2026年和2030年实现自主航行船舶(IMO LEVEL3-远程控制+无船员)和零碳船舶的商业化应用;三是2030年绿色环保船舶国产设备搭载率达90%;四是首次提及高附加值船舶修理改造、海上风电船、海上平台、特种船(军船)等内容,丰富造船业未来的发展重点。

除此之外,韩国近年来发布的支持政策还包括《韩国造船产业发展战略》《造船产业活力提升方案》《造船产业活力提升方案补充措施》等。政策主要支持的方向包括调整优化产业竞争格局、加大对航运业和造船业的扶持补助力度、支持劳务稳定和人才培养、支持绿色智能船舶发展、打造产业生态、支持中小船企和配套企业发展、支持海上风电等新兴产业的发展等。

(二)各国海洋油气装备产业发展的相关规划

1. 巴西

巴西是海洋大国,海域面积为370万平方千米,其中大陆架面积为80万平方千米,海岸线长8400多千米,占其国界线长度的三分之一。巴西海洋装备产业的发展与其深海油气资源开发的进步、海运贸易发展、政府的扶持政策以及巴西传统造船行业的发展密切相关。随着巴西油气产业的迅速崛起,巴西政府提出大力扶持海洋油气装备制造业,要求巴西油气勘探开发装备的国产化率要达到60%以上,同时还要求巴西国家石油公司尽量向国内企业订造海洋油气装备,以刺激巴西海洋船舶与海洋油气装备制造业的快速发展,逐渐形成以里约热内卢为中心的海洋油气装备制造产业集群。

巴西海域大陆架陡峭,离岸不足 100 千米处的水深就可达到 1 500～2 000米。巴西深水区域占全国海域面积的 75% 以上,深水油气储量十分丰富,主要分布在坎波斯、桑托斯、圣埃斯皮里图盆地深水、超深水和盐下层,在以巴西"深水油田开采技术创新和开发计划"(Program for Technology Capacitation in Deepwater Exploitation, PROCAP)为代表的"PROCAP1000""PROCAP3000""PROCAP 未来愿景"等一系列政策的有效推动下,以及国外石油公司和油气服务企业等大批国外资本的国际合作推动下,巴西的深水、超深水及深水盐下层的油气勘探开发技术已是国际先进水平,已于 2017 年首次实现油气的自给自足,并形成巴西的对外出口能力,成为拉丁美洲最大的油气生产国。同时,巴西国内通过定向制定扶持政策,刺激了本国海洋油气、海洋船舶等海洋工程装备制造业国产化率和出口率的提升,加快了本国海洋产业的蓬勃发展,逐渐形成"国际创新合作＋国内政策产业保护"的海洋油气政策特点。

巴西针对其海域大陆架的特点,通过技术研究和生产实践,形成了 3 000 米水深的油气勘探开发技术体系,以及全球首创的深水超深水钻井、生产、集输与安装的产业链。依托巴西政府一系列的政策支持,使巴西已然成为引领国际的深水油气开采强国。丰富的资源是巴西深海油气勘探开发成功的基础,技术进步是驱动巴西深海油气勘探开发成功的关键,这些成功的经验值得借鉴。

2. 新加坡

新加坡的海洋经济在多年的发展中逐渐形成完整的产业链,构建了以航运为核心,融合修造船、石油勘探开采冶炼、航运金融保险等各种上下游产业的海事业全产业链条。为发展海洋油气装备产业,新加坡从 20 世纪 80 年代开始持续投入海洋工程研发,着力于海工技术的引进和创新,为新加坡发展成为世界第二大钻井平台生产基地夯实了基础。20 世纪 90 年代以后,为在海工装备领域紧跟世界海洋油气勘探开发的需求进行创新设计,新加坡开始通过收购美国海工设计公司抢占设计市场。经过多年的努力,新加坡在海洋平台修理、改装和建造过程中逐渐掌握设计技术,并形成自主开发能力,其建造的大量海工装备,特别是自升式钻井平台基本实现自主设计。

目前,新加坡海工装备企业具备项目管理、细节设计、设备采购、安装测试、试运行和"交钥匙"的总包能力,可以为客户提供一揽子的解决方案和高技术、高附加值产品。同时,新加坡聚集了全球 30 多家海工领域龙头配套供应商的区域总部,巩固了新加坡海工装备产业在全球的领先地位。

3. 挪威

石油活动对挪威的经济增长和国家福利的融资做出了重大贡献。自 20 世纪 70 年代初在挪威大陆架开始生产以来,从附加值、政府收入、投资和出口值来看,石油和天然气行业已发展成为挪威最大的行业。2021 年和 2022 年,在能源价格上涨、供应中断和制裁的推动下,石油行业对挪威国内生产总值(GDP)和政府现金流的影响越来越大。石油行业的创收总额占挪威 GDP 的 28%、总投资的 17%、国家收入的 42% 以及出口总额的 58%。挪威的石油和天然气生产都在海上进行,大部分天然气出口目的地是欧洲,挪威天然气约占欧盟天然气需求的 25%。

2023 年 6 月,挪威政府宣布批准开发 19 个新油气田。这些项目由 Aker BP、Equinor、Wintershall Dea 和 OMV 等企业主导,投资总额超过 180 亿美元,将有助于挪威大陆架持续高稳定的产出,以及提高就业率和创造价值。

就挪威大陆架而言,挪威政府将确保石油和天然气生产活动的水平稳定,增加海上风电、碳汇、氢气、水产养殖和海底矿物等新产业的份额。对石油行业的减排制订了目标,努力到 2030 年将挪威在大陆架进行石油和天然气生产的碳排放量减少 50%,并在 2050 年实现净零排放。政府还将继续制定石油政策,促进在充满挑战的时期从挪威大陆架向欧洲稳定、长期供应石油和天然气。进一步勘探有助于挪威继续成为欧洲安全且可预测的石油和天然气供应国。

4. 美国

美国是世界最早发展海洋工程和装备的国家之一,其在美国经济中占有重要地位。自 20 世纪 50 年代以来,美国一直是全球海洋石油和天然气设备行业的领导者之一。它在海上油气勘探、生产和运输方面拥有丰富的经验和技术。美国休斯敦被誉为海洋油气工业的中心,垄断着世界海洋工程装备的研发、设计和绝大多数关键配套设备技术。其海洋油气装备行业也非常发达,该行业的发展得益于美国在科技和创新方面的领先地位,以及其长期致力于海洋油气开发的历史。

在海洋油气装备领域由几个主要企业主导,包括 Baker Hughes、通用电气(GE)、斯伦贝谢(Schlumberger)、National Oilwell Varco 和 Halliburton Company 等。这些公司提供一系列的设备和服务,如钻机、海底系统、完井工具和人工举升系统。这些公司的装备被广泛应用于美国近海和远海油气田,如墨西哥湾、北海和太平洋等地。美国在水下生产技术方面也处于领先地位,而美国 FMC Technologies 公司是该领域的领先企业之一,其水下生产设备已经被广泛应用于全球的油气田中。该公司还开发了一种自动化生产系统,能够实现远程监控和控制,提高了生产效率和安全性。

除了美国海洋油气装备行业的优势公司之外,还有一些新兴企业正在涌现,这些企业在技术上具有很大的优势。例如,Koil Energy Solutions 是一家专注于提供深水油气生产装备和服务的企业,其深水油气生产系统和设备已被广泛应用于美国和世界各地的油气田。另外,Marine Well Containment Company 是一家专注于提供深水井控制和泄漏应对服务的企业,其服务已被广泛应用于美国及全球各地的深水油气田。这些新兴企业的涌现将进一步促进美国海洋油气装备行业的发展和创新。

2022 年 7 月 1 日,美国内政部(DOI)宣布推出 2023—2028 年国家外大陆架石油和天然气租赁计划(国家 OCS 计划),拟议计划并征求公众意见。联邦政府打算在未来 5 年内在联邦水域进行海上石油和天然气租赁销售。该计划将主要限制在墨西哥湾进行钻探,并提议 5 年内不会对其他阿拉斯加规划区、大西洋规划区或太平洋规划区进行租赁销售,这是一项广泛预期的举措。

5. 英国

《海事 2050 战略》(*Maritime 2050*)是英国于 2019 年发布的一份长期战略文件,旨在为英国未来 30 年的海洋治理设定愿景和目标。该文件涵盖了海洋安全、海洋经济、海洋环境、海洋技术、海洋人才等多个领域,提出了一系列的政策建议和行动计划,以促进英国成为一个具有全球影响力的海洋强国。《海事 2050 战略》提出,英国政府关注智能航运装备技术,有效和经济性的推广远程操作或自动驾驶技术。

英国政府制定目标,到 2050 年要实现净零排放。Rystad Energy 的排放数据显示,在北海的油气生产国中,英国的二氧化碳排放量最高,大陆架油气平台电气化将成为实现这一目标的重要措施之一。为实现宏大的气候目标,英国需要采取重大措施,为基础设施提供可再生能源电力,从而使海上平台无须使用碳密度高的燃气轮机和柴油发电机。

2023 年 7 月,英国颁发数百个新的石油和天然气许可证,以继续支持北海石油和天然气行业,促进英国能源独立。未来的许可证对于提供能源安全选项、释放碳捕获使用和储存以及氢能机会至关重要,将促使海上油气田勘探开发装备及碳捕集技术的升级,从而高效、综合地利用英国海上资源。

（三）各国海洋安全保障装备产业的相关规划

1. 美国

早在 1890 年,美国海洋战略学家马汉就提出了海权论,认为海洋不仅是贸易的通道,而且关系到国家的安全与发展,从根本上开始重视海洋安全的保障工作,较早开展了海洋安全保障装备的产业链布局,奠定了如今美国"海上霸主"的地位。美海军注重顶层战略牵引,例如美国 2005 年发布了《国家海上安全战略》(*National Maritime Security Strategy*),是世界上首个提出的国家海洋安全战略文件,强调要对海上安全的新技术进行投资,并重视长远发展规划,2018 年美国国家科学技术委员会发布的《美国国家海洋科技发展:未来十年愿景》(*Science and Technology for America's Oceans: A Decadal Vision*),确定未来 10 年间海洋科技发展的需求、机遇,以及目标与优先事项,确保能够及时升级换代。

2. 英国

英国在 2021 年发布了战略愿景,谋划和推进舰船领域装备技术的发展,披露了海军造舰安排。2021 年 3 月 23 日,英国政府发布《国防工业战略》(*National Defense Industrial Strategy*),提出以改变竞争策略支持本国舰船建造,并公布了未来战舰设计和建造计划的安排;还提出将更新 2017 年的《国家造舰战略》(*National Shipbuilding Strategy*),并表示在本届议会任期内,国防部在船舶领域的投资规模将增加一倍,达到年均 23 亿美元。2021 年 12 月,英国国防委员会发布《我们需要一支更强大的海军》(*We're Going to Need a Bigger Navy*)报告,提出加强海军建设,提升作战能力。针对英国海军在未来 10 年内面临可用舰船数量少、作战能力受限的困境,报告提出了三条建议,首先是政府应加强对海军现状的审查,并每年向议会报告舰船可用性、造舰计划和 5 个关键项目(26 型护卫舰、31 型护卫舰、"机敏"级攻击型潜艇、"无畏"级战略核潜艇的建造计划,以及 45 型驱逐舰发动机问题的改善计划)的进展情况;其次是必须增加攻击型潜艇和适合执行低烈度任务的小型舰艇的数量;最后是政府应更新《国家造舰战略》,采取措施提升造船工业的能力。

3. 韩国

韩国在海洋安全保障装备领域也有着极强的竞争能力,拥有现代重工、大宇造船、三星重工、韩国 STX 等多家企业,在高端装备的制造领域掌握了关键技术。2019 年,韩国海军提出了"2045 海军愿景",到海军建成 100 周年时,将建成一支以信息技术为基础、智能化系统驱动的"智能化海军"。2020 年 8 月,韩国国防部正式宣布将建造 2 艘 4 万吨级的 LPX-Ⅱ轻型航母,配备美制 F-35B 战斗机,以应对改装 F-35B 的日本海上自卫队"出云"级驱逐舰。从航母到"宙斯盾"驱逐舰,从护卫舰到潜艇,东亚地区的海军竞赛正日趋白热化。

(四) 各国(地区)海洋动力装备产业发展的相关规划

1. 欧盟

海上运输在欧盟经济中发挥着至关重要的作用。海运是最节能的运输方式之一,但同时也是温室气体的重要排放源。2022 年,航运业的二氧化碳排放量约为 8.51 亿吨(2021 年为 8.22 亿吨,2008 年为 10.24 亿吨),占全球二氧化碳总排放量的 2.3%。政策上对温室气体排放的限制,将对海洋动力装备产业的发展方向起到关键作用。

2018 年,欧盟提出对碳排放交易体系进行修订,并于 2022 年 5 月 17 日在欧洲议会通过了修订案。碳排放交易体系是一种基于市场的脱碳措施,根据"污染者付费"的原则发挥作用,这意味着成本最终将由碳排放的市场定价来定义。

2021 年 7 月 14 日,欧盟委员会提出了"Fit for 55"一揽子计划。主要目标是在 2030 年之前将温室气体净排放量减少到 1990 年排放水平的 55%。为实现该目标,在"Fit for 55"计划中提出了几项建议,包括将航运业纳入欧盟碳排放交易体系;同时,欧盟《Fuel EU 海事倡议》(*Fuel EU Maritime Initiative*)将通过对船舶使用燃料排放的温室气体设定最大限值,以鼓励停靠欧洲港口的船舶采用可再生和低碳燃料以及零排放技术;促进替代燃料基础设施,为海上和内河航道港口的岸边电力供应设定强制性目标;通过修订可再生能源指令,加速欧盟的可再生能源供应,将目前欧盟的可再生能源在整个能源结构中至少 32% 的占比目标提高到 2030 年至少 40% 的占比份额。

从 2025 年开始,欧盟将对海运燃料排放的温室气体强度进行越来越严格的限制,并设定了温室气体减排的具体目标,即到 2025 年为 2%,到 2030 年为 6%,到 2035 年为 13%,到 2040 年为 26%,到 2045 年为 59%,到 2050 年为 75%。

排放法规日趋严格,是促使近年来低速机技术不断发展的主要动力之一。目前,世界上三个低速机品牌有两个来源于欧洲,德国曼恩和瑞士的 WinGD(中船集团控股收购瓦锡兰瑞士公司后,新公司简称 WinGD,生产的低速机产品暂仍沿用瓦锡兰品牌)。两大低速机专利公司 MAN ES 和 WinGD 已基本上停止了低速机制造业务,依靠产品设计、出售生产专利以及备件服务获得高附加值的收入。在曼恩公司和瓦锡兰公司的引领下,在欧盟的统一协调下,在欧洲范围内已经形成一个完整的低速发动机整机研发、关键零部件及系统开发和前沿技术、核心技术研究的一体化研发设计平台,这个平台不但包括整机设计厂商,也包括关键零部件和关键系统的设计制造厂商,如燃油系统方面的 L'Orange 公司、Bosch 公司,轴瓦方面的 MIBA 公司、BHW 公司,活塞环的 Goetze 公司,控制方面的 Woodward 公司,液压零部件方面的 NOVA 公司,ABB 涡轮增压器公司还有 AVL 公司、FEV 公司以及德国亚琛工业大学、苏黎世工业大学等。如在开发一型发动机时,轴瓦、活塞环、电控系统、燃油系统等均有专业厂商参与同步开发,而大学和专业设计公司更确保了新产品的高技术水平。通过这个平台的运作,欧洲国家低速发动机的开发分工日益明确、各专业厂之间的研发联系和衔接日趋紧密,专业技术水平越来越高,已经形成区域一体化的开发模式。

瓦锡兰公司已经对一些新燃料,包括甲烷、甲醇、氨气和氢气等展开研究。早在 2015 年,Stena Germanica 号渡船完成了业内首次甲醇燃料改装。瓦锡兰公司通过"欧洲地平线"(欧盟未来研究和创新计划)研究基金计划,获得了 1 080 万美元的资助,用于开发以氨燃料为动力的船用发动机。在 2021 年 6 月,瓦锡兰公司进行了首次氨燃料的系列试验。在 Wartsila 32 发动机中,混合使用 70% 氨气和 30% 船用柴油(以能量计,下同),并以狄塞尔循环的方式成功完成燃烧测试。

针对船用市场,瓦锡兰公司在 2023 年推出纯氨燃料发动机,并将于 2025 年推出纯氢燃料发动机。与此同时,德国曼恩公司也针对氨燃料发动机制订了时间表,其二冲程氨燃料发动机计划于 2024 年投放市场,用于大型远洋船舶;随后,公司将提供翻新改造服务,以使现有船舶能在 2025 年之前以氨燃料运行。

2. 日本

虽然日本在造船总量上落后于韩国和中国,但船用发动机已成为日本船舶订单的王牌。为此,主要的造船公司正在推动发动机燃油效率的改进。

2021 年 1 月,日本国土交通省发布《为确保国际海运发展提出的造船业及其基础设施发展支持措施》:国土交通省决定通过提高生产力和业务重组来加强业务基础,建立加强业务基础相关的计划认证制度(事业基础强化计划),在财税金融方面采取支持措施(事业基础强化计划认证制度);为实现 2050 年碳中和目标,在设计和运营方面继续和加强节能技术,鼓励研发降低碳排放的新一代船舶,提出"2028 年投放全球首艘零排放船、2050 年实现零排放"的发展目标,并且大力引入低碳替代燃料和创新的推进技术。

日本经济产业省在 2021 年发布了"下一代船舶的开发"项目,计划投入 350

亿日元,开发氢燃料船舶和氨燃料船舶(包括发动机、油箱和燃料供应系统),并在 2030 年进行实船示范,以期在 2050 年真正普及零排放船舶,旨在增强日本造船和船舶机械工业的国际竞争力,并与航运业一起推动社会实践。

3. 韩国

韩国产业通商资源部(Ministry of Trade, Industry and Energy, MOTIE)是韩国海洋产业发展及政策法规制定的主管部门。2012 年,MOTIE 发布了《发展海上设备产业计划》,主要实施加大研发投入、支持拓展海外市场、扩大对外投资的举措,以加强船舶及其配套设备的竞争力及本土化率。早在 2009 年,MOTIE 组织成立了韩国船舶设备全球服务中心,以支持韩国船舶设备协会(Korea Marine Equipment Association, KOMEA)帮助国内船舶配套设备供应商与国外售后服务公司建立联系网络,扩大商业品牌效应,助力开拓全球市场。

根据 KOMEA 的数据,韩国目前拥有 1 000 家左右的船舶配套设备生产企业,主要致力于生产船用发动机及其他船用机械设备,整体行业专注于研发环保高效的绿色船舶设备。其中,STX(System Technology Excellence)是韩国中型造船商和船用发动机制造商中第一家尝试生产燃料电池动力船舶的企业,主要采用固体氧化物燃料电池技术。STX 计划将该技术推广用于商业建筑供电及替代船用柴油机和发电机。斗山集团旗下燃料电池公司则有计划为一艘 5 万吨级的船舶应用固体氧化物燃料电池技术。在小型船舶动力领域,现代集团和斗山集团则尝试采用汽车的动力总成技术开发船用发动机。

绿色船舶方面,韩国的研发主要聚焦氨燃料、氢燃料电池、固体氧化物燃料电池(SOFC)、生物重油等新型动力方式。氨燃料方面,现代重工的环保氨燃料供应系统概念设计获得韩国造船业界首次由韩国船级社颁发的原则性认可证书(AIP);三星重工和瓦锡兰公司合作研发设计一种能 100% 运行氨燃料的四冲程发动机;三星重工的氨燃料预留 VLCC 基本设计获得了挪威船级社颁发的原则性认可证书。氢燃料电池方面,韩国中小风险企业部和蔚山市启动氢燃料电池船舶商用化实证实验,该实验将韩国自主开发的氢燃料动力电池组搭载在 2 艘小型船舶上,检验其性能和安全性,并制定获得型式认可的安全标准;现代汽车、现代重工、韩国船级社联合开发船用氢燃料电池系统,加快实现产品的商用化;现代重工与 AVL 公司计划在 2025 年前合作开发出船用氢燃料电池。固体氧化物燃料电池方面,现代重工与斗山集团合作开发兆瓦级 SOFC 系统,并推进海上实验验证;大宇造船采用 SOFC 技术的 VLCC 的设计获得美国船级社颁发的原则性认可证书;三星重工计划建全球首艘采用 SOFC 动力的大型 LNG 运输船,开始推动 SOFC 动力商业化。生物重油方面，HMM（原现代商船）旗下集装箱船完成韩国首次的生物重油实船验证；目前，韩国已拥有约 200 万吨生物重油的年生产能力，正在根据本国的"新再生能源供应义务化制度"提供发电用燃料。

4. 新加坡

2020 年，新加坡向联合国气候变化框架公约提交了 CO_2 长期低排放发展战略，即在 2030 年左右达到 65 兆吨 CO_2e（等效 CO_2）的峰值排放量，到 2050 年将排放量从峰值减半至 33 兆吨 CO_2e，以期在 21 世纪下半叶尽快实现净零排放。自 2019 年，新加坡政府对每年温室气体排放量超过 2000 吨 CO_2e 的公司征收 5 新加坡元/吨 CO_2e 税。新加坡是第一个征收碳税的东盟国家，并计划在 2023 年审查该税并到 2030 年将其提高到 $10 \sim 15$ 新加坡元/吨 CO_2e。即使是 15 新加坡元/吨 CO_2e（11 美元/吨 CO_2e），新加坡的碳税与一些欧洲国家 $50 \sim 120$ 美元/吨 CO_2e 或 $35 \sim 50$ 美元/吨 CO_2e 的碳税相差甚远。为了资助企业努力脱碳，新加坡政府可能会考虑将碳税提高到与美国相当的水平。

新加坡海事与港务局于 2003 年成立海事创新与技术基金，自成立以来已支持了 290 多个研发项目。重点领域包括环境与能源、运营与物流、安全与安保、ICT 与系统、海洋与海洋工程，并进一步扩展到涵盖智能航运时代的数据分析、建模与仿真、自主技术和传感器。到 2030 年，目标是通过采用混合生物燃料、液化天然气、柴电混合推进和全电力推进等低碳能源解决方案，将国内港口船队的绝对排放量在 2021 年的水平上减少 15%。到 2050 年，目标是通过过渡到全电力推进和净零燃料，使港口船队的排放量在 2030 年的水平上减半。考虑到新加坡国内船队中各种港口的船舶类型，1350 艘小型港口船舶（包括小艇、客轮、拖船）预计将过渡到燃料电池或全电池系统；250 艘较大型的港口船舶（主要是燃油油轮）预计将使用氨、氢或甲醇等净零燃料。

二、国际海洋装备产业发展的总体格局

虽然海洋装备建造重心已经向亚洲转移，但在高端海洋装备制造和设计方面与少量高端装备总装建造、关键通用和专用配套设备集成供货等领域，欧美企业仍然占据着垄断地位，处于整个海洋装备产业链的高端位置。随着海洋能源资源的不断开发，海洋装备产业的竞争将会更加激烈。

（一）海洋运载装备产业的发展格局

1. 欧洲掌握高端装备产业链的供应链

欧洲船海领域企业众多，产业体系健全，并在创新能力、产品谱系、全球服务

方面占据明显优势。凭借众多企业和市场优势,欧洲在船海核心产品的供应链领域掌握主导权。

在总装建造方面,三家欧洲船厂(分别是意大利的芬坎蒂尼、德国的迈尔和法国的 Chantiers de l'Atlantique)长期掌控世界邮轮的研发和建造技术。2016—2020 年,全球豪华邮轮订单有 75% 掌握在这三家船厂手中。欧洲大型邮轮建造厂商都具有非常完善的供应商体系,基本形成了以总装厂为核心的邮轮产业园区,极大地保证了配套产品的交付期,降低了运输成本,成为邮轮建造厂核心竞争力的组成部分。

在配套领域,欧洲凭借 MAN ES、WinGD 两大低速机品牌,通过专利许可的方式牢牢占据全球低速机 90% 以上的市场,同时在动力定位系统、大型吊舱推进器、特种推进器等的研制与市场份额方面,欧洲更是保持着领先优势;在 LNG 运输船、豪华邮轮等高技术、高附加值装备及配套设备领域,欧洲处于世界领先、甚至垄断地位,例如 LNG 薄膜型围护系统、再液化系统等 LNG 产业链装备,以及大型邮轮的设计、建造及电力推进系统、空调系统、环境综合智能控制系统、安全及救生系统等配套系统。

2. 日、韩海洋装备产业链的供应链体系完善

日本、韩国作为造船强国,产业链布局较为完善,产品谱系较为齐全,在三大主流船型设计建造方面仍具有很强的市场竞争力,尤其是韩国,在 VLCC、LNG 运输船、大型集装箱船方面,市场份额位居前列。日本和韩国还发展了众多自主品牌的配套产品,主力船型本土化装船率达到 90% 以上。日本船舶配套业产品种类齐全、体系完备,基本可满足本国造船业的需要。日本在动力系统、甲板机械、通信导航、高端部件等领域拥有一批行业的知名企业,产业链、供应链国际竞争力较强,有约三分之一的配套产品用于出口。韩国除部分高精度的自动化设备、导航设备等需要进口,其他船舶配套产品基本上实现了自给自足。同时,韩国十分重视自主研发以替代进口,已成功研制出世界最大低速机曲轴、双燃料低速机专用部件和自主品牌的中速机、推进器、货油泵、压载水处理系统等高技术产品。在 LNG 运输装备领域,韩国大宇造船、三星重工、现代重工是全球 LNG 运输船建造的主力,目前已经形成系统的产品体系,并自主研发了具有知识产权的液货围护系统、再气化系统、再液化系统等核心装备,实现了核心配套设备自主可控。这些企业联合船级社等制定了 LNG 运输船舶相关标准,成为制定相关国际标准的领跑者。

3. 美国掌握集成电路、精密元器件等高端领域的产业链和供应链

美国虽然不是世界造船中心,但凭借电子信息领域的技术优势,在芯片、高精度仪器仪表等方面处于领先地位,相关产品广泛应用于各类海洋装备。目前,我国有诸多船海产品和关键部件需要从美国进口,例如燃油执行器、余氯分析仪、高速 AD/DA 芯片、高频微波组件、高性能光学器件、高端惯性传感器等。这些源自美国的进口产品给我国海洋运载装备供应链的安全造成一定的隐患。

(二)海洋油气装备产业发展格局

海洋油气装备的市场前景广阔,近 10 年来,由于初期油价持续攀升,全球油气投资大幅增长,海洋工程油气装备的数量急剧增加,但受 2020 年全球疫情的影响,加之大量巨型能源企业逐步开启转型道路,将更多投资转向绿色低碳能源,目前全球范围内油气勘探开发投资距离市场繁荣的时期仍有较大差距。2022 年,全球经济开始复苏,油气行业日渐回暖,油气价格大幅攀升,全球石油市场供需呈紧平衡状态,需求基本恢复至疫情前水平,投资大幅上涨,海洋油气开发装备市场的需求量上升,装备利用率创近几年新高,接近 2015 年的水平,但在未来相当长一段时期内仍将处于过剩状态,市场竞争较为激烈,新交付装备的数量仍处于低位。

2022 年,全球新冠疫情持续,叠加乌克兰危机爆发、通胀攀升等因素,各国对能源安全的重视程度大幅提升,因此海洋油气装备的产业链及关键设备和核心技术尤其受到关注。从市场现状上看,2022 年全球海洋工程装备的市场出现了修复性反弹。克拉克森数据显示,2022 年全球以浮式生产储卸油装置(FPSO)为代表的生产储运装备成交 24 座/艘,金额约为 166 亿美元,金额占比高达 66%,成为支撑海工市场复苏的中坚力量。

目前,全球海洋油气装备市场已形成三层级梯队式竞争格局。第一梯队的欧美国家最早发展海洋工程和装备,垄断着世界海洋工程装备的研发、设计和绝大多数关键配套设备技术,美国休斯敦被誉为海洋油气工业的中心。第二梯队的亚洲国家主导装备制造领域。近年来中国的深水开发取得突破,在深水油气开发技术和装备国产化方面正在努力缩小与国外的差距。中国近 10 年来从第三梯队跃居第二梯队的领先地位,与韩国、新加坡在高端海洋油气装备模块建造与总装领域形成三足鼎立之势,尤其是以"荔湾 3-1""流花 16-2""深海一号"为代表的一系列深水油气开发工程的成功实施,标志着我国海洋石油勘探开发装备实现了从 300 米深水向 1500 米超深水的历史性跨越。第三梯队的巴西、俄

罗斯、阿联酋等资源大国成为海洋油气装备制造领域新的竞争者,但发展势头放缓,尚未在世界市场形成较强的竞争力。

目前,欧美相关企业在海洋油气开发装备的设计、建造、安装和服务方面形成完整的产业链,部分高端产品形成技术壁垒。水下工程、浮式平台领域进入壁垒高,竞争集中的状态。未来海洋油气装备将呈现作业环境复杂化、装备规模大型化以及水下装备广泛应用的趋势。

(三)海洋安全保障装备产业的发展格局

近年来,受国际地区冲突升级的推动,全球国防开支持续增长。从全球采购灵活性、自主可控程度以及服务对象等综合维度来看,国际海洋安全保障装备的市场已经逐步发展成四个梯队的竞争格局(见图 2-1)。第一梯队为欧美企业,其对海洋安全保障装备的开发设计和重要装备的制造形成垄断。第二梯队为日本、韩国,其在高端海洋安全保障装备的零件制造和组装领域处于领先地位,但日本和韩国由于其自身体制的问题,在舰船配套方面主要依赖于美国。第三梯队为俄罗斯、印度,其正处于从浅海装备的制造转型到深海装备和大型装备的制造阶段,目前印度还正在发展国产航母等深远海安全装备。第四梯队为中东、巴西、越南等国家,其主要制造中低端产品。另外,近年来我国海洋安全保障装备的产业链逐步完善,国产化、自主化大大提升,国内自主供应的能力更加完备,正在向世界先进水平迈进。

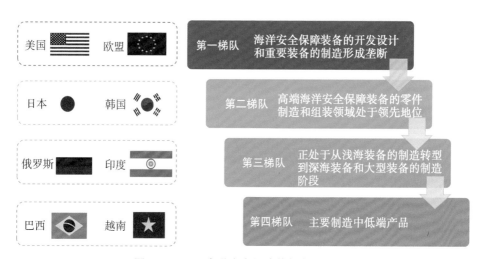

▲ 图 2-1　国际海洋安全保障装备产业发展格局

(四)海洋动力装备产业的发展格局

1. 低速船用柴油机产业的发展格局

20世纪50年代,世界上有十余个低速机品牌。由于低速机的研发投入大,需要全球服务能力的支撑,具备一定的规模才能产生效益,因此在经历了一段合并、收购和消亡的过程后,到20世纪90年代,只剩下了3个低速机品牌:曼恩、瓦锡兰和三菱。其中,曼恩由原德国MAN ES公司和丹麦B&W公司两家的低速机业务合并产生;瓦锡兰公司的低速机业务收购自瑞士苏尔寿公司(Sulzer);2017年,三菱公司的低速机业务与神户发动机公司合并,成立日本发动机公司(J‐ENG)。2015年,原中船集团收购了瓦锡兰公司的低速机业务,成立Winterthur Gas & Diesel(WinGD)公司。目前,世界上3个低速机品牌分别为MAN ES(曼恩合并业务后改名为曼恩能源方案公司)、WinGD(瓦锡兰公司)和J‐ENG(三菱公司)。由于全球产业的转移与分工演变,世界船用低速机行业的研发与制造体系分离,目前MAN ES和WinGD公司已不再从事低速机制造,仅从事专利许可和售后服务等高附加值领域的业务。

近年来,全球三大低速机专利商市场份额基本呈现MAN ES一家独大,WinGD市场占有率其次,而J‐ENG低速机市场份额最低的格局。MAN ES的全球市场份额长期保持在80%以上,WinGD的全球市场份额自2016年以来总体处于持续回升的态势且2018年达到16.3%,J‐ENG船用低速机的全球市场份额则长期处于3%以下,2018年仅为2.3%。

MAN ES的低速机型谱最为齐全,可覆盖30~98厘米所有缸径机型;WinGD的缸径主要集中在35~96厘米,小缸径产品较少;而J‐ENG产品重点在缸径为33~68厘米的低速机,大缸径产品很少。

2. 船用中速机产业的发展格局

中速柴油机为海军多种舰船、远洋船舶提供动力以及为陆用电站提供大功率柴油发电机组。在全球船用中速机市场,主要品牌有瓦锡兰、MAN ES、卡特彼勒、大发、洋马、康明斯、现代重工等。民船的中速机市场基本由国外的瓦锡兰、MAN ES和卡特彼勒三大品牌垄断,国产品牌多用于内河船和沿海船,尚未打开国际市场。在船用主机推进市场,以功率计,瓦锡兰市场占有率居第一,占比高达28%;MAN ES紧随其后,市场占有率为11%;卡特彼勒位居第三,为10%左右。而在全球船用中速辅机市场,现代重工以功率计的市场占有率位居第一,达到26%,MAN ES、大发、洋马的市场占有率分别位居第二到第四,四家的合计市场占有率超过 80%。

MAN ES 船用中速机具有完整的型谱,满足几乎所有类型的船舶应用需求,中速机产品系列缸径主要有 16 厘米、21 厘米、23 厘米、27 厘米、28 厘米、32 厘米、35 厘米、48 厘米、51 厘米等,功率范围覆盖 450～21 600 千瓦。在中速机制造领域,瓦锡兰、MAN ES 等国外企业普遍采用许可证发放、建立独资或合资企业的方式,把生产建造的重心向境外转移,目前中国和韩国是其最大的中速机生产制造国。与船用低速机建造全部以专利许可方式制造不同,国外船用中速机专利厂商仍保留了制造能力。

在关键零部件的配套方面,曲轴的龙头企业主要是日本神户制钢、德国MIBA、韩国现代重工等;涡轮增压器的代表企业为德国 MAN ES、瑞士 ABB、美国康明斯、日本川崎重工等;燃油喷射系统的龙头企业是英国 RR、美国卡特彼勒、德国博世(Bosch)等;活塞环的代表企业为美国辉门、德国马勒和 KS 等。

第二节　国际海洋运载装备产业链的发展现状

一、研发设计环节

国外船厂在三大主力船型的研发设计方面侧重不同,韩国船厂偏重集装箱船和油船的设计,日本注重新概念、绿色化、智能化船舶设计技术的开发,在三大主力运输船舶的优化及减重设计方面具有优势。

在 LNG 运输船的研发设计方面,目前法国 GTT 公司的 NO96 和 MARK型围护系统占据了市场的绝对垄断地位,中、韩船厂均采用了 GTT 公司的专利技术。韩国三星、现代、大宇三大集团联合韩国天然气公社,历经 10 年开发了KC-1 围护系统,并实现了实船应用,尽管首航运营过程中出现货舱结冰现象,但已迈出了自主研制的重要一步。

芬兰 Aker Arctic 是世界极地船舶设计能力最强的企业,设计了世界最先进的侧向破冰船型和双向破冰船型,承担了多型活跃在极地的船舶设计工作。

欧洲造船厂在大型豪华邮轮设计建造方面走在世界的最前端,德国迈尔造船厂、意大利芬坎蒂尼造船厂以及德国 MV Werften 造船厂在邮轮的设计研发模式上均采用并行协同设计,即对邮轮及其相关过程采用并行和集成设计的系统化工作模式。各造船厂通过计算机辅助设计来缩短邮轮设计周期,减少设计成本;利用革新技术减少推进所需的动力、能耗及噪声;广泛开展合作商之间的联合开发,协调投入成本,共享研发成果,并实现合作整体的共同利润最大化。目前,欧洲各大邮轮船厂及相关设计公司在邮轮研发设计方面占据领先地位,全面掌握各类型邮轮的基本设计、详细设计和生产设计各阶段,尤其在艺术设计、内饰设计方面优势更加明显。

二、原材料环节

IMO 规则明确提出了极地船舶必须采用适应极地环境的结构材料及建造工艺,以防止发生因脆性断裂而导致船体结构失效的事故。具有厚尺寸、优异低温冲击韧性和易焊性能的高可靠度耐寒材料是极地冰区环境下船舶安全航行的基本保障。在极地船舶低温钢研制方面,俄罗斯、日本、美国、韩国、芬兰等国走在前列,积累了一些极地低温钢及其防护涂料的实际应用经验,建立了完善的低温钢体系,品种繁多,质量优良,保证在极低的温度下一定的厚度内不发生脆性破裂,并已经用于实船建造。

三、总装建造环节

在总装建造技术方面,日本和韩国代表了当前世界的先进水平,采用设计—评估—制造一体化的信息系统,逐步提升工艺智能化的水平;日本、韩国的船舶平均总装建造生产效率较我国船厂高 2 倍以上。

韩国大宇造船、三星重工和现代重工均能建造大型 LNG 运输船,合计年交付量高达 50 艘左右,至今已累计交付 380 艘大型 LNG 运输船,目前全球在役大型 LNG 运输船中 70% 由韩国船厂建造。韩国船厂目前占据了 87% 的 LNG 运输船市场份额,形成了批量化采购和建造成本优势,其规模效应有效地支撑了国内配套企业的发展,良性循环又反哺于总装厂。韩国船企在大型薄膜型 LNG 运输装备产品性能等方面具有明显优势,空船重量、蒸发率、油耗等性能指标处于领先地位。随着日本船企淡出,韩国船企谋求在海上 LNG 产业链装备总装建造领域的垄断地位。

四、配套环节

从国际海洋运载装备的配套产业发展趋势看,以欧洲、日本、韩国为主的国外配套产业在产品技术研发能力、产品质量和售后服务能力等方面占据明显优势。近年来,随着世界船舶制造中心向亚太地区转移,日本、韩国、欧洲纷纷针对我国造船业的发展制定了相应的船舶配套发展战略,逐步由技术转让、合资合作转为在中国独资建厂或向中国出口产品抑或抬高技术引进门槛从而提高合资的控股比例,同时在售后服务环节不但为本国企业品牌的产品,也为其他企业品牌的产品承担全球服务业务,我国船舶配套业的发展面临着前所未有的技术来源紧缩的不利形势。

从目前世界船用甲板机械市场的发展形势来看,欧洲各国、日本和韩国的企业仍然占据着统治地位,不仅掌握着船用甲板机械的核心技术,在产值上遥遥领先于其他国家和地区,对船用甲板机械技术未来的发展趋势也有绝对的话语权。作为世界船舶配套技术的发源地,欧洲形成了较为完备的船舶配套产品的研发和生产体系,并通过不断的技术创新,牢牢把握着世界配套产业的发展方向。世界顶尖的船用甲板机械企业基本都来自欧洲,如芬兰 Cargotec 公司、英国罗-罗公司、德国 HATLAPA 公司、德国 NMF 公司、挪威 TTS 公司、挪威 Aker Solutions 公司等。通过早期从欧洲引进技术,日本逐步发展出具有自主知识产权的甲板机械技术,形成一批知名生产企业,如三菱重工、石川岛播磨、川崎重工、普斯耐驰等。韩国生产船用甲板机械的主要企业大约有 10 家,其中,知名的企业有柳源(Yoowon)和东方精工。柳源在 1993 年引进了三菱重工的大型舵机技术,目前,"柳源-三菱重工"舵机在韩国市场的占有率超过 60%。

国际上,化学船配套液货泵产品主要包括液压潜液泵和电动深井泵两种主要形式。其中,液压潜液泵以挪威 Framo 品牌为主,占领了全球的主要市场;小众品牌主要有韩国现代、日本小坂,均以其国内市场为主,业绩不多。电动深井泵主要以荷兰 MarFlex 和英国 Hamworthy 品牌为主。另外,欧洲的 Alfa Laval 公司在造水机和分油机方面、欧堡公司在锅炉方面几乎垄断了中国相关配套产品的市场。

极地船舶电力推进系统的供应商与系统集成商主要有 ABB、西门子、通用电气公司,占据全球 90% 以上的市场份额,处于垄断地位。全球极地船舶甲板机械市场主要由少数几家船配业巨头占据,如挪威甲板机械生产商 Pusnes 公司、英国著名船舶产品配套商罗-罗公司等。

根据英国克拉克森研究报告 2020 年提供的数据统计,全球所有在运营的 LNG 装备中,薄膜型货物围护系统占据整个市场份额的 73.2%,其中 GTT 公司 MARK 型占 37.3%,NO96 型占 34.8%;MOSS 型货物围护系统占比约为 19.3%,但近 5 年无新增订单;C 型舱占比约为 6.2%;其他类型的货物围护系统占比为 1.3%,详情如图 2-2 所示。

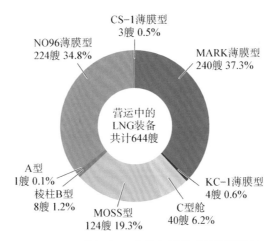

▲ 图 2-2　营运中 LNG 装备围护系统类型统计

　　在全球 LNG 装备手持订单 148 艘中,薄膜型货物围护系统共有订单 133 艘,占据近 90% 的市场份额;MOSS 型货物围护系统市场份额为零;C 型舱占有 9.5% 的市场份额,全部集中应用在 3 万立方米以下的 LNG 装备上,详情如图 2-3 所示。

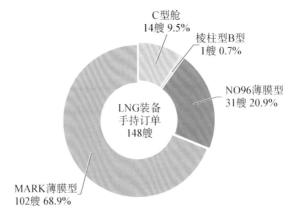

▲ 图 2-3　手持订单 LNG 装备围护系统类型统计

第三节　国际海洋油气装备产业链的发展现状

一、研发设计环节

　　海洋油气装备行业中,研发设计环节高附加值的市场主要集中在以下几个国家和地区。

美国在海洋油气研发设计领域具有强大的实力。美国是全球最大的石油和天然气生产国之一，拥有丰富的海洋油气资源和技术积累，在深水勘探、钻井平台设计、海底工程等方面处于领先地位，同时也投资大量资金用于海洋油气技术的研发。

挪威是另一个在海洋油气领域研发设计上具有显著实力的国家。挪威北海地区有丰富的石油和天然气资源，挪威公司在深水技术、海底工程、油气生产等方面具备先进经验，在海洋工程、设备制造和可持续能源方面也取得了显著的成就。

英国位于北海地区，拥有重要的海洋油气资源。英国在海洋油气研发设计领域积累了丰富的经验，特别是在海洋平台设计、技术创新和勘探领域表现出色。

巴西位于南大西洋，拥有广泛的海洋油气资源，特别是深水领域。巴西在深水钻井平台、生产技术以及海底管道系统研发方面取得了显著进展。

法国在海洋油气研发设计领域也具备一定的实力，尤其是在海底工程、技术创新和环保方面。法国在海洋油气设施设计和建造方面占有一定的市场份额。

从装备类型的优势来看，美国、挪威、巴西、韩国等在海洋深水钻井平台研发设计领域较有优势。美国、中国、新加坡、阿联酋等国在浅水钻井平台设计方面有优势。挪威、巴西、中国、韩国等国在浮式生产储卸油装置(FPSO)研发设计方面有优势。海洋施工船的研发主要由韩国、中国、挪威、荷兰等国家占领全球市场。海底维修船主要由挪威、荷兰、中国、新加坡等国家占领全球市场。海底管道铺设船主要由挪威、荷兰、法国、中国等国占领全球市场。

二、原材料环节

（一）海洋油气装备的原材料分类

海洋油气装备原材料是技术与装备创新的物质基础与保障，从装备类型上主要分为海洋平台、海洋钻采设备以及海底管道输送系统三类海洋工程用钢，材料类型上则主要包括碳钢与低合金钢、低温用钢、不锈钢、镍基和铁镍基耐蚀合金、有色金属材料以及海洋石油装备专用非金属材料等。

（二）海洋浮式、钻井平台用钢

钢材选用时根据结构类型和服役条件而选用不同强度级别的钢材，但主要均以低合金高性能结构用钢为主。其中，海洋平台用钢是海洋工程用钢中需求量最多的一大类，主要用于制造海洋平台的焊接结构。

欧美、日本等国家在高强度海洋平台用钢的研发、生产及应用方面开展较早，标准及规格完善，耐腐蚀性、强度等性能以及加工工艺等处于领先地位。目前，海洋平台用钢的研究及应用，遵循 EN 10225 和 BS 7191（欧洲标准）、API（美国标准）及 NORSOK（北海标准）等四大国际标准，对海洋平台用钢的力学性能及设计制造等都有明确的规定。世界海洋平台用高强度钢的主要级别为屈服强度达 355 兆帕、420 兆帕、460 兆帕、500 兆帕、550 兆帕、620 兆帕、690 兆帕等，并要求低温性能至少达到 E 级别，甚至 F 级别，抗层状撕裂性能达 Z 向 35%，耐腐蚀性能良好。

欧洲海洋平台用钢主要由德国 Dillingen 公司和俄罗斯 Arkticheskaya 公司生产。Dillingen 公司生产的 355 兆帕级正火钢板可以在保证焊接性能条件下厚度达到 120 毫米，420 兆帕级调质钢板的厚度可以达到 100 毫米，而采用 TMCP 工艺生产的钢板厚度规格一般不超过 90 毫米。船舶及海洋工程用钢标准覆盖了 EN 标准、API 标准、ASTM 标准、NORSOK 标准、BS 7191 标准以及各国船级社规范。其中，执行欧洲 EN 10225 标准的产品在海洋结构、海洋风电项目中的应用最为广泛；执行 API 标准的 API 2W、API 2Y、API 2Z 钢板在海洋平台建造中也得以应用；执行 ASTM 标准的 A517GrQ、A514GrQ 等产品用于制造自升式海洋平台桩腿。作为全球主要的船舶及海工用钢生产企业，Dillingen 公司主要按照各国船级社规范、EN 10225、API 标准以及 Dillingen 企标组织生产。按照企标组织生产的产品最大厚度为 255 毫米，屈服强度最高为 690 兆帕，主要钢种包括高强细晶结构钢 S500G1 + M/G2 + M、高强细晶 TMCP 钢 DILLIMAX500ML、高强调质细晶结构钢 DILLIMAX690、自升式钻井平台桩腿用高强细晶结构钢 DI - RACK，产品主要以 TMCP、正火态以及调质态交货。

俄罗斯 Arkticheskaya 公司制造的自升式钻井平台钢板主要用于北极地区的油气钻探，最大钻探深度可达 6 500 米。当前，S690 级高强度钢板在海洋平台中的应用越来越多，但仍需解决高强度钢板焊接处易开裂及耐蚀性差等问题。现今，在海洋平台建设中也应用了更高强度级别的钢板，其主要通过调质工艺生产，钢板屈服强度可达 1100 兆帕，但由于焊接困难和腐蚀开裂等问题，超高强度钢在海洋工程建设中的应用较少。

日本的海洋平台用钢主要由新日铁、JFE 和住友金属公司生产。目前，已开发出耐海水腐蚀、耐低温等系列高强度钢板，强度级别已达 980 兆帕。JFE 公司形成了自己的企业标准系列，海洋平台用钢板的抗拉强度为 360～980 兆帕，品种主要有厚度为 140 毫米、屈服强度为 700 兆帕及抗拉强度为 800 兆帕的含镍海洋平台用钢等系列钢种。新日铁公司开发了 HTUFF 技术，用于生产高强度海洋平台用钢，主要有 WEL‐TEN 系列高强钢板、NAW‐K 及 Corten 系列无涂层焊接结构用耐蚀钢板、Mariloy 系列焊接结构用耐海水腐蚀钢板及 NAW‐TEN 系含镍耐候钢板等品种。此外，新日铁公司还按 API 2W、EN 10225、NORSOK 及 BS 7191 标准生产屈服强度在 315～550 兆帕之间的 A、D、E、F 级别的钢板，最高强度达到 950 兆帕，−40℃ 冲击功大于 200 焦耳，成功应用于各大海洋勘探工程。住友金属公司可以提供不同强度级别的海洋平台用钢，并可按 API、BS 及 EN 标准供货，用于海洋平台的主要钢板品种有高强度钢板、疲劳裂纹抑制钢板、低温用钢板、形变热处理贝氏体钢板及 EZWELD 钢板。

在海洋平台用特殊钢材料方面，普遍都是高合金体系的 Ni‐Cr 或 Cr‐Ni‐Mo 基不锈钢、超级不锈钢或耐蚀合金材料，一般都具有高点蚀当量、高纯净度以及多合金化等特点。高性能的海洋平台用特殊钢材料在国外早已商业化生产多年，典型的生产厂商包括瑞典山特维克（Sandvik）、德国蒂森克虏伯（Thyssen-krupp）、芬兰奥托昆普（Outokumpu）、日本冶金（Yakin）、美国阿里根尼（ATI-Allegheny）、美国特种金属（SMC）、奥地利伯乐（Bohler）、美国卡朋特（Carpenter）等，其中代表性的产品有海洋油气资源开发工程用高性能 Cr‐Ni‐Mo‐N 体系超级奥氏体不锈钢和耐蚀合金材料。

（三）海底管线用钢

随着世界海洋油气开发不断向深海发展，海底管道的建设正在不断创造纪录。世界范围内铺设的海洋管道钢材适应水深已经从几十米的浅海迈向 2 000 多米的深海，并正在向 3 000 多米的超深海发起挑战。如墨西哥湾深达 2 412 米、长为 222 千米的 Independence Trail 海底输气干线管道，该管道钢级为 X65，外径为 610 毫米，壁厚为 24.1～34.3 毫米。俄罗斯穿越波罗的海的输气管道钢级为 X70，管径为 1 219 毫米，最大壁厚达 41.0 毫米。目前，国外海底管道工程中非酸性环境下应用的最高钢级为 X70，酸性环境下应用的管材的最高钢级为 X65。近年来，深海管线发展迅速，深度不断增加，国外新近建设的海底管道的设计水深已达 3 500 米，且多采用 X70 钢级、大直径、大壁厚钢管，最大管径已达到 1 219 毫米，最大壁厚达 44.0 毫米。

三、总装建造环节

（一）总装建造产业的发展现况

世界海洋油气装备制造业可以分为如下三大阵营。

第一阵营主要是欧美国家,在装备设计和高端制造领域世界领先,具备超强的核心技术研发能力,主宰海洋工程总包。自升式钻井平台的设计主要有美国 Friede & Goldman(F&G)、荷兰 GustoMSC 等公司;半潜式钻井平台的设计有挪威 Aker Kvaerner 等公司;海洋工程装备运输与安装、水下生产系统安装和深水铺管作业业务有法国 Technip,意大利 Saipem,美国 McDermott、Subsea 等公司。

第二阵营主要是亚洲国家主导的总装建造领域,包括韩国、新加坡、中国、阿联酋和日本。韩国垄断了钻井船市场,三星重工、大宇造船、现代重工和 STX(大连)造船拥有极高的钻井船市场占有率,日本三菱重工、三井造船和日立造船也是龙头企业;新加坡吉宝、胜科海事、泛联海事等,以及阿联酋 Drydocks World、Lamprell、M. I. S 船厂在自升式钻井平台和半潜式钻井平台建造领域占据主导地位。中国近年来从第三梯队跃居第二梯队的领先地位,与韩国、新加坡在高端海洋工程装备模块建造与总装领域形成三足鼎立之势。

第三阵营包括巴西、俄罗斯等资源大国,依托海洋油气资源开发的巨大需求,成为世界海洋装备领域新的竞争者,但尚未在世界市场形成强大的竞争力。

(二)总装建造产业未来的发展方向

随着工业技术的快速发展,国内外海洋装备制造业市场的规模不断壮大,数字化、网络化、智能化、绿色化逐渐成为海洋油气装备制造产业转型升级的主要方向,海洋油气装备制造融合物联网、人工智能、云计算、大数据等新技术,具备安全可靠、节能环保、经济高效等显著优势;随着"双碳"目标的提出及深化,传统的海洋油气装备,如自升式钻井平台、钻井船等钻井装备,FPSO 等生产装备,以及三用工作船、平台供应船等海工支持船舶,在当前市场环境及环保立法的要求下也亟须转型升级。

1. 海洋油气装备制造的物联网化

新一代的数字通信技术推动制造系统快速进化,从传统的中央控制模式向分布式的物联体系过渡,这种新范式对于推动海洋装备这种大型离散化制造业的转型升级有重要参考作用。基于物联网技术,可以实现机器、物品、控制系统、人之间的泛在连接,通过搭建覆盖海洋装备制造过程的制造信息感知网,实现信息的有效采集和传输;通过连通船厂生产装备的物理系统,企业将实现运行设备的实时感知和能源管理的实时管控与优化。

2. 海洋油气装备的数字化全生命周期管理

依靠人工智能系统,实现从海洋装备需求、设计、生产制造全生命周期管理,以提高海洋装备产品的制造质量，提升其制造效率和生产安全性。韩国海洋装备制造技术全球领先，目前正在积极部署 5G 和人工智能等先进技术；现代重工与韩国电信运营商 KT 公司合作，利用 5G 移动通信整合海洋装备生产的全生命周期，将三维设计信息传播到完整的制造过程，实现虚拟制造。日本政府推出名为"i-Shipping"的项目，将物联网、大数据技术运用到船舶运营和维修中，通过及时反馈的信息实现设计、建造、运营和维护一体化的效果，全面提升产品的竞争力。欧美国家正充分利用计算机技术和信息技术，实现海洋工程装备制造的管理智能化。通过开发设计到售后服务一体化的"数字孪生模型"，为制造、生产和运营管理带来了灵活性，提供了高水平的运维服务。

3. 海洋油气装备的数字孪生制造

数字孪生作为信息物理系统融合领域的新技术，可以为海工装备提供具有感知、分析、执行能力的数字孪生体，利用传感器、通信、物联网、互联网等技术手段，在设计、生产、管理、维护保养等方面实现智能运行或优化，以使海工装备更加安全、环保、经济和可靠。未来的发展趋势主要在于海洋工程领域的数字化技术标准体系构建、高保真度/逼真度的建模仿真及预测技术、高实时性的数据处理和交互、建立海洋工程装备数字孪生系统。世界多国已在海洋装备数字孪生技术研发上发力。丹麦 Ramboll 公司借助数字孪生技术平台的研发，在海洋工程结构完整性的数字化管理上推出了一系列应用产品；挪威康士伯公司推出了新的"数字双胞胎"，作为一个油气无人生产设施的虚拟模型，为石油和天然气生产设施提供自主、无人和远程运营的优势条件，进一步提高设计质量，增强跨学科协作，降低项目和运营风险。

4. 海洋油气装备的绿色化发展

围绕"双碳"目标，海洋装备以"绿色制造技术"为基础，向"智能制造"和"深远海"趋势发展。应用先进制造与节能减排技术，将性能与环保紧密结合，在设计、建造、使用、维护及拆解的全周期过程中，节约资源使用、减少环境污染；通过将智能技术与信息技术相结合，打造专用智能制造装备，并在涂装、焊接与大型构件加工过程中全面使用，大幅度提高海洋装备制造的效率与产品质量。

综上所述，海洋油气装备制造技术将逐步向数字化、智能化、绿色化、深远化发展，推动海洋科技革命，发挥物联网、大数据、云计算、人工智能等高新技术的优势，实现高端海洋油气装备设计、建造、安装与运维的智能化、无人化、精准化；增强对海洋环境保护的认识和全球协同，促进海洋健康可持续发展。

四、配套环节

（一）水下生产系统

1. 水下压缩机

目前，水下对转轴流式压缩机和水下离心式压缩机都已经在 2016 年取得了现场应用，目前经过多年运行后，技术成熟度达到了 TRL(technology readiness level)7 级，具体情况介绍如下。

1）水下对转轴流式压缩机

水下对转轴流式压缩机的厂家为 OneSubsea 公司，2015 年第四季度，对转轴流式压缩机 WGC4000 成功应用于 Gullfaks 项目，回接距离为 15 千米，压缩机橇块尺寸为 43 米×18 米×12 米，重量为 1 070 吨，主要包括两台功率为 5.0 兆瓦的压缩机，WGC4000 压缩机的设计参数如下：

（1）两台功率为 2.5 兆瓦的高压电机。

（2）实际流量：6 000 米³/时（液相处理能力为 400 米³/时）。

（3）增压：32 巴。

（4）尺寸：3.3 米×4.3 米×7.7 米。

（5）设计压力：390 巴。

（6）重量：不大于 60 吨。

2）水下离心式压缩机

水下离心式压缩机的厂家为 MAN ES 公司，2015 年水下离心式压缩机成功应用于 Asgard 气田，回接距离为 40 千米，压缩机橇块尺寸为 75 米×45 米×20 米，重量为 5 000 吨，主要包括两台功率为 11.5 兆瓦的压缩机，一个分离器，一个泵，一个冷却器。

压缩机参数如下：

（1）功率：11.5 兆瓦（3~18 兆瓦）。

（2）设计压力：22 兆帕（内部），15 兆帕（外部）。

（3）流量：14 000 米³/时。

（4）单台最高增压比：3。

（5）入口最低压力：10 巴。

（6）尺寸：5.7 米×4.0 米×2.7 米。

（7）重量：57 吨。

2. 水下分离器

目前,有 20 多套水下分离装备成功应用于挪威、巴西、美国等项目,如 Troll 油田 SUBSIS 系统、Marimba 油田 VASPS 系统、Tordis 油田 SSBI 系统、Perdido 和 BC－10 油田沉箱分离与增压系统、Pazflor 油田气液分离系统、Marlim 油田 SSAO 系统,其中最大应用的水深达到 2 934 米。

国外水下分离器的主要生产制造商有 TechnipFMC、通用电气、OneSubsea 等公司,技术成熟度达到 TRL 7 级。

3. 水下管汇

国外水下管汇的制造、测试技术已经相当成熟,作为深水采油技术的重要设备,TechnipFMC、Aker 和卡梅隆公司掌握着水下生产设备的研发、设计、制造、安装、调试、维护等方面的核心技术,是世界水下生产系统的顶尖产品供应商。

国外产品主要包括 TechnipFMC、OneSubsea、Aker Solutions 公司的产品,应用水深已接近 3 000 米,压力等级可达 10 000 psi[①],技术成熟度达到 TRL 7 级。

4. 水下阀门

国外在水下阀门领域具有代表性的供应商主要有 OneSubsea、ATV、PetrolValves、Magnum 等。这些大型公司较为全面地掌握了水下阀门的设计理论和设计方法。因有广泛的工程应用,其技术成熟度达到 TRL 7 级。目前,水下阀门的应用水深已经超过 1 500 米,压力等级最高达 15 000 psi,执行机构能够同时支持远程液压操作以及水下无人遥控潜水器(ROV)操作,阀门口径能够超过 20 英寸[②]。

5. 水下连接器

水下连接器技术含量高,其中卡爪式连机器目前应用较为广泛,国外水下生产系统承包商 TechnipFMC、Aker Solutions、OneSubsea 等均能提供卡爪式连机器产品,额定压力等级最高可达 15 000 psi,连机管径尺寸为 4～64 英寸,实际应用水深超过 2 000 米。国外连接器产品可靠性高,技术成熟度达到 TRL 7 级,已成功在多个水下生产系统开发的油气生产项目中稳定运行。

卡箍式连接器在水下项目中也有较多的应用。卡箍式连接器安装简便,连接可靠,目前仅 TechnipFMC 和 Aker Solutions 等国外公司具有该类型成熟应

---

① 1 psi＝6.894 76×10³ 帕。

② 1 英寸＝2.54×10⁻² 米。

用的产品,最大应用水深达到 1 500 米,额定压力等级最高为 15 000 psi,适用于 2～48 英寸管径连接。该类型技术成熟度达到 TRL 7 级。

(二) 浮体及系泊设备

1. 聚酯缆

国外的聚酯缆制造商主要包括 Akzo Diolen、Allied Signal、Brilen DST、Glanzstoff 等。进口聚酯缆与国产聚酯缆在材料、实验指标、缆绳参数等多方面均有一定的差异,原材料性能对比如表 2 - 1 所示。

表 2 - 1　国内外聚酯缆主要厂家及采用原材料性能对比

性能指标	国外厂家				国内厂家
原丝厂家	Akzo Diolen	Allied Signal	Brilen DST	Glanzstoff	浙江四兄绳业有限公司
型号	855TN	1W81	Marino	Type 900NS	古纤道海洋缆绳用丝
线密度/特克斯	110	110	224	224.5	333
破断力/牛	92	90	181	190.8	273
韧性/(牛/特克斯)	0.84	0.81	0.81	0.85	0.82
失效时的伸长率/%	12.5	14	11.5	10.5	11

可以看出,浙江四兄绳业有限公司(以下简称"浙江四兄")的国产聚酯缆通常采用古纤道海洋缆绳用丝,国产聚酯缆所用原丝的各项性能指标与国外聚酯缆厂家采用的进口原丝差异不大。

此外,进口聚酯缆与国产聚酯缆在构造方面也有一定的差异。浙江四兄生产的聚酯缆采用固定 12 根子绳平行排列的结构,根据缆绳性能指标的要求,调整每根子绳的子股数量和直径,如图 2 - 4 所示。子绳为非螺旋结构,绳眼处 2 根子绳对向插接成环,12 根子绳外采用 4 层防砂层包裹,可过滤直径大于 5 微米的颗粒,最外层为编制护套。

国外,Lankhorst 公司同样采用 12 根子绳平行排列的缆绳构造形式(如图 2 - 5 所示),与浙江四兄采用的缆绳构造相同。

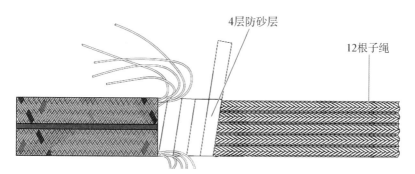

▲ 图 2-4 浙江四兄聚酯缆构造示意图

（资料来源：https://www.uniquegroup.com/product/fbr-deep-water-mooring-rope/）

▲ 图 2-5 Lankhorst 聚酯缆构造

（资料来源：https://www.lankhorstoffshore.com/products）

Bexco 公司生产的聚酯缆同样采用子绳平行排列的构造形式，但子绳采用标准尺寸，这种构造形式无须对子绳重新设计，根据缆绳性能指标的要求对整绳进行设计，确定整绳子绳的数量。此外，子绳采用螺旋结构，每根整绳包括相同数量的左旋和右旋子绳，保证整绳为零扭矩，绳眼处每根子绳独立插接成环。在子绳外同样采用 4 层防砂层包裹，可过滤直径大于 5 微米的颗粒，最外层为编制护套。Bridon 公司的聚酯缆绳采用由中心向外分层平行排列的构造，每个子绳有 3 股，整绳中一半为 Z（顺时针）布置、另一半为 S（逆时针）布置，以确保整绳为零扭矩，防砂层同样可过滤直径大于 5 微米的颗粒（见图 2-6）。

综上所述，国外几家聚酯缆制造商与浙江四兄的缆绳构造均是采用平行排列的结构，虽然有些差异，但不会导致聚酯缆性能产生较大的差异。但国产缆绳相比进口缆绳，直径偏大、重量偏重、刚度偏小，刚度测试数据及长度数据较离散，两端接口处工艺较差、强度较弱。具体比较如表 2-2 所示。

▲ 图 2-6 Bridon 聚酯缆构造

（资料来源：https://www.energy.gov/sites/default/files/2021-10/
fy21peerreview-offshorewinddemonstrations-mckenzie.pdf）

表 2-2 聚酯缆主要性能参数对比

编号	类别	关键指标	进口缆绳	国产缆绳	说明
1		直径/毫米	256	270	目标直径为 274 毫米，进口缆绳刚度更大
2		干重/(千克/米)	45.1	52.5±5	进口缆绳的质量更好，系泊系统稍好
3	缆绳	湿重/(千克/米)	11.3	13.5±5	
4		破断负荷/千牛	22 647	23 000	破断力要求为 22 600 千牛，进口缆绳的编织工艺更好，国产缆绳虽说破断力能达到要求，但是具体的生产能力还需和厂家进一步协商确定
5		静态刚度	14	12	规范推荐 12~14 之间，进口缆绳刚度偏大，系泊荷载稍大
6		动态刚度关键参数 α	24.5	18.5	规范推荐 20.3~26.0 之间
7	测试	动态刚度关键系数 β	0.28	0.21	规范推荐 0.2~0.3 之间
8		动态刚度偏离度/%	0.86	5.96	虽然国产缆绳的参数满足要求，但最大的问题是测试结果离散度高、接口编织工艺较差，需要高一个等级的材料才能达到同样破断负荷

2. 系泊张紧器

传统绞车、锚机、链式起重机占用了大量浮体空间，且浮体上部的重量过重也影响系泊的稳定性。系泊张紧器在国外一开始是被设计应用于油气行业，目的是降低甲板占用空间、降低浮体上的应力以及成本。随着浮式风电平台的兴起，张紧器获得了广泛应用，国外涌现了不少优秀的张紧器设计、制造商，其中具有代表性的如 SBM、VRYHOF、MacGregor、VICINAY、Seasystems AS（Scana）、Remazel 等（见表 2-3）。

表 2-3 国外张紧器制造商信息

设计/制造商	张紧器类型（典型）	示例图片	技术特点	技术成熟度（TRL）
SBM	中部张紧器（在线张紧器，in-line tensioner）		应用于壳牌的 Stones 项目，世界上最深的生产石油和天然气田。首次应用于浮筒，实现了小安装空间	2012 年起首次应用，TRL 7
VRYHOF	海底张紧器		特别适用于三腿系泊系统，调整为单腿时可以同时张紧所有 3 个系泊系统。此外，链条不必切割，这使得以后可以延长生产线	TRL 6
MacGregor	中部张紧器（在线张紧器，in-line tensioner）		紧凑式设计	TRL 7
VICINAY	中部张紧器（在线张紧器，in-line tensioner）		紧凑式设计	TRL 6

(续表)

设计/ 制造商	张紧器类型 （典型）	示例图片	技术特点	技术成熟度 （TRL）
Seasystems AS			独特的链轮设计	TRL 6
Bardex	水线张紧器(fa- irlead stopper)		已经成熟运用十多 年。集成的止链器 结构降低了浮体 应力	TRL 7
Remazel	中部张紧器(在 线张紧器, in- line tensioner)		与亚星锚链共同开 发/即将测试, 应用 于海油项目	TRL 6

3. 单点系泊系统

国际上比较知名的四大单点系泊工程总承包合同（engineering procurement construction, EPC）总包公司包括：荷兰的 SBM Offshore 和瑞典的 Bluewater、日本的 SOFEC（公司在美国）、美国国民油井华高公司（National Oilwell Varco，以下简称"NOV 公司"）。这四家单点系泊系统公司供应了全球绝大多数 FPSO 所采用的单点系泊系统，长期对 FPSO 单点系统总体集成设计等关键技术及关键产品实行技术垄断，技术成熟度达到 TRL 7 级。其中，滑环由英国 FES、美国 FOCAL（MOOG）、德国 STEMMANN、德国 SCHLEIFRING、法国 Framo（OneSubsea）垄断。主轴承由德国 Rothe Erde、德国 Liebherr、瑞典 SKF、德国 IMO 公司掌握。目前，国内所有 FPSO 的单点系泊系统也全部由这四家公司总包提供。

通常，国外公司总包单点系泊系统后，会自主开展单点系泊系统的总体集成设计和详细设计，从国外采办滑环（如生产滑环、电滑环等）、主轴承、系泊系统等关键设备，将单点的建造分包给船厂或海工建造场地的施工方。

4. 钢缆

国外系泊钢缆起步相对较早,产品应用较为成熟。国际上主流钢缆生产企业主要有 Bridon、ArcelorMittal 和 Teufelberger-Redaelli,具有丰富的制造和供货经验,技术成熟度达到 TRL 7 级。

Bridon 是世界上最大的钢丝绳制造企业之一,在钢铁厂、矿业、工程机械、海洋工程等行业都有不错的市场。ArcelorMittal 公司由卢森堡的 Arbed、法国的 Usinor 和西班牙的 Aceralia 三家公司于 2002 年合并而成,目前产能为 4 600 万吨,占全球钢铁市场的 32%。意大利 Redaelli 创建于 1819 年,专门从事钢丝绳和钢丝的生产和应用,从 1890 年开始生产钢丝绳,到现在已经有二百余年的生产经验。2017 年,Redaelli 加入 Teufelberger,以"Teufelberger-Redaelli"作为合并后的品牌推向市场。

系泊钢缆配套索节及其附件的全球供应商较少,目前只有荷兰 GN 公司。

(三) 上部组块设备

1. 乙二醇回收装置

国外石油行业开展深水油气田开发的时间较早,乙二醇回收装置(monoethylene glycol recovery unit, MRU)相关研究也较早。目前,国外 MRU 技术已经比较成熟,相关产品也得到了大规模应用,技术成熟度已达到 TRL 7 级。国外拥有代表性 MRU 技术的相关公司如下。

1) Adva MEG™——CCR 技术有限公司(CCR Technologies Ltd.)

CCR 技术有限公司是一家环境服务公司,拥有一系列基于真空蒸馏乙二醇及用溶剂处理气体的专有、专利技术净化技术。20 世纪 90 年代末,该公司开始开发海上油气用乙二醇回收利用工艺技术,流程包含预处理、乙二醇再生、真空蒸馏(回收)、二价盐脱除,并于 1999 年在墨西哥湾 Shell Mensa 海上项目中成功商业化。

乙二醇富液从上游设施输送到机组,并通过进口液位控制阀泄放。进入乙二醇富液闪蒸罐(V-1010)之前,将少量氢氧化钠溶液注入乙二醇富液,确保钙和镁离子在回收器内均沉淀为固体。碳氢化合物液体和蒸汽被引导到适当的碳氢化合物处理系统,如低压火炬或碳氢化合物排放系统。

pH 值调整后的乙二醇富液直接进入回收闪蒸罐(V-1000),从 V-1000 出来的蒸汽被引导到再生柱(C-1016),两者均在低于大气压的压力下运行。这使得进入容器的乙二醇/水混合物在远低于乙二醇降解温度(约 165℃)的温度下蒸发。在进入闪蒸塔后,水和乙二醇会蒸发,而入口流中含有的盐和其他固体不会蒸发,浓缩在回收闪蒸罐内的泥浆中。

盐沉淀池(V-1014)的目标是使工艺流程中的固体有足够的时间分离和浓缩。回收闪蒸罐的蒸汽通过 C-1016 内的填料段向上流动,与在塔顶注入的回流水逆流接触,形成一个几乎无盐的乙二醇精液产品流出了 C-1016 的底部。

2) PUREMEG® system——卡梅隆公司(Cameron)

卡梅隆公司开发海上平台乙二醇再生方法较早,也是主要的乙二醇再生方法技术供应商,专利较多。2015 年 8 月斯伦贝谢公司收购卡梅隆公司。

目前,斯伦贝谢公司主推其 PUREMEG® system 闭路回收工艺,该工艺主要包括五个步骤,分别是预处理、乙二醇再生、闪蒸分离(回收)、盐管理、二价盐脱除。

卡梅隆公司采用常规脱盐工艺,其乙二醇溶液回收除盐技术可获得 99.9% 的乙二醇回收率,其特点在于采用的螺旋板换热器更适用于苛刻的盐结垢环境。

3) 阿克公司(Aker)

Aker process System AS(Fjords Processing)公司成立于 1978 年,1989 开始专业从事平台服务及维修业务,1998 年推出其首套海上平台乙二醇再生装置,并逐渐成为国际海上平台乙二醇再生主要技术供应商。该公司常规全流脱盐工艺的技术方案已应用 15 年,脱盐效率高、乙二醇损失少;所掌握的常规分流脱盐工艺可靠性高、操作灵活、能耗低;结合全流和分流工艺的先进脱盐工艺可有效除去乙二醇闭路循环中的烃、有机酸、汞、动力学抑制剂和其他杂质。其工艺如图 2-7 所示。

4) 其他公司

在乙二醇回收系统方面,除了以上国际主要技术供应商之外,其他公司还包括 COMART、Inland、Frames、Doran Energy 公司等,这些公司的技术既有共通之处,也有差异,在国际市场上都占有一定的份额。

2. LNG 换热器

1) LNG 绕管式换热器

全世界 90% 以上的 LNG 绕管式换热器均由美国空气产品化学工程公司(APCI)和林德公司(Linde AG)两家设计和制造。该领域具有高度的垄断性,导致 LNG 绕管式换热器具有高额的设计费,且所有的设计资料不公开。

美国空气产品化学工程公司是 LNG 绕管式换热器最大的供货商,占全球绝大部分的市场份额。在 1977—2008 年的 30 多年间,公司为 79 条 LNG 装置

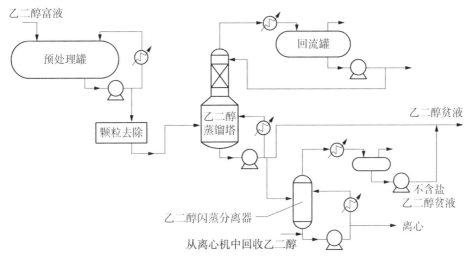

▲ 图 2-7　Aker process 的分流脱盐工艺流程

提供了配套绕管式换热器,液化能力累计达 230 万吨;拥有全面的设计制造大型 LNG 装置主低温换热器的能力。目前,其制造厂内可以制造直径为 5 米、长度为 55 米、450 吨重以下的缠绕管式换热器,设计制造能力扩展后可满足更大规模 LNG 换热器生产需求。空气产品化学工程公司具有设计陆基大型 LNG 绕管式换热器的能力,并正在研究设计适用于海上浮式平台的 LNG 绕管式换热器,但其所有的设计软件和相关资料都严格保密。

林德公司针对 LNG 绕管式换热器开发了 GENIUS 软件,专门用于 LNG 绕管式换热器的设计。

俄罗斯 Sakhalin Ⅱ 工厂于 2007 年运行 2 条液化能力均为 4.8×10^6 吨/年的生产线。

2）LNG 板翅式换热器

（1）林德公司的单一 LNG 流程。

安装在冷箱内的板翅式换热器通过两级单一混合制冷剂循环将天然气直接冷却到 LNG 温度。典型装置如挪威 Kollsnes LNG 工厂生产的,液化能力为 4×10^4 吨/年,2003 年投产。

（2）康菲石油公司阶梯循环制冷工艺。

大型 LNG 液化工厂采用铝制板翅式换热器的较少。康菲石油（ConocoPhillips）公司采用 3 种冷剂的梯级循环,干燥的天然气通过和不同循环温度级对应的板翅式换热器进行换热最终得到液化天然气。典型装置如澳大利亚 Darwin LNG

工厂生产的,液化能力为 3.24×10^8 吨/年。

3. 燃气轮机

发达国家借助技术优势和综合国力开发了从几十千瓦到几十万千瓦不同功率等级的燃气轮机应用于军民领域。技术已经趋于成熟,建立了通用燃气轮机标准,在市场应用上推进了商品的规模化发展。海上平台发电和驱动压缩机以中、小型燃气轮机为主,标准功率一般不超过 35 兆瓦。主要厂家为贝克休斯(通用电气公司的油气剥离业务)、西门子和索拉透平公司。代表型号是 LM2500+、SGT 400、Titan 130,技术成熟度为 TRL 7 级。

1)贝克休斯公司

贝克休斯公司承接通用电气公司的油气业务,旗下燃气轮机 LM2500+、PGT25+、PGT25+G4、M5001 等型号广泛应用于海上油气田发电和驱动压缩机,标准功率均在 20 兆瓦以上,"荔湾 3-1"CEP 平台应用 3 台 LM2500+燃气轮机驱动压缩机。另外,NovaLT 系列型号 NovaLT 5、NovaLT 12(见图 2-8)和 NovaLT 16 等小型燃气轮机已陆续在海上油气田投入应用。

▲ 图 2-8　贝克休斯 NovaLT 12 燃气轮机

(资料来源:https://www.bakerhughes.com/gas-turbines/novalt-technology/novalt12)

2)西门子公司

西门子公司 SGT 系列燃气轮机广泛应用于海上固定平台和海上浮式生产装置。西门子公司与哈尔滨广瀚燃气轮机有限公司(以下简称"广瀚燃机")合作,分别为"东方 13-2"气田群开发项目、曹妃甸综合调整开发项目提供 3 台SGT 600 和 3 台 SGT 700 燃气轮机,用于发电。西门子公司与广瀚燃机签订了海上平台燃气轮机长期服务协议,共同为国内 SGT 系列燃气轮机提供服务。此外,西门子公司收购罗-罗公司的地面燃气轮机业务,典型产品型号为 RB211 机组。

3) 索拉透平公司

索拉透平公司的燃气轮机主要型号包括 Centaur 40、Centaur 50、Taurus 60、Taurus 70、Mars 90、Mars 100、Titan 130、Titan 250,ISO 功率从 1 兆瓦到 20 兆瓦众多档位,在国内海上油气田应用超过 100 台,发电用途占比约为四分之三,驱动压缩机用途占比约为四分之一。

国外的燃气轮机制造商贝克休斯、西门子、索拉透平公司均可提供成熟的工业产品,成熟度可达 TRL 7 级。

4. 离心压缩机

离心压缩机技术最早由发达国家发明并推广应用,海洋平台用离心压缩机机组研发、设计和制造等技术难度大,国外制造商已形成成熟的离心压缩机设计、研发、制造和配套能力,形成多品牌、多系列的机型,占据海洋工程领域绝大多数的市场份额。国际上知名的离心压缩机制造商主要有贝克休斯、西门子、索拉透平、MAN ES 公司等。

近年来,国外离心压缩机制造商的发展方向已由常规的离心压缩机转向高速一体机的研发和应用,这种一体机采用磁力轴承,不需要变速箱、滑油系统、外部电动机冷却系统等,是目前比较前沿的压缩机设计理念。如贝克休斯公司具有全面的压缩机产品线,从低压到超高压 5 000 巴,已全面应用于炼化、管输、乙烯、LNG、化肥、注气等领域,并具有成熟的 BCL、MCL、PCL、ICL 等系列产品,处于行业的领先水平。MAN ES 公司具有成熟的 RB 系列离心压缩机和高速一体机 HOFIM,在国际市场上也属于领先者。

(四) 钻完井设备

随着国际油价持续处于高位,海洋钻井装备也在不断升级。海洋钻井装备作业能力持续提升,作业水深超过 4 000 米,钻深能力超过 15 000 米。装备呈现大型化和多功能化特点,如集钻井、生产、储油于一体的浮式钻井生产储卸油装置(FDPSO)。作业效率持续优化,连续起下钻钻机、双绞车提升与补偿系统的应用大大提升了起下钻速度。环境适应能力更强,钻井装备可适应更深海域的恶劣海况,甚至可达全球全天候的工作能力。智能化水平更高,基于全面感知的优化分析和决策进一步提升了钻井的数字化水平。深水钻机普遍采用双井架,控压钻井、双梯度钻井设备的应用进一步拓展了钻井装备的作业窗口。水下防喷器安全性进一步加强,采用全电控制,具有 7~8 个闸板,压力达 20 000 psi。新型式钻井装备不断出现,如无隔水管钻井装置、海底钻机等。

1. 深水钻机大功率钻井绞车

海洋钻井装备主要包括移动式钻井装备和生产平台配置的钻修井装置,移动式钻井装备包括自升式钻井平台、半潜式钻井平台、钻井船等,生产平台配置的钻修井装置一般为模块钻机和修井机。适用于浅水的自升式钻井平台和模块钻机等已相对成熟,正在朝着标准化和系列化的方向发展。深水钻井装备的技术难度大,国外掌握了深水钻井系统设计、配套、设备制造的技术和能力,形成了交流变频钻机、液压钻机、双作用多功能钻机等多类型的深水钻机。其中,美国的 NOV 和挪威的 MH(Maritime Hydraulics)等少数几家公司垄断了深水钻机系统的市场,特别是 NOV 和 MH 两家公司占据了深水钻井系统成套设备的绝大部分市场,深水钻机的大部分关键技术、专利均由这两家公司掌握,形成了从技术到产品、服务的垄断。

大功率钻井绞车是深水钻机系统最关键的设备之一,而带有升沉补偿功能的主动补偿绞车则更是由 NOV 和 MH 两家公司垄断。NOV 是世界上最早研发主动升沉补偿绞车的公司,生产该产品有 20 年的历史;MH 公司研发主动升沉补偿绞车的时间晚于 NOV 公司,但是生产该产品也有约 10 年的时间。这两家公司生产的深水钻机大功率钻井绞车的技术成熟度均达到 TRL 7 级。

2. 海洋大功率液压钻机的提升系统

目前,国际上生产海洋大功率液压钻机的公司仅有 NOV 和 Aker MH 两家公司,全球深水钻井平台和深水钻井船上的大功率液压钻机均由这两家公司垄断。这两家公司分别研制了 RamRig 钻机和 Cylinder Rig 钻机。

NOV 和 Aker MH 公司生产海洋大功率液压钻机均有 20 多年的历史,目前全球大钩载荷最大的钻机为 NOV 公司研制的海洋液压钻机 Cylinder Rig。我国的"蓝鲸 1 号"和"蓝鲸 2 号"钻井平台均采用了 NOV 公司生产的 Cylinder Rig 钻机。

海洋大功率液压钻机的核心设备为提升系统。上述两家公司的海洋大功率液压钻机提升系统的技术成熟度均达到 TRL 7 级。

3. 天车型钻柱升沉补偿装置

钻柱升沉补偿装置的应用与浮式钻井平台(半潜式钻井平台与钻井船)的应用是同步的(最初的应用时间是 20 世纪 50 年代),并且随着浮式平台的发展而不断发展。早期的钻柱升沉补偿装置仅为一个具有弹簧的伸缩钻杆,20 世纪 70

年代发展为游车型钻柱升沉补偿装置,20世纪末开始采用天车型钻柱升沉补偿
装置,美国Varco公司制造了一种天车型钻柱升沉补偿装置,此类补偿器安装在
井架和天车之间,采用气压传动,被动型补偿。Aker MH公司也制造了一种装
设在天车和井架之间的升沉补偿系统。此升沉补偿系统为主动补偿系统,主要
用于半潜式平台和钻探船,它有两个补偿单元,采用双摇杆系统,其主动式补偿
液压缸与天车采用机械连接。此系统主要用于井口防喷器、采油树、扩孔和其他
要求运动尽量小的井下操作,它比被动补偿系统更易于控制海底的设备,扩大了
作业的天气窗口。

目前,国外天车升沉补偿系统的制造商主要有NOV(原Shaffer)、GE
Vetco、Hydraudyne、Aker MH等公司。其中,应用最多的是NOV公司与Aker
MH公司生产的升沉补偿系统。国外这些公司生产的天车型钻柱升沉补偿装置
的技术成熟度均达到TRL 7级。

4. 隔水管张力器

隔水管张紧系统的应用与浮式钻井平台(半潜式钻井平台与钻井船)的应用
是同步的(最初的应用时间是20世纪50年代),并且随着浮式平台的发展而不
断发展。目前,深水半潜式钻井平台和深水钻井船上的隔水管张力器有两种:导
向钢丝绳型张力器和DAT型张力器(无导向绳张力器)。早期的钻井平台均采
用导向钢丝绳型张力器,张力器安装在月池内(钻台下方),占用月池的空间较
多。为此MH公司研制出DAT型张力器,该张力器无导向绳,张力器悬挂在月
池下方,液压缸的放置采用倒置式,通过卸扣悬挂在钻台底下的结构上或者滑移
装置上,此种布置方式极大地降低了张紧器相对于平台的重心位置,增加了平台
的稳定性,占用空间较少,因此在深水半潜式钻井平台、深水钻井船中应用更多,
但是此张力器液缸的加工难度大。

目前,深水钻井装备用的隔水管张力器供应商只有NOV、MH、Hydralift少
数几家公司,NOV、MH、Hydralift公司的隔水管张力器为成熟产品,技术成熟
度均达到TRL 7级。

5. 隔水管系统

国际上具有海洋钻井隔水管制造能力的只有美国、挪威、法国、俄罗斯等
少数几个国家,主要制造商为挪威的Aker Subsea公司、美国的NOV公司、卡
梅隆公司、GE Vetco公司等。美国GE Vetco公司和卡梅隆公司是当前世界上
最大的海洋钻井隔水管制造商。法国于20世纪80年代由法国石油研究院开
发了卡箍式(CLIP)隔水管;俄罗斯ZAO公司研制出铝合金隔水管。此外,挪

威 Aker Subsea 公司、美国 NOV 公司也生产不同形式和规格的钻井隔水管。

目前,隔水管结构的主要形式有法兰式、卡箍式、卡扣式等几种连接形式。各制造商均有自己的产品,例如,GE Vetco 的隔水管接头有 3 种产品形式,MR-6H RISER、MR-H RISER 和 HMF RISER,其中 MR-6H RISER、MR-H RISER 为卡扣式接头,HMF RISER 为法兰式接头;卡梅隆的隔水管产品主要分为 LoadKing RISER 3.5/4.0 和 RF RISER,这两种均为法兰式接头;Aker Subsea 公司的隔水管接头为 CLIP 卡箍连接形式。

这些国外制造商的隔水管系统均为成熟产品,应用多年,技术成熟度均达到 TRL 7 级。

6. 水下防喷器及控制系统

水下防喷器及控制系统的国外主要制造商为 NOV、卡梅隆、GE Vetco 公司,该设备为国外成熟产品,国内半潜式钻井平台上用的水下防喷器均为进口。目前,多数深水半潜式钻井平台上配置的水下防喷器组参数如下:压力等级为 15 000 psi,配置 6 个闸板,2 个环形防喷器,采取电液控制。

国外最早从 1963 年起研究水下防喷器及控制系统,随着钻井作业水深的增加,先后发展了先导液压控制系统、增强性先导液压控制系统、多路电液复合控制系统等。在水下防喷器方面,GE Vetco、NOV、卡梅隆三家公司积极开展耐高压大通径防喷器研制,以及耐高温高压胶件、偏心钻杆剪切技术的研究,研制出了压力等级为 20 000 psi 的防喷器、耐温 177℃ 的闸板密封件,以及各种形式的剪切闸板或刀体。目前,世界上主要的水下防喷器制造商均为美国公司,比如卡梅隆、NOV、GE Vetco 公司等,在技术和市场上处于垄断地位。目前,水下防喷器的主流产品为 476.25 毫米、15 000 psi、6 个闸板的海底重型防喷器组和 MUX 控制系统,最大工作水深超过 3 000 米,应用于深水钻井船和深水半潜式钻井平台。GE Vetco、卡梅隆等公司目前已推出压力等级为 20 000 psi 的防喷器组,配置 7~8 个闸板,可用于新一代超深水半潜式钻井平台,卡梅隆公司还提出了采取全电控制的水下防喷器。

水下防喷器在世界各主要油气产区成功应用至少超过 30 年,技术成熟度达到 TRL 7 级。

7. 大功率铁钻工

国外对于铁钻工的研究最早在 20 世纪 70 年代,以美国为代表的西方国家石油设备制造商在钻井作业生产中首次提出"铁钻工"这一概念。目前,国际上有多家知名的石油设备制造商推出了多种铁钻工产品,例如美国 NOV 公司、美国斯伦贝谢公司、瑞士威德福(Weatherford)公司、美国贝克休斯(Baker Hughes)公司、美国哈里伯顿(Haliburton)公司、美国纳贝斯(Nabors)公司等。

NOV公司是目前世界石油天然气工业领域的领军代表,也是世界上最大的石油钻井设备制造商,NOV公司的产品及油气技术服务几乎覆盖各种钻采设备、井下工具和集成系统。NOV公司的铁钻工产品研究起步较早,目前NOV公司的铁钻工产品具有多种型号系列,覆盖了海洋及陆地钻探开发工程、油井钻采的大部分使用需求。公司铁钻工产品主要系列有ST系列、AR系列、MPT系列和ARN系列。ST系列铁钻工是其应用最多的系列,该系列铁钻工为伸缩臂式铁钻工。ST-80C2型号的铁钻工在缩回状态时钳体远端距立柱仅1.4米左右,而完全伸出时则能达到2.6米,并且竖直方向上可调整距离约为0.9米,上扣扭矩可达到81 500牛·米,卸扣扭矩为108 500牛·米,单次上(卸)扣角度为30°,旋扣扭矩为2 373牛·米,适用钻杆直径范围为4.25~8.5英寸。AR系列和MPT系列铁钻工为轨道式。

斯伦贝谢是目前世界第一大油气技术服务公司。卡梅隆公司是斯伦贝谢公司旗下世界知名的石油设备制造商。卡梅隆公司近几年推出了三个系列的铁钻工产品,分别为T-P系列、T-P-L系列以及M-R系列,如图2-9所示。T-P系列与T-P-L系列铁钻工均为伸缩臂式铁钻工。其中,T-P系列铁钻工为轻型铁钻工,它的整体体积小、重量相对较轻。T-P-L系列铁钻工是标准的伸缩臂铁钻工,相比轻型的T-P系列,T-P-L系列的上(卸)扣所能达到的扭矩更大。M-R系列铁钻工为轨道式铁钻工,并且M-R系列铁钻工支持模块化选配,可根据工程需求更换不同的钳体套件,此外M-R系列铁钻工还支持实时读取扭矩值,方便精准操作。

| T-P系列铁钻工 | T-P-L系列铁钻工 | M-R系列铁钻工 |

▲ 图2-9 卡梅隆公司不同系列铁钻工

8. 深水测试树坐落管柱

据现有统计,目前国外 Expro、斯伦贝谢、哈里伯顿公司的产品都可以应用于 3 000 米水深区域,额定压力高达 15 000 psi,温度范围为－20～350°F（－28～177℃）。斯伦贝谢公司的 Sentree HP 型号曾于 2004 年 9 月在美国新奥尔良投入应用,在水下 7 000～20 000 英尺①的区域成功进行了该系统的测试。

国外坐落管柱的主要制造商有 Expro、斯伦贝谢、哈里伯顿等 6 家公司,提供超过 18 种不同型号的成熟产品,技术成熟度均达到 TRL 7 级。

五、运维环节

为了保障海上油气田的高效开发,确保海洋装备全生命周期内的安全可靠运行,做好海洋装备的运维服务至关重要。海洋环境存在高盐、高湿、低温等恶劣环境,以及台风、巨浪、内波、海冰等极端情况,需要防止腐蚀、疲劳、冲击、断缆等危险发生,这些因素导致海洋装备的运维服务的技术含量高、难度大、周期长。因此,要保障设备长效运转和油田的安全生产需要系统化的高效运维管理。

美国等海洋强国在海洋装备研发技术领域保持领先的同时,在大型海洋装备的运维管理方面也处于领先水平,通过运维管理体系的提升实现了对大型海洋装备的高效利用。

美国在大型海洋装备的管理体系构建中借鉴了互联网思维,采用了大型应用系统的三层体系架构,实现了使用权、管理权和所有权的高度分离。海洋装备实现了高度的统一管理,其大型海洋装备的所有权一般归属于装备的投资方,即美国联邦政府涉海类相关管理机构及组织。管理权分两块,大学和实验室负责海洋考察船、船载设备、深潜装备等的使用申请流程管理及用时调度与协调,其理事单位则负责这些大型装备的维护、维修等具体常规管理。当然,对使用权的管理是该体系得以高效运营的关键,无论是大型装备的所有者、负责装备具体管理的理事单位,还是其他使用者,都需要相同的使用申请流程。

在海洋钻井装备的运维服务方面,美国的 NOV 公司、挪威的 Aker Solutions 公司、美国的卡梅隆公司处于领先水平。美国的 NOV 公司处于海洋钻井设备产业技术和市场的领导地位,能够提供全水域海洋钻井平台的整体解决方案,具备全套钻井包设备提供能力,高端海洋钻井包及其相关设备市场占有率超过 50%。挪威的 Aker Solutions 公司是老牌的国际海洋钻井装备巨头,能

① 1 英尺＝3.048×10⁻¹ 米。

够提供除水下防喷器以外的全水域海洋钻井平台的整体解决方案,具备全套钻井包设备提供能力,高端海洋钻井包及其相关设备市场的占有率超过 20％。美国的卡梅隆公司是全球水下钻井设备的领先企业,具备了海洋钻井包相关设备的提供能力,产品订单以水下防喷器系统、隔水管系统设备、自升式钻井平台钻井包为主,高端海洋钻井包及其相关设备的市场占有率超过 15％。

由于海洋环境条件和油气勘探开发要求,海洋平台设备的集成性和智能化程度较高、结构复杂,对服务运维的技术水平也提出了更高的要求。海洋装备的服务运维涉及多个专业、多个工种的共同配合,且施工空间较小、易产生有毒和有害气体,运维项目的安全管理难度大,质量标准要求高。与欧美等海洋强国相比,我国在大型海洋装备的运维管理建设方面还存在不小差距。

第四节　国际海洋安全保障装备产业链的发展现状

军舰是海洋安全保障装备的核心装备,其产业链较长、辐射面较宽、连带效应较强,一艘舰船的建造能带动包括武器装备、动力系统、电子通信系统、新材料在内的多个行业的发展,创造价值极大。各国目前正在大量投资升级和扩大现有的海军舰队。2021 年全球军舰市场价值达到 607 亿美元。预计该市场到 2027 年将达到 851 亿美元,2022—2027 年的复合年均增长率(CAGR)为 5.96％。目前,推动全球军舰市场的最大因素之一是全球国防开支的持续增长。欧美等发达国家拥有大量的军舰,并一直在增加维持和提升其军事能力的预算,通过发展更多的航母、驱逐舰、护卫舰和潜艇来增强国家的海上力量。一些没有制造能力的发展中经济体对军舰的需求也在不断增加,通过军贸采购助推军舰出口不断增长、军舰市场增长。

一、产业链上游的概况

欧美国家设计的理念先进,造舰计划不断增加。面对地缘政治带来的安全挑战增多,各国军费将保持快速增长,并且开始不断地增加舰艇建造计划。目前,在军舰研发设计端,欧、美、日、韩等国都具有自主设计军舰的能力。美国海军、欧洲海军在该产业链的上游具有较强的创新能力。以美国为首的西方强国由于占据高技术领域,能够不断创新创造全新的作战概念,提出颠覆性、前沿性的技术,设计出技术含量高、集成难度大的海洋安全保障装备,意图形成装备优势。

二、产业链中游的概况

（一）产业重组需求强烈

中游产业重组合并的需求强烈,做大做强成为趋势。当今的欧洲海军船舶制造业正面临着一轮合并浪潮,行业内部对于欧洲各船厂间进行合并或建立联盟的必要性已经取得了共识。船舶制造业集中发展的浪潮已成为大势所趋。尽管欧洲的造船工业希望能通过未来的合并活动节省大笔资金,但在进行结构重组的时间和方式,以及重组后该行业如何发展等方面,仍有许多问题待解决。意大利国防智库凯撒发布的研究报告指出,对欧洲舰船工业支离破碎的现状表示遗憾,并警告称,如果欧洲大陆的企业不能团结起来,与世界接轨,就会被外国企业所淘汰。亚洲地区,日本、韩国的海军造船业发展迅速,成为海军巡逻艇和补给艇的主要供应商。韩国海军发起的雄心勃勃的海军造船计划,进一步刺激了这一趋势。

（二）相关配套设备的市场空间大

一艘军用舰船主要包括舰船动力推进/配电系统、舰船电子系统、舰载武器与作战系统、船体与其他设备等,其中武器与作战系统又包括导弹、火炮、作战飞机等,是决定舰船战斗力的关键因素。

综合电力推进系统是舰船动力系统未来的发展趋势,也是海军高新技术装备发展的重要方向,当前已在欧美部分已建或在建作战舰船上使用。

舰载雷达在信息化战争中发挥着重要作用,发展空间巨大。有源相控阵雷达是当前雷达发展的主导方向之一,正成为世界海军强国的标准配置。未来 10 年世界舰载雷达的市场空间累计可达 343 亿美元,其中有源相控阵雷达的细分市场累计达 221 亿美元。

舰载声呐作为水声传输的重要装备,承担潜艇和反舰武器探测跟踪、水下战术通信和导航等任务,在水下作战中起关键作用。目前,各国正争相研制更为先进的雷达。据 Markets And Markets 的分析,2020 年全球声呐行业累计释放 31.2 亿美元,其中海军是声呐行业最大的需求端。

舰船光电系统方面,向集成一体化发展,行业潜力大。舰船光电系统是与雷达系统、声呐(水声)系统并列的三大传感系统之一,具有不受电磁干扰、隐身探测能力强等优点,正成为海军舰船各平台不可或缺的装备,并朝着综合一体化的方向发展。据荷兰 ASD Reports 分析,未来 10 年,全球光电系统市场累计将超过 1179 亿美元,其中海军方面的应用最多。

三、产业链下游的概况

2021 年,海军舰船维护、修理和大修市场的价值约为 540.4 亿美元,预计 2022—2031 年的复合年均增长率约为 2%。由于海事纠纷不断增加,维护、修理和大修全球现有海军舰船的需求不断增加。目前,海军舰船维护的产业具有以下特点。

(一)驱逐舰维护占收入的主要份额

目前,全球驱逐舰舰队数量在 250 艘左右,美国、中国、日本等国家在世界现有驱逐舰舰队中所占比例最高。由于其相当昂贵的采购和运营成本,只有少数国家的海军在全球范围内运营驱逐舰。随着全球驱逐舰舰队年龄的增加,世界各国都在通过先进的设备、在役维护、大修计划的方式对其舰队进行现代化投资。此外,为新型驱逐舰配备最新武器系统的需求不断增长,这也推动了对驱逐舰现代化计划的需求。例如,英国第一艘 45 型驱逐舰预计将于 2026 年夏季完成大修。法国和意大利海军对地平线级空战驱逐舰进行的升级改造已经长达十余年。2020 年,意大利芬坎蒂尼集团和法国海军集团(Naval Group)的合资公司 NAVIRIS 向海军集团提供了一份合同,计划与联合军备合作组织签订合同,对海军装备升级开展可行性研究。各国还通过系统更新,升级已有数十年历史的驱逐舰,延长其使用寿命,维持现有的驱逐舰舰队规模。2021 年,美国开始升级现有阿利·伯克级驱逐舰(DDG-51)舰队的传感器、电子设备和武器。国际驱逐舰的维修维护业务需求将在预测期内推动该产业的增长。

(二)海军舰艇维护、修理和大修产业竞争激烈

海军舰艇维护、修理和大修产业的一些主要竞争者包括通用动力公司、蒂森克虏伯股份有限公司、海军集团、BAE 公司和亨廷顿·英格尔斯工业公司。这些公司正在通过采用新技术来降低维护成本,并从世界各国的海军获得新的长期合同,从而扩大其在市场上的影响力。在这方面,西班牙英德拉(Indra)公司与西班牙海军合作测试了新的人工智能系统,该系统可以预测故障,并提高其F100 护卫舰和近海巡逻舰舰队的维护水平。此类新解决方案有望帮助公司预测故障,并为其客户提供高效的维护、修理和大修服务,从而增加其市场份额。中东国家正在与欧洲和亚太地区的小型企业合作,帮助中小企业建立相关业务部门和维护、修理设施,通过组建合资企业,以合作伙伴关系的身份进入市场。

第五节　国际海洋动力装备产业链的发展现状

一、国际船用低速机产业链的现状

从 2022 年全球交付船舶的主机数据来看,全球船用低速机生产制造主要集中在韩国、中国和日本三个国家,合计市场份额超过 99%,韩国市场份额最大,其次分别是中国和日本。欧洲和美国也有部分主机生产企业,但所占市场份额很小,主要面向欧洲和美国本地市场。

从品牌来看,MAN ES 和 WinGD 两大低速机品牌占据全球约 98% 的低速机市场且竞争激烈。韩国主要生产 MAN ES 和 WinGD 两个品牌的低速机,其中 78.4% 为 MAN ES,21.6% 为 WinGD 低速机;中国同样以生产上述两个品牌的低速机为主,占比分别为 56.8% 和 42.0%,剩余很小的一部分为 J - ENG 的低速机;日本主要生产 MAN ES 品牌的低速机,占比高达 87.5%,小部分为 WinGD 和 J - ENG 品牌的低速机,占比分别为 6.6% 和 5.9%;欧洲生产制造的低速机则全部为 MAN ES 品牌的。

为应对温室气体减排要求和能效法规,世界各国在提高低速机能效和降低碳排放方面开展多种技术的研究。燃料方面,MAN ES 公司正在开展氨燃料低速机的开发工作。氢、甲醇、生物柴油等零碳、低碳燃料也是国内外研究的热点。系统集成方面,混合动力系统在内河船上已有典型应用,在远洋船舶上,低速机集成 PTI/PTO,与辅机系统构成统一的船舶电网,再加上储能单元,形成了远洋船舶混合动力系统的一般形式。应用储能单元可对负载"削峰填谷",尽可能使主机在高效率工况下工作。在靠港时,停掉主机,使用辅机或储存的电能来操纵船舶,可以提高船舶能效、降低碳排放。国内外企业和研究机构都在开展远洋船舶混合动力系统的相关研究。

QYResearch 调研显示,2023 年全球船用低速柴油机市场规模大约为 2.7 亿美元,预计 2030 年将达到 4.65 亿美元,2024—2030 年复合年均增长率为 8.6%。

近年来,全球船用低速机市场三大品牌竞争格局已基本锁定,鲜有破局者,中日韩三国制造格局也全面确立,难有新的入局者。不过,随着航运业能源转型的进程加快,低碳、零碳燃料动力主机需求迅速增加,给全球船用低速机市场发展带来了新的元素。回顾 2022 年，船用低速机市场延续 2021 年良好的发展态势，MAN ES 品牌低速机市场优势更加明显，中韩两国主机制造企业收获颇丰，手持订单已然承压。未来，国内外船用低速机制造企业应瞄准未来热门船型的主机需求及低碳、零碳燃料动力产品，积极调整市场接单策略。

从全球造船完工情况来看，船用低速机随船交付量与船舶完工交付量基本保持一致，同时也与每年市场成交船型结构、船舶使用燃料及航速等多重因素有关。近年来，船用低速机随船交付量总体呈现下滑趋势，2022 年全球随船交付低速机产品在 1040 台、功率在 1800 万马力左右。

从低速机品牌分布来看，世界船用低速机有 MAN ES、WinGD 和 J-ENG 三大品牌，其中德国 MAN ES 品牌占据绝对领先地位，其次是中船集团旗下的 WinGD 品牌，日本 J-ENG 的市场份额最小。根据 2017—2022 年全球船用低速机随船订单交付情况来看，2022 年，MAN ES 品牌低速机随船交付的市场份额约为 76%，WinGD 品牌约为 22%，J-ENG 品牌约为 2%，WinGD 品牌整体市场表现不如 2021 年的。

世界船用低速柴油机市场基本被 MAN ES 和 WinGD 两大品牌垄断。根据克拉克松数据，以每年全球完工交付船舶装机功率统计，MAN ES 低速机市场份额均在 70% 以上，处于绝对领先地位，并保持较好的发展态势；WinGD 低速机具备与 MAN ES 竞争的实力，但是市场突破表现较为艰难；J-ENG 低速机在两强激烈竞争格局下，长期处于被 MAN ES 和 WinGD 压制的状态，市场份额不足 2%。目前，MAN ES 和 WinGD 已退出了船用低速柴油机的直接制造，但两大专利商通过不断扩大专利授权范围，继续巩固其世界船用低速机的垄断地位。

二、国际船用中速机产业链的现状

中速柴油机多为海军多种舰船、远洋船舶的主辅机，以及作为陆用电站的大功率发电机组。随着国家环保法规的日益严苛，近海航行船舶中老旧船的动力更新提上日程，江海直达船和近海航行船舶等新船市场被看好。国外著名的船用中速机制造企业主要有德国的 MAN ES、芬兰的瓦锡兰（Wartsila）、美国的卡特彼勒（Caterpillar）、韩国的现代重工、日本的洋马（Yanmar）、新潟（NIIGATA）、大发（DAIHATSU）等公司。这些公司的中速柴油机都形成了系列化，而且逐步向大型化发展，可满足大中型船舶的辅机、中小型船舶的主机以及陆用电站的市场需求。

现代重工的船用中速机研发向提高综合经济性方向发展，不仅追求降低燃油消耗率和使用劣质燃料的频率，还追求向长冲程方向发展，其冲程缸径比不断增大,由 1.2～1.5 向 1.8 发展,使船用中速机的最高燃烧压力提高到 20 兆帕左右,活塞平均速度大于每秒 9 米,柴油机的压缩比也增加到 16 以上。冲程缸径比的增大,还显著提高了螺旋桨效率和最大爆发压力与平均有效压力之比,减少了活塞的摩擦损失,使柴油机热效率显著提高到 45%～46%,部分机型可达到 50% 以上,如法国 PC2-6EF 和 PC4-2EF 机型。

为满足国际规则以及各国地区性政策法规日益严格的排放要求,大功率船用中速柴油机正采用多种措施降低排放。瓦锡兰公司制造的所有船用中速机都采用了高压缩比、延后喷油燃烧及提高喷油压力等措施,实现在不增加燃油消耗率的前提下降低氮氧化物的目标。该公司 64 型船用中速机则采用双柱塞高压油泵,分别控制供油始点及供油量,使全工况氮氧化物及燃油消耗率降低。

随着计算机技术特别是微型计算机技术的迅速发展,船用中速柴油机的控制和技术管理进入数字化、智能化发展阶段。目前新一代大功率船用中速柴油机,如 MAN ES 开发的 32/44CR 全电子控制四冲程柴油机,大多实现了综合电子控制。船用中速机普遍采用电子控制系统对供油系统、增压系统、进排气系统相关参数进行协调,实现在各种工况下的优化运行,比如采用电子监控系统对柴油机各系统及主要零部件的工作状态进行检测,对故障进行诊断及趋势分析。未来船用中速柴油机管理模式将向着智能化方向进一步发展。

三、国际船用发电机组产业链的现状

在成套发电机组生产方面,卡特彼勒是国际龙头企业,2019 年拥有 16% 的全球市场份额。2020 年,全球船用发电机组的市场规模达到了 170 亿元,预计 2026 年将达到 200 亿元,复合年均增长率为 1.7%。

ABB 公司已通过在低压电机上贴装 ABB Ability 智能传感器捕捉电机运行参数以及状态参数,通过对低压电机的智能状态监测,实现了预防性维护的目标,降低了发电机生命周期成本。

第六节 国际海洋装备技术的变革推动产业链升级

一、海洋装备技术发展趋势

海洋装备从近海向深海、极地发展:随着海洋装备技术水平的发展,海洋能

源开发逐渐从近海走向深海、极地,海洋装备的需求将进一步扩大。为了更好地开发深海和极地资源,就需要海洋装备在设计、建造、安装技术上实现突破,其工作水深、原油储存能力、天然气处理能力、抗风暴能力以及总体性能都需要向更深、更强、更大的方向推进。适合深海以及极地作业的海洋平台、钻井装备、钻井船以及相配套的技术和设施、通信技术等都亟待发展。

海洋装备数字化、智能化、绿色化发展:传统的海洋装备产业的发展以工业化为主,近年来,随着信息化的快速发展,物联网、大数据、云计算、人工智能等新一代信息技术与海洋装备深度融合,推动了海洋装备制造业加快向数字化、网络化、智能化转变,"双碳"目标的提出,加速了海洋装备绿色化的发展进程。海洋装备制造业需要不断推出高端智能化、绿色化的产品和服务,提高海洋装备的安全、效率、环保等特性。同时,也将加强对新兴领域如深海采矿、海上风电、海洋生物技术等的技术创新和研发投入,拓展海洋装备的应用范围和市场空间。

海洋装备市场向国际化发展:同一个地球,同一片海洋,全球贸易的发展对全球航运业提出紧迫需求,海洋资源的开发,海洋交通的发展无不带有国际化的需求,海洋装备全球配套的属性也决定了其市场发展的国际化。通过深化"一带一路"、金砖国家等多边合作与交流,加快推进海洋装备制造业的基础能力建设,提升海洋装备产业发展的设计能力、生产能力、运营能力,打造海洋装备创新平台、集聚平台、展示平台,拓展海洋装备制造业的国际市场和合作伙伴。

(一)海洋运载装备技术的发展趋势

绿色零碳船舶是海洋运载装备技术发展的大趋势。海运是全球温室气体排放的主要来源之一,且排放量持续上升,已经占全球二氧化碳排放总量的近3%。IMO发布的海运业温室气体减排初步战略要求:2030年全球海运业温室气体排放应在2008年的基础上至少降低40%,争取在2050年降低70%,在21世纪实现温室气体零排放,通过船舶能效设计指数(EEDI)、现有船舶能效指数(EEXI)、碳排放强度指标(CII)等标准对新造船和现有船舶温室气体的排放进行管控。日本、韩国、欧盟都制定了船舶碳减排政策和路线图,在联合国气候变化框架公约第26次缔约方会议上(COP26),各国政府发起零排放"绿色航运走廊"发展路线图。这都在加速推动绿色低碳和零碳船舶的设计、建造和运营。天然气、氨燃料、氢燃料、生物乙醇等低碳和零碳燃料动力船舶将成为未来船舶产品的主体。

航运业已在加速进入智能时代。金融危机后的十多年间,全球运力持续过剩,航运业经营和竞争压力倒逼船舶所有人采取智能化手段提升船舶运营效率、管理决策效率、安全性、降低油耗。同时,飞速发展和不断迭代的网络技术和信息技术为智能船舶的发展提供了技术支撑。IMO 已将智能船舶列为重要议题,正在开展相关法规研究,国际标准化组织已经启动"智能航运标准化路线图"工作,挪威船级社(DNV)等主要船级社已经发布有关智能船舶的规范或指导文件,欧盟和日、韩正在大力推进智能船舶的研制与应用。

未来我国海洋运载装备领域的发展趋势如下。

1. 低碳化、零碳化

围绕船舶绿色低碳发展的需求,综合考虑不同低碳、零碳船舶动力技术的特点,分阶段、分重点突破低碳、零碳船舶动力关键技术,自主研制低碳、零碳船舶动力发展所需的关键件,构建覆盖不同技术路径、不同发展阶段、不同目标船型的自主品牌低碳、零碳船舶动力产品的体系,形成可持续的技术创新能力,不断完善低碳、零碳船舶动力产品型谱,持续提升低碳、零碳船舶动力产业规模和市场占有率,助力我国"双碳"目标和国际船舶"碳中和"目标的实现。

重点研发 LNG 燃料、甲醇燃料、氨燃料、氢燃料等低碳、零碳燃料动力装备;锂电池、燃料电池、风帆、太阳能等新能源动力装备;燃料供给、后处理及其他辅助系统、关键核心零部件。

2. 数字化、智能化

数字化升级、智能化转型,是欧洲、日本、韩国、中国等主要国家和地区的竞争热点,也是海洋运载装备产业链提质增效的有效手段和发展趋势。着力深挖智能船舶的关键技术及核心装备,积极探索从决策到控制的跨越,全面攻克智能船舶的关键技术及核心装备,带动船舶及相关产业链的协同发展,抓住智能化趋势,努力实现从数量扩张向质量提高的转变。重点研发集成控制平台与系统、环境态势感知、自主控制决策、智能船体、智能机舱、大数据分析、船岸通信等关键技术。

3. 高端化、服务化

2022 年 12 月发布的《扩大内需战略规划纲要(2022—2035 年)》,多处对船海产业的高质量发展有明确要求,LNG 运输船、极地运输船、邮轮等高端海洋运载装备需求快速增加;产业链效率效益提升的要求,促进了产业价值链的提升,配套设备企业由提供单一产品向系统集成和整体解决的方案转变,由提供"产品"向提供"产品+服务"转变,逐步迈向产业价值链的高端。

(二)海洋油气装备技术发展的趋势

海洋油气勘探开发的规模正持续增长,并不断迈向新的深水领域,海洋油气的开发技术也正在快速发展,海洋油气持续向低碳化的方向转变。作业环境逐渐从浅海到深海、从近海到远海并向极地地区拓展,为确保在更加复杂环境下的作业安全、高效、可靠,并满足日益提高的低碳、环保需求,海洋油气开发装备的功能需求也更加复杂多样,趋向深水化、水下化发展,更加大型化、多功能化,并向智能化、低碳化领域逐步更新升级。浅水油气开发的装备及技术已经十分成熟,深水领域的装备和技术创新是海洋石油创新的主战场。目前,人类开发深水油气已从深水区(300米≤水深<1 500米)拓展到超深水区(水深≥1 500米),全球500~1 500米、1 500~3 000米、3 000米以上水深油气开发的投资增长尤为显著。在国外,深水工程平台作业的水深越来越深,半潜式生产平台、SPAR、TLP等浮式装置广为应用;新型浮式装置,如浮式天然气液化装置(FLNG)、FDPSO等不断涌现;深水安装、拆除装备趋向大型化、专业化。

随着人工智能、物联网、大数据等智能技术的日益兴起,以及"智慧海洋"体系的逐步构建,海洋油气开发呈现出智能化管理的发展趋势,海洋油气装备进行智能化升级将是大势所趋。此外,海上风电快速发展,潮流能、波浪能等技术进入预商业化阶段,温差能开发技术正在探索,各类海洋装备的降碳技术得到应用,海洋油气开发与新能源和可再生能源有机结合的联合开发也是"双碳"目标下的新发展热点,相关海洋油气装备的低碳升级也势在必行。

(三)海洋安全保障装备技术发展的趋势

一是注重总体集成设计,提高海洋安全保障装备的效费比。面向海上维权、海上斗争的使用需求,加强海洋安全保障装备的总体集成设计,提高关键任务载荷的空间密度;贯彻通用化、系列化的设计理念,引入数字孪生、虚拟样机等手段,推进研发设计的数字化工程建设;加大民用设备和技术的参与度,实现低成本、可持续设计,提高海洋安全保障装备全寿命周期的效费比。

二是加快人工智能、大数据等智能技术的应用,提高海洋安全保障装备的任务表现。一方面,以人工智能、大数据、云计算为代表的智能技术被众多学者认为是改变未来海上战争形态的颠覆性技术,加快此类技术的发展是海洋安全保障装备"提质增效"的关键。另一方面,中国工业和信息化部、交通运输部和国家国防科工局联合发布的《智能船舶发展行动计划(2019—2021年)》等相关文件中明确了发展智能船舶的重要性、基本原则、行动目标和重点任务等。海洋安全保障装备无疑是智能技术的优先应用对象。

三是积极探索发展先进材料技术,促进海洋安全保障装备总体性能稳步提升。针对海洋安全保障装备在结构减重、表面防护、低可探测性等方面的应用需求,发展轻量化复合材料、大幅面夹芯板材、高强韧合金材料等技术,在确保强度可靠的前提下,助力装备实现降低结构自重;开发新型长效防腐、抗污的涂层材料,有效延缓船体和管路系统腐蚀污染的损耗进程;全面探索先进材料的技术和制备工艺。

(四)海洋动力装备技术发展趋势

航运减碳的时间表和路线图尚未达成一致,但航运业需要加速实现碳减排的方向已经确定,而且时间表可能比原计划提前,减排强度也会更高。面对各项法规及市场需求,船舶领域有较多的应对手段,如减少风阻、船体气膜减阻和优化型线等,但目前最有效的还是动力系统的绿色化。动力系统层面的技术解决方案有很多选择,除以往的直接限制动力系统功率外,还可采用低碳、零碳、碳中和燃料,引入风能、太阳能,以及增加储能装置和优化系统等,而作为原动机的船舶柴油机的绿色发展将起到主导作用。在温室气体减排的路径方面,技术手段从船舶能效的提升转向清洁替代燃料的方向已基本确定。

对于船舶动力,未来绿色发展的技术方向主要有以下 4 个方面。

1. 现有技术升级

传统中、低速柴油机在未来 10 年内仍有一定的市场,其技术改进的潜力很大,未来低碳、零碳燃料的直接使用和现有船舶柴油机的改造升级均为改进选项,主要改进方向包括性能提升、排放达标和降低成本:①开展中、小缸径低速柴油机 55% 以上热效率达标的提升研究;②开展基于内河船的小缸径低速机的技术研究,包括新结构、新材料、新工艺的应用和高功率密度的提升等;③开展基于柴油、低碳燃料的超低排放一体化技术方向研究,如机带氮氧化物后处理技术(SCR)、机带二氧化碳捕集技术(CCS)以及颗粒物处理装置等,机带余热回收装置(WHR)的结构振动和余热利用效率的提升等。

2. 低碳、零碳、碳中和类新燃料应用技术

由于船舶发动机转速低、空间大、控制系统架构灵活,应用新燃料后,不管是新燃料混合燃烧等过程组织、燃料输送和供给系统布置,还是控制监测安全系统的匹配,相对其他动力产品更具优势,灵活应用新燃料的潜力巨大。当前,能源产业正从基于煤炭、石油的化石能源转向基于太阳能、核能等的清洁能源转变,

在此过渡阶段,基于新能源的世界燃料供给格局存在着巨大的不确定性。未来,可供选择的低碳、零碳、碳中和燃料种类较多,物性差异极大,对发动机的功率密度、燃烧过程、摩擦润滑和材料工艺等技术的研究需求较多。作为未来船舶发动机绿色发展的重点方向,为确保在新赛道上的先发优势,相关研发人员可在现有双燃料船舶柴油机的研发基础上,开展甲醇、氨和氢等新燃料的可控超低排放燃烧技术(含润滑油引起的不正常燃烧)、高密度燃烧技术、中高压喷射和密封技术、高可靠摩擦副技术、甲醛和氨等排放物后处理技术及材料工艺技术等的研究。

3. 智能技术

随着新燃料动力系统复杂性的不断增加,船舶发动机的绿色智能融合也越来越深入。未来,行业对其智能化的要求也将越来越高。另外,作为主动力,绿色动力系统的智能化提升技术也需从中、低速机上率先取得突破性进展。智能机械的要求为自感知、自评估、自决策和自适应,这首先对船舶发动机感知系统、内置虚拟数字机、机带算力和自适应执行系统的应用及布置提出了极大的挑战,从空间上来看,中、低速机在结构布置上具备最大的优势,因此也最有可能优先实现智能化。未来可以率先开展基于虚拟机的数字孪生船舶发动机技术研究,建立可应用于研发、制造、试验验证和服役的数字发动机,为发动机的智能化奠定内在基础,为其未来纳入智能船舶体系做好准备。智能技术的未来发展是虚实融合。虚拟船舶发动机和物理发动机深度融合后,可以开展大量智能相关技术的研究和应用,包括虚拟传感器、智能控制算法、云设备、智能诊断系统、结合增强现实(AR)和混合现实(MR)的运维系统、结合智能评估/自驱动的机上局域电网和通信网等。

4. 共性技术和绿色制造研究

目前,不管是传统的船用中、低速柴油机,还是新型燃料船舶发动机,由于我国船舶发动机的工业基础较差,依旧面临着船舶发动机特有基础和共性技术需深入开展研究的情况。因此,需要开展基于中、低速机特有的结构和燃烧等相似性研究,大空间喷雾混合燃烧、超重大结构低频振动和柔性结构件功能可靠性提升技术研究等工作。此外,也需要开展材料轻量化、基于核心零部件的整机性能提升及可靠性等研究,如应用新燃料后的轴瓦缸套气阀摩擦、增压器的性能和材料的腐蚀等。

此外,基于船舶中、低速发动机小批量单件生产的绿色制造过程的技术研究,也是船舶动力绿色发展的重要一环,包括高效焊接、基于轻量化的高强度材料、复合材料、非金属材料应用,以及大尺度下高精度总装控制和基于能量回收的整机试验验证与虚拟试验技术应用等。

二、海洋装备产业及产业链的转型升级需求

(一)海洋运载装备产业链的转型升级需求

从邮轮产业需求来看,自 2021 年 5 月以来,随着全球疫情防控形势的逐渐稳定,国际邮轮复航规模也开始提速。全球邮轮业也逐步从疫情的阴霾中走出,开始"灾后重建"。来自嘉年华邮轮、皇家加勒比游轮、诺唯真游轮等上市公司的财报数据显示,2022 年航线的预订量已经超出 2019 年的同期水平,而且还是在未进行大规模广告宣传的前提下实现的。目前,全球邮轮船队平均船龄为 19.83 年,若按船舶数量统计,其中超过 20 年船龄的邮轮占比为 47%;若按客位计,超过 20 年船龄的邮轮占比则仅为 25.3%。这是因为近几年新交付的邮轮中大部分为 10 万总吨以上的大型和超大型邮轮。从船龄结构的分布来看,3 万总吨以下邮轮的船龄在 26 年以上,随着排放政策的日趋严厉,这类船型市场将存在较多的更新需求。而 10 万总吨及以上邮轮的平均船龄还不到 10 年,因此,未来 4~5 年内将很难再有成批量的 10 万总吨及以上邮轮新船的订单产生。不过,由于邮轮建造周期较长,投资方需提前下单以满足未来之需,因此预测近期市场上将以新兴船舶所有人的中小型邮轮订单为主,伴随零星大型邮轮订单。市场上的中大型邮轮批量新造订单将相应地从 2025 年以后开始产生。与此同时,在我国以国内为主的"双循环"发展战略的大背景下,以及我国在沿海邮轮、岛际邮轮和高端滨海游船方面尚存在市场空白,细分市场依然会存在一些潜在的机会,目前业内已经有多个项目正在洽谈当中。

(二)海洋油气装备产业链的转型升级需求

海洋油气行业正站在技术变革的路口,新技术的引入正在深刻地改变着整个产业链的面貌。从资源勘探到生产、运输再到加工,技术创新已经成为推动海洋油气领域前进的引擎。

在资源勘探领域,高分辨率地震成像、多波束声呐等技术正逐步提高勘探的准确性和效率。这意味着能够更快速、更准确地找到油气储量,减少勘探风险和成本。同时,人工智能和机器学习的应用使得大量的地质数据可以被分析和解读,有助于确定有潜力的探测区域。在生产环节,自主航行潜水器、无人遥控机器人等智能化设备正大幅提高深水领域的生产效率和安全性。这些设备在复杂

环境中作业,可以减少人员风险,同时实现更高效的生产作业。海底生产系统的智能化监控和远程维护也在提高生产效率的同时降低了停工时间。数字化和智能化的技术正在各个环节发挥作用。物联网技术使得设备和传感器可以实时互联,实现数据的实时采集和监控。大数据分析可以优化设备的维护计划,减少停工时间,提高生产效率。区块链技术则改善了供应链管理的透明度和安全性,使得物流和采购过程更加高效。环保和可持续性是未来的关键词,新技术的引入也在这方面发挥了作用。开发环保型技术,如二氧化碳捕集和储存技术,有助于减少温室气体排放。同时,结合可再生能源,如海洋风电、海上光伏等可以实现海洋油气生产的绿色低碳化发展。

(三)海洋安全保障装备产业链的转型升级需求

一是适应海上安全形势变化,是海洋安全保障装备产业链发展的内在动力。随着国际战略博弈的持续加剧,世界海洋安全形势日益严峻。世界主要海洋大国加快将其主要海上力量向全球地区转移和部署,推进科技创新发展各新型核潜艇、航母编队、战斗机和战略轰炸机等大量的先进装备,确保本国海洋安全保障装备能够满足国防和军事需求。特别是在争夺对西太平洋、印度洋等重要战略通道和海峡水道的安全和畅通控制权方面,各国海上安全力量的建设正根据世界海洋安全新形势变化发生着深刻变化,这要求世界各国海上安全保障装备向新域新质突破,向更多数量和更高质量的尖端发展,为践行战略转变、实现装备升级,需要对产业链进行升级。

二是破除自主可控风险,是海洋安全保障装备产业链发展的紧迫任务。健全牢靠的产业链基础,是海洋安全保障装备有效维护海洋权益的根本保障。近年来,美国挑起贸易争端,在变局之下,世界各国逐渐开始重视本国海洋安全保障装备产业链的自主可控。为此世界各海洋大国都提出了升级本土装备产业链的战略需求。比如,在整个海洋安全保障装备产业链条中,各国存在不同的薄弱环节,一些国家的开发软件依赖于进口,一些国家重要的元器件受制于人,在极端情形下这些短板弱项都有可能成为敌对势力对付本国的"武器"。因此,世界各国纷纷提升产业链升级需求,海洋安全保障装备产业链去除"断链"风险势在必行,必须建立自主可控的产业生态,通过创新牢牢掌握海洋安全保障装备的自主研制能力。

三是增加本国制造业竞争力,是海洋安全保障装备产业链发展的必然要求。各世界大国十分重视制造业的繁荣,美国提出制造业回流,德国提出"工业

4.0"。习近平总书记也高度重视推动我国制造业转型升级,建设制造强国,强调"制造业特别是装备制造业高质量发展,是我国经济高质量发展的重中之重",提出"把推动制造业高质量发展作为构建现代化经济体系的重要一环",要求"把实体经济特别是制造业做实做优做强""打造有国际竞争力的先进制造业集群"。海洋安全保障装备不仅是现代大工业的产物,还是现代大工业的缩影,是一个浮在水上的工厂。海洋安全保障装备的动力机电、雷达、导弹武备、舰载机、两栖登陆装备等,与航空、航天、电子、兵器等其他装备制造业关联紧密,对制造业的支撑和拉动具有重要作用。因此,加快发展海洋安全保障装备等高端装备制造产业是工业转型升级的重要引擎。不断提升海洋安全保障装备的研发、设计和制造技术水平,不断实施产品创新、管理创新和商业模式创新,可助力本国发展海洋经济、维护国家海洋权益。

(四)海洋动力装备产业链的转型升级需求

2022年,我国国内经济复苏持续向好,国内对能源、矿产、粮食等进口的需求稳步回升,散货船、油船、气体船等新造船市场仍有机遇可寻。同时,传统贸易模式转变的脚步加速,智能化航运、区域化贸易、国内物流将会成为新的亮点,智能船舶、支线型船舶、内河船舶等迎来发展的新契机,内河及江海直达航运能力增加、船舶标准化和大型化、老旧运输船改造淘汰、大型远洋渔船、航道疏浚、港口作业等对中速柴油机的年需求量逐渐增加。

从国际来看,当今世界正经历百年未有之大变局,全球经济正在发生深刻变化,逆全球化趋势加剧,有的国家大搞单边主义、保护主义,全球产业链和供应链都将发生深刻变化。从国内来看,在构建以国内大循环为主体、国内国际双循环相促进的新发展格局下,实现自主可控成为国家战略,为自主品牌海洋动力装备产业发展创造了良好机遇。另外,高质量发展是"十四五"乃至更长时期我国经济社会发展的主题。我国海洋动力装备产业高质量发展必须通过转变发展方式、优化产业结构、转化发展动力,尤其是以创新为核心的新发展理念,为我国海洋动力装备产业发展指明方向。

另外,为加快航运业温室气体减排的步伐,IMO提出2030年国际航运碳排放强度相比2008年的至少降低40%,到2050年力争降低70%,且达到2050年年度温室气体排放总量相比2008年的至少降低50%的减排初步战略目标,逐步消除国际航运温室气体排放。2020年9月22日,习近平主席在出席第七十五届联合国大会一般性辩论上宣布,中国二氧化碳排放将力争于2030年前达到峰值,努力争取在 2060 年前实现碳中和。在此背景下,碳减排已成为国内外社会共同努力的方向,降低能耗和低碳排放已成为海洋动力装备产业发展的重要引领。航运业脱碳转型将为绿色甲醇、绿氢、绿氨燃料发动机等新兴能源动力的技术发展带来动力产业的新一轮技术革命,以低碳燃料(天然气、醇类、醚类等)、碳中和燃料(生物燃料、合成甲醇、合成 LNG 等)、零碳燃料(氢、氨、电能等)等为代表的清洁燃料对船用海洋动力装备产业链提出了更高的要求。

2022 年上半年,中国船舶业新承接订单中绿色动力船舶占比从 2021 年的 24.4% 快速提升至 44.8%,燃料类型包括 LNG、甲醇、生物质能、氢。目前,以 LNG 为主的双燃料动力已逐渐成为市场的主流,未来有望逐渐向甲醇、氨以及生物质燃料等双燃料动力发展。MAN ES 公司表示 2025 年后,全球将有一半以上的新造船舶按照规定使用双燃料发动机。瓦锡兰公司提出未来将推进大功率氨燃料低速机的研制工作,中船集团第七一一研究所也表示将陆续推出甲醇和氨燃料等绿色低碳船用发动机自主机型。

由于新燃料和新动力系统的特性差异大,绿色船舶动力将在原动机、核心零部件以及动力系统层面面临新的挑战,主要有以下三个方面。

第一,低碳、零碳新燃料的引入对发动机及零部件的性能和使用维护带来了巨大的不确定性,如发动机上新燃料系统的高压压缩、喷射、零件腐蚀和摩擦磨损等问题;在高功率、低排放的需求下,燃烧室内的燃料雾化混合燃烧机理、排放物生成机理及如何对原机进行改造等;新燃料系统中对核心零部件(喷射器和压缩泵等)的设计以及可靠性耐久性的提升。

第二,在新燃料的存储、运输和安全上,如何应对氨刺激性、甲醇的低毒性和甲烷氢气爆炸危险等问题,需要设计新型的燃料供给系统以满足相应燃料的应用特点。

第三,绿色动力系统的未来发展趋势是机电融合和智能化,这项挑战必须通过跨学科的综合运用和研究,来提升整个动力系统的全生命周期运营效率。

因此,需要开展人工智能和大数据等方面的应用研究,并基于多学科物理模型的系统建模来展开设计验证工作。虽然在传统动力方面,国外已经积累了 100 多年的优势,但是国外发动机低碳、零碳技术研究应用还在初期阶段,尽快发展低碳、零碳发动机也是难得的契机,为我国在这一领域实现技术引领提供了战略机遇,同时也为我国海洋动力装备产业链发展迎来难得的换道竞争的发展机遇。

第三章

我国海洋装备产业链发展现状

本章首先梳理我国在海洋运载装备、海洋油气装备、海洋安全保障装备、海洋动力装备领域发展的相关产业支撑政策及工业基础优势。其次以海洋装备产业链的研发设计、原材料、总装建造、配套、船海服务、运行维护六大环节为切入点,重点剖析国内海洋运载装备、海洋油气装备、海洋安全保障装备、海洋动力装备领域的产业链发展现状,并对产业链上主要产品的自主可控情况进行评价,厘清不同海洋装备领域的产业链各环节的优、劣势情况;在此基础上,绘制海洋运载、海洋油气、海洋安全保障、海洋动力四大装备领域的产业链图谱,通过图谱可系统性了解该领域产业链上主要环节及主要产品的自主可控情况,针对性地为下阶段海洋装备产业链发展提出相关建议和参考。

第一节 我国海洋装备产业链发展的政策基础与产业优势

一、国内支撑海洋装备产业链发展的相关政策与保障

(一)海洋运载装备产业链发展的相关政策支撑

整体来看,金融危机以来我国船舶相关产业政策可分为以下两个阶段。

第一阶段为 2008—2015 年,相关政策主要以调结构、压产能、产业升级为主。金融危机发生后的较长时期内,国际主流船舶市场需求持续低迷,高技术船舶和海洋工程装备市场急剧萎缩,世界造船业全面陷入困境。一方面,我国船舶

工业同样面临严峻挑战,企业订单严重不足,产能供需矛盾突出,行业竞争混乱,多数企业面临严重亏损,甚至出现大面积破产;另一方面,我国也面临深化船舶工业调整,推进产业转型升级的历史机遇。政府适时推出了《船舶工业调整和振兴规划》《国务院关于化解产能严重过剩矛盾的指导意见》《船舶工业加快结构调整促进转型升级实施方案(2013—2015年)》等政策。

第二阶段为2016年至今,相关政策主要以科技创新、智能化、扩内需为主。近几年来,面临国际船舶工业的深度调整,叠加中美贸易冲突的逐渐升级,我国船舶工业亟须提高自主创新能力,提升自主配套能力,强化产业链供应链自主可控,推进智能船舶与智能制造水平,政府陆续发布了《船舶工业深化结构调整加快转型升级行动计划(2016—2020年)》《海洋工程装备制造业持续健康发展行动计划(2017—2020年)》《智能船舶发展行动计划(2019—2021年)》《推进船舶总装建造智能化转型行动计划(2019—2021年)》《智能航运发展指导意见》等政策,极大地推动了我国由造船大国向造船强国转变的历史进程。

此外,我国政府还推出了《船舶工业中长期发展规划(2006—2015年)》《融资租赁船舶出口退税管理办法》《"十二五"国家战略性新兴产业发展规划》《中国制造2025》《智能制造发展规划(2016—2020年)》《关于改进和加强海洋经济发展金融服务的指导意见》《交通运输领域新型基础设施建设行动方案(2021—2025年)》等多个船舶行业的相关政策,通过不同方式、不同途径促进我国船舶工业结构的调整和转型升级。

随着船舶产业链的不断变革,造船国家与非造船国家的界限趋于模糊,产业竞争在聚焦传统大工业和产业链的基础上,将更加倚重国家战略、创新、数字化与现代化的基础设施。为促进我国船舶工业持续健康发展,政府制定出台了一系列支持政策,从政策类别的角度具体可分为宏观层面的指导政策、船舶产业规划政策、船舶产业财税政策、相关多元产业政策和非公开政策五大类。但前期政策主要聚焦船舶总装领域,对船舶产业链的整体拉动作用有限,尤其在当前错综复杂的国际形势下和船舶产业快速调整的关键时期,亟待更有针对性的支持政策,持续推动我国造船强国战略的目标实现。

2022年12月,中共中央、国务院印发了《扩大内需战略规划纲要(2022—2035年)》,对海洋运载装备产业链的发展提出了更高要求,纲要指出:

(1) 加快培育海岛、邮轮、低空、沙漠等旅游业态。

(2) 建立健全绿色产品标准、标识、认证体系和生态产品价值实现机制。

(3) 加快全国干线油气管道建设,集约布局、有序推进液化天然气接收站和车船液化天然气加注站规划建设。

（4）引导产业链上下游联合攻关，促进产业链、创新链、生态链融通发展。发展智能制造、绿色制造，推动生产方式向柔性、智能、精细化转变。

（5）促进制造业企业由提供"产品"向提供"产品＋服务"转变，提升价值链。

（6）实施制造业供应链提升工程，构建制造业供应链生态体系。围绕重点行业产业链供应链关键原材料、技术、产品，增强供应链灵活性可靠性。

（二）海洋油气装备产业链发展的相关政策支撑

党的二十大报告对我国装备制造业和能源领域提出了新的要求，"发展海洋经济，保护海洋生态环境，加快建设海洋强国""加大油气资源勘探开发和增储上产力度""实施产业基础再造工程和重大技术装备攻关工程""推动制造业高端化、智能化、绿色化发展"。习近平总书记在连线"深海一号"时指出："建设海洋强国是实现中华民族伟大复兴的重大战略任务。要推动海洋科技实现高水平自立自强，加强原创性、引领性科技攻关，把装备制造牢牢抓在自己手里，努力用我们自己的装备开发油气资源，提高能源自给率，保障国家能源安全。"

基于党中央的政策路线和国内油气产业市场的发展，我国长期以来高度重视行业资源勘探开发工作，为保障市场石油、天然气价格及供应稳定、维护国内油气行业的平稳运行，相继出台政策支持并鼓励民间资本参与石油、天然气资源勘探开发工作，提升行业资源开采速度，提高产业发展速率。近年来，在有关部门颁布的历年的能源工作指导意见和《中华人民共和国国民经济和社会发展第十四个五年规划和 2035 年远景目标纲要》等多项政策规划中提到，要落实"十四五"规划及油气勘探开发的实施方案，压实年度勘探开发投资、工作量，加快油气先进开采技术的开发应用，巩固增储上产的良好势头，我国将着力推进陆域海域油气的勘探开发，加快建设南海近浅海油气田，稳步推进深远海油气资源的开发。

随着国家能源需求的不断增强，海洋油气开发逐渐转向东海、南海等海域，海洋油气业将得到进一步发展，为海洋油气装备产业发展提供了巨大机遇。2015 年国务院印发的部署全面推进实施制造强国的战略文件《中国制造 2025》明确提出：要大力发展深海探测、资源开发利用、海上作业保障装备及其关键系统和专用设备；推动深海空间站、大型浮式结构物的开发和工程化；形成海洋工程装备综合试验、检测与鉴定能力，提高海洋开发利用水平；全面提升液化天然气船等高技术船舶的国际竞争力，掌握重点配套设备的集成化、智能化、模块化设计制造的核心技术。2018 年工业和信息化部等八部门联合印发的《海洋工程装备制造业持续健康发展行动计划（2017—2020年）》提出,到2020年我国海洋工程装备制造业的国际竞争力和持续发展能力明显提升,产业体系进一步完善,专用化、系列化、信息化、智能化程度不断加强,产品结构迈向中高端,力争步入海洋工程装备总装制造先进国家行列;提出了海上油气生产平台等高端产品的国际竞争力明显提高,海上风电装备、海底矿产资源开发装备、海洋电子信息装备等新兴海洋工程装备研制和应用取得重大进展,海洋工程装备领域建成一批竞争力强的新型工业化产业示范基地的发展目标。2021年国家能源局等出台《"十四五"能源领域科技创新规划》,提出研发远海深水区域漂浮式风电机组基础一体化设计、建造与施工技术,开发符合中国海洋特点的一体化固定式风机安装技术及新型漂浮式桩基础,建设海洋地震采集装备制造及检测平台,应用海洋地震勘探系统地震拖缆、控制与定位、综合导航、气枪震源控制等核心装备并装配三维地震物探船,支撑海洋地震勘探技术装备在海洋深水油气勘探开发的推广应用等。

　　江苏、浙江、山东、广东、上海等省市、地区,在"十四五"时期发布了海洋工程装备制造的相关政策,如《江苏省"十四五"船舶与海洋工程装备产业发展规划》《浙江省高端装备制造业发展"十四五"规划》《上海市高端装备产业发展"十四五"规划》《山东省船舶与海洋工程装备产业发展"十四五"规划》《广东省制造业高质量发展"十四五"规划》,明确了发展目标等内容。此外,南海开发已经上升为国家战略,国家已批复广东省落实"以陆地为支撑,以岛屿为基点,着力推进南海深海工程,加快南海油气等战略资源开发与保护,提高南海执法保障能力"的开发策略。深圳的地缘优势和油气服务基础优势将愈加突出,海洋油气装备产业未来发展前景可期,将加快向深水化、大型化、海底化、智能化转型升级。

（三）海洋安全保障装备产业链发展的相关政策支撑

　　近年来,国家高度重视海军建设,出台的一系列的国防白皮书中均反映了对海军战略发展的目标规划与重点建设任务。表3-1展示了中国2009年以来国防白皮书中海军战略的变化。

表3-1　中国2009年以来国防白皮书中海军战略的变化

时间	政策	具体内容
2009年	《2008年中国的国防》	海军按照近海防御战略的要求,坚持把信息化作为现代化建设的发展方向和战略重点,努力建设一支强大的海军。深化训练内容和组训方式改革创新,突出海上一体化联合作战训练,增强在近海遂行海上战役的综合作战能力和核反击能力

（续表）

时间	政策	具体内容
2011 年	《2010 年中国的国防》	海军按照近海防御的战略要求，注重提高综合作战力量现代化水平，增强战略威慑与反击能力，发展远海合作与应对非传统安全威胁能力。突出正规系统的基础训练，加强复杂电磁环境下实战化训练，作战能力进一步提高
2013 年	《中国武装力量的多样化运用》	按照近海防御的战略要求，海军注重提高近海综合作战力量现代化水平，发展先进潜艇、驱逐舰、护卫舰等装备，完善综合电子信息系统装备体系，提高远海机动作战、远海合作与应对非传统安全威胁能力，增强战略威慑与反击能力
2015 年	《中国的军事战略》	海军按照近海防御、远海护卫的战略要求，逐步实现近海防御型向近海防御与远海护卫型结合转变，构建合成、多能、高效的海上作战力量体系，提高战略威慑与反击、海上机动作战、海上联合作战、综合防御作战和综合保障能力

我国正在大力开展海洋强国以及"海上丝绸之路"建设，对海上基础设施建设、资源开发、空间开发等相关安全保障装备的需求也更为急迫，对我国高端海洋装备发展提出了更高要求。

海上通道已经成为我国经济发展的重要命脉，其安全与否直接关系到我国的发展与安全。目前，我国是世界货物贸易第一大国，每年货物进出口总额超过四万亿美元，对外投资总额超过一万九千亿美元，随着"一带一路"建设的深入推进，我国的海外利益不断延伸。与此同时，海上通道和海外利益的安全问题、战略物资运输安全等问题并未得到根本解决，维护海上生命线安全的能力亟待进一步增强。当前，一些国家采用政治、经济、军事、外交等多种手段加紧对重要海峡进行渗透与战略控制，严重威胁我国海上交通线的安全，在"一带一路"沿岸地区传统安全和非传统安全问题依然突出，使得中国企业的海外投资和经济利益面临着政治、宗教、文化、军事等诸多挑战，建设一支能够长期远离本土执行多样化军事任务的战略威慑力量的需求更加强烈，研制能够适应各种环境的先进海洋安全保障装备的需求更加迫切。

随着新时代国家海洋战略的提出，目前我国高度重视海洋安全，重点在政策和产业布局上下功夫。《中华人民共和国国民经济和社会发展第十四个五年规划和 2035 年远景目标纲要》将海洋装备作为重点发展的战略性新兴产业，并提出围绕海洋工程、海洋资源、海洋环境等领域突破一批关键核心技术，建设一批高质量海洋经济发展示范区和特色化海洋产业集群，海洋安全保障装备科技产业基础不断夯实。受到国家政策和市场需求的双重刺激,各级政府纷纷出台相应的发展规划,支持海洋装备产业的发展。传统造船产业集群将资金和技术逐步向海洋科技与装备方向转移;不少地区也积极响应国家号召,不断上马建设新的海洋科技与装备能力建设项目,力求在短时间内抓住市场机遇,实现海洋装备产业集群的快速突破和壮大。可以预见,未来数年内国内将涌现出相当一批的新兴海洋装备产业集群,在政府支持和市场看好的前提下,这批产业集群短期内将可能获得较快发展,为海洋安全保障装备的发展奠定良好的产业基础。

(四) 海洋动力装备产业链发展的相关政策支撑

2021 年 6 月,中国内燃机工业协会在六届五次理事(扩大)会议上发布了《内燃机产业高质量发展规划(2021—2035)》,提出力争 2028 年前内燃机产业实现"碳达峰",2030 年实现"近零污染排放",2050 年实现"碳中和",满足国民经济建设、国防安全和人民生活对高效、清洁、低碳内燃动力的需求。该规划的发布和实施,必将极大地推动我国内燃机产业的创新发展,对完成内燃机产业"十四五"乃至更长时期全面推进节能与绿色制造的战略任务,提高我国内燃机产业在国际市场的综合竞争力意义重大。海洋动力装备发展规划与国家层面的"双碳"政策步调基本一致,绿色节能是主基调。

国家出台的多项利好政策都有助于海洋动力装备产业的快速布局与发展。2016 年,我国启动了"智能船舶 1.0 研发专项"。2018 年底,工业和信息化部、交通运输部、国家国防科工局三部委联合发布《智能船舶发展行动计划(2019—2021 年)》,"推动船用设备智能化升级"是其强调的重点任务之一。

面向未来,我国海洋动力装备的设备状态监测系统研发与普及依然有希望发展出独立自主的完整产业链。《工业互联网创新发展行动计划(2021—2023 年)》提出支持建设云仿真、数字孪生、数据加工、故障预测与健康管理等技术专业型的平台,加快信息技术创新应用。此外,工业和信息化部在《推动企业上云实施指南(2018—2020 年)》中要求,到 2020 年,全国新增上云企业 100 万家,形成典型标杆的应用案例 100 个以上。工业互联网与云技术的发展,将成为柴油发电机以及其他类似工业设备状态实时可见可控的重要保障。

在未来,如果能够实现海洋动力装备上、中游产业链的完全自主,依托国内广大的市场需求和完整产业链,海洋动力装备产品将可以大幅降低成本,这将是我国海洋动力装备产品与外国产品竞争的主要优势。在获得足够的国内市场后,海量的设备数据将有助于系统维护企业加快开展智能分析研发,从而抢占高端市场,并形成技术壁垒。

二、我国的海洋装备产业体系和工业基础优势

(一)海洋运载装备产业链发展的工业基础

我国海洋运载装备产业从消化吸收引进技术发展到自主研发创新阶段,形成了海洋运载装备的总装建造、系统集成的配套能力。2015 年以来,我国船舶装备产业进入高速发展期,形成了一批标准化、系列化船型,在全球市场上的份额大幅提升。2023 年,我国造船大国的地位进一步巩固,市场份额已连续 14 年稳居世界第一,三大造船指标的全球市场份额首次全都超过 50%。造船完工量、新接订单量和手持订单量以载重吨计分别占全球总量的 50.2%、66.6% 和 55.0%。低、中、高速船用发动机、大型推进器、甲板机械、液货系统、压载水处理系统等重要设备实现自主配套,相应关键技术取得重要突破。

我国已经初步建成了海洋运载装备的产业体系,形成了世界一流的总装建造能力,散货船、集装箱船、油船三大主力运输船已基本形成品牌产品,随着天然气贸易量的大幅增加,LNG 运输船已成为第四大主力运输船,建造能力大幅提升,同时,邮轮、极地运输船等高技术船舶的建造能力实现突破。

(二)海洋油气装备产业链发展的工业基础

我国海洋油气装备因大力实施油气增储上产,勘探发现成果显著,需求和发展较为平稳,产业体系较为完备。2022 年,全球海上钻井工作量中,近 40% 来自中国海域,海洋油气装备供需两旺,油田服务装备规模继续扩大,规模排名维持全球前茅。装备利用率好于全球平均水平,移动钻井装备的利用率高于 80%,三用工作船、平台供应船、FPSO 利用率均高于 90%。海洋油气接连不断的新发现也带动了我国海洋油气开发装备的技术进步、智能化提升,智能制造将推动海洋油气工程建设和装备少人化以提高开发效率。

我国近 10 年来在全球海洋油气装备市场已经从第三梯队跃居第二梯队的领先地位。目前,国内已经诞生了一批优秀的海洋油气装备制造企业,在一些高技术含量的油气装备生产技术上取得了突破,在环渤海地区、长三角地区、珠三角地区初步形成了具有一定集聚度的产业区,涌现出一批具有竞争力的企业,拥有较为完备的海洋油气装备配套产业。目前,我国海洋油气装备订单约占全球市场份额的五分之一。随着"一带一路"及"海上丝绸之路"的战略机遇,海洋油气装备行业将迎来新一轮发展。以"荔湾 3 - 1""流花 16 - 2""深海一号"为代表

的一系列深水油气开发工程的成功实施,标志着我国海洋石油勘探开发装备实现从 300 米深水向 1 500 米超深水的历史性跨越。自"十三五"时期起,我国海洋石油装备制造水平成功跃上新台阶,以深水半潜生产平台、超大型 FPSO 系统总体集成技术、中心管汇等水下生产系统为代表的深水油气装备制造能力提升至世界先进水平。10 万吨级深水半潜式生产储油平台"深海一号"、中深水半潜式钻井平台"深蓝探索"号在南海珠江口盆地成功开钻,"蓝鲸 2 号"半潜式钻井平台圆满完成南海可燃冰试采任务,FPSO 的船体和上层模块建造项目稳步推进。中海油服 12 艘 LNG 动力守护供应船已投入使用,我国海洋油气装备清洁能源的利用水平跨入国际先进行列。

(三) 海洋安全保障装备产业链发展的工业基础

1. 我国海洋安全保障装备产业需求体量大、产业链相对完备

我国具有规模广、多样的海洋安全保障需求和超大规模的市场优势,这是我国海洋安全保障装备产业链形成和发展的重要支撑和基础。在嵌入价值链的过程中,中国制造业不断提升在全球价值链中的地位,同时也形成了其他国家都无法比拟的产业链规模,经过多年的自主发展,形成了最长、最大、相对最完整的产业链。按照联合国工业发展组织的数据,中国是全球唯一拥有全部制造业门类的国家,22 个制造业大类行业的增加值均居世界前列;世界 500 种主要工业品种,目前国内有约 230 种产品的产量位居全球第一。完整的现代工业体系,确保了我国经济体系的巨大韧性,甚至在外界不可控因素的冲击下仍能够有效维护产业链、供应链的稳定。

2. 海洋安全保障装备关键核心技术逐步累积,部分得到突破

根据我国海洋安全保障需求,目前初步构成了多域联动、主体协同、体系发展的海上安全保障装备体系及力量。近年来,我国海洋安全保障装备与科技发展的重点主要围绕船型开发技术、船舶系统研发技术、专业执法装备技术、大型浮动式保障平台、智能系统技术、信息化指挥通信技术等领域,加大科研投入,加强与国外技术的交流、合作,强化了人才队伍的建设。近年来,我国在海洋传感器、新型舰船柴油机、海洋新能源装备等关键核心技术和产品上取得重大突破。传感器及其技术是海洋安全保障装备的关键部件和关键技术,处于海洋装备产业链中的关键核心环节,是我国海洋装备发展的瓶颈,在国家相关科技计划的支持下,经过多年计划/规划的实施,我国在海洋探测传感器研究方面突破了一批关键技术,研发了一批仪器设备,部分传感器已经在海洋动力环境参数获取与生

态监测、海底环境调查与资源探查等方面发挥作用。各重点企业深入开展重点科研项目攻关,在船舶船体设计、信息通信、新质装备等领域一些关键技术取得突破性进展,产品加速工程应用,有力支撑了海洋安全保障装备的发展。

海洋安全保障装备产业是国家工业基础的支撑产业之一,发展潜力巨大。2021 年全国海洋生产总值首次突破 9 万亿元,达 90 385 亿元,比 2020 年增长 8.3%,对国民经济增长的贡献率为 8.0%,占沿海地区生产总值的 15.0%。其中,海洋第一产业的增加值为 4 562 亿元,第二产业的增加值为 30 188 亿元,第三产业的增加值为 55 635 亿元,分别占海洋生产总值的 5.0%、33.4% 和 61.6%。近年来,随着我国国内生产总值总量持续扩大,用于支持海洋安全保障装备发展的相关经费持续上升,但与履行大国国际责任义务的保障需求以及自身建设发展的保障需求相比,还有较大差距。未来中国国防开支将与国家经济发展水平相协调,继续保持适度的稳定增长,海洋安全保障装备的采购投入仍有提升空间。海洋安全保障装备市场仍有巨大潜力可挖,国家加快建设海洋强国、发展海洋经济,需要高端海洋安全保障装备支撑,特别是海洋感知装备、海上维权装备和海军装备等产业空间十分广阔,未来有望成为行业新的增长点。

当前环境尽管遭遇经济增长放缓,但全球军贸市场仍然加速增长。瑞典斯德哥尔摩国际和平研究所 2020 年 3 月发布最新全球军售报告显示,与前一个五年相比,过去五年全球军售总量平均增长了 22%。由于国际地位不断提高,军事工业持续发展进步,武器装备水平不断提高,我国已经成为国际军贸的重要力量。未来,中国武器装备占全球武器出口份额比例有望进一步提升,海洋安全保障装备产业发展机遇良好,主要出口对象如图 3-1 所示。

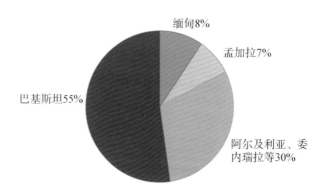

▲ 图 3-1 中国武器装备主要出口对象

(资料来源:瑞典斯德哥尔摩国际和平研究所)

（四）海洋动力装备产业链发展的工业基础

我国海洋动力装备产业发展历史悠久，经历了不同的发展阶段，在各个阶段分别取得了一定的发展成效，积累了较好的工业基础。以船用低速柴油机产业发展为例，大致经历了三个阶段：中华人民共和国成立初期至改革开放的自力更生阶段、改革开放到党的十八大的授权专利制造阶段、十八大以来的自主创新阶段。

1958 年，船舶工业局产品四室、沪东造船厂、上海船厂和上海交通大学联合攻关，自行设计并试制成功低速大功率 6ESD43/82 型柴油机，这是我国首台自行研制的船用低速柴油机，改写了我国无船用低速柴油机的历史。此后，在研制成功的 6ESD43/82 型低速机的基础上，由中船集团第七一一研究所、沪东造船厂、上海交通大学与新中动力机厂组成联合设计组，开始设计 7ESDZ75/160 型低速机，当时称"万匹机"。首制机于 1960 年 9 月在沪东造船厂成功动车。后经不断改进，于 1965 年 6 月通过鉴定，同年装在江南造船厂建造的第一艘远洋万吨级货轮"东风"号上。

自 1958 年我国自行研制出船用低速柴油机以来，我国先后自行研制出 300 毫米、430 毫米、580 毫米、600 毫米、750 毫米、760 毫米及 780 毫米 7 种缸径系列的大功率船用低速柴油机，开始了国机国造的局面，摆脱了万吨级船舶主机完全依赖进口的状况，并形成了一支以中船集团第七一一研究所、沪东造船厂、大连船用柴油机厂、上海船厂、宜昌船舶柴油机厂为代表的具有大功率柴油机设计、科研、生产综合性实力的造机技术力量骨干队伍，初步奠定了我国船用低速柴油机制造业的工业基础。

为了适应国内外船舶所有人和船舶建造的需求，我国先后于 1979 年从瑞士苏尔寿公司，1980 年从丹麦 MAN - B&W 公司引进了低速柴油机许可证制造技术，实现了所制造机型与世界当代最新技术水平的同步；形成了为低速柴油机配套的增压器、油泵油嘴、传动齿轮、减震器、辅助鼓风机、空冷器、活塞头、随机工具、盘车装置、高压油管、膨胀接头、液压撑杆等国内专业化配套生产的格局，使引进低速柴油机国产化率达到 60% ～84%，先后开发生产了七代、几十种不同缸径的低速柴油机。

自 20 世纪 90 年代以来，由于国际、国内市场需求的变化和产品的激烈竞争，我国低速柴油机已完全转为 MAN - B&W 公司的 MC/MCC 和苏尔寿公司的 RTA 系列，而且大部分为出口船舶推进动力配套。而且有些新机型，如大连船用柴油机厂的 MAN - B&W 7S60MCC、沪东重机的 MAN - B&W 6K80MCC、MAN - B&W 7S80MC 和宜昌船舶柴油机厂的 Sulzer RT - flex58T - B 智能型船用低速大功率柴油机等,均代表了当代国际的先进水平,并填补了国内相关产品的空白,无论在国内还是在国际市场上都具有很强的竞争力。尤其是其中有些首制机在我国成功制造,技术难度大,质量要求高,说明我国低速柴油机的生产已达到很高的水平,而且已有能力生产缸径90厘米以下的船用低速大功率柴油机。通过许可证生产,我国低速柴油机制造技术获得了极大的提升,产量快速增长,对我国船舶工业发展起到了坚实的支撑作用。但是与此同时,由于持续投入不足,企业无法独自承担大规模的产品研发和基础共性技术的研究投入,自主品牌与国外品牌在技术上的差距逐步扩大,市场的接受程度较差,自主品牌逐渐退出市场,最后一台6ESD43/82低速柴油机于20世纪90年代交付后,国内很长一段时间再无自主品牌的船用低速柴油机生产。

这一阶段我国低速柴油机完全依靠引进国外品牌的生产许可证进行生产,低速柴油机技术的发展相对滞后,缺乏自主创新的发展能力,个别核心关重件长期依赖于国外,使得我国低速柴油机产业受制于人,长远发展受到严重的瓶颈约束。2008年全球经济危机以来,低速柴油机价格几乎腰斩,专利商依靠提成费用有稳定的收入,国外核心关重件的供应价格不降反升。而国内的低速柴油机制造企业在成本不断上升,主机出厂价不断下降的剪刀效应下,已无利润可图,部分基础较差、前期投入较大的企业已陷入困境。

国家主管部门和行业上下都认识到通过密集型、低附加值劳动来获得产业利润的发展模式已经无法继续,迫切需要通过加快产业结构调整,提升自主创新的发展能力来维持产业竞争力。党的十八大报告提出了"提高海洋资源开发能力,发展海洋经济,保护海洋生态环境,坚决维护国家海洋权益,建设海洋强国"的战略目标。海洋强国的目标给船舶工业和海洋动力装备业带来了巨大的发展机会和拓展空间,也带来了挑战。

第二节　我国海洋运载装备产业链发展的现状

一、研发设计环节

（一）产业发展现状

1. 三大主力船型的研发设计

在研发设计方面,国内对于三大主力船型均有自主设计能力,尤其是在散货船和超大型集装箱船方面,大型油船也打破了韩国的垄断。据克拉克森数据库统计,2014—2019年,在全球具有设计信息的船舶中,由中国船舶设计机构参与设计的船舶占总数的30%～35%,日本占20%～25%,韩国占10%～20%,欧洲占10%～15%。但船舶设计软件多为国外引进,缺乏对新船型、新运输平台的自主创新设计能力。

2. LNG 运输船的研发设计

LNG 运输船的货物围护系统等关键核心技术依然受制于人。目前,国内已经能够完全自主设计 LNG 运输船的船体结构以及常规系统,也已经初步掌握了货物处理系统的设计,但是作为 LNG 运输船的关键核心技术之一的 LNG 货物围护系统仍面临技术挑战。

我国大型 LNG 运输船采用的货物围护系统全部采用法国 GTT 专利设计,平均每艘船要支付法国 700 万欧元(约合人民币 5000 万元)的专利费,影响我国 LNG 运输船舶产业链安全及竞争力的提升。特别是 2020 年 6 月,包括中船集团在内的 20 家企业被美国国防部列为由中国军方"拥有或控制"的单名,威胁到我国大型 LNG 运输装备的供应链安全。

此外,国内 LNG 低温流体控制技术、蒸发气处理及利用系统、输送与转驳系统设计等方面还十分薄弱,存在明显短板,有待积极开展机理研究、系统设计,通过工程实践积累经验。

3. 极地运输船的研发设计

极地船舶的总体设计不仅要考虑敞水区航行性能,而且要兼顾冰区的破冰性能和操控性能等这些因素的相互影响,因为这些因素在设计中还可能是相互矛盾的。对于跨北极货运型船型,既要追求敞水区的经济性,又必须考虑冰区航行的性能。因此,需要开展冰水混合流场中船舶性能均衡设计理论与准则研究。要实现敞水区及冰区航行性能的平衡优化设计,建立敞水区及冰区航行性能的快速预报模型。其难点在于极地航行船舶破冰过程及机理、极地破冰船型优化技术和极地船舶冰区航行性能预报方法的研究与突破。

在极地运输船设计中,如何突破冰载荷预报技术是最为关键的核心基础问题。冰载荷预报是否合理、准确,直接关系到所设计的极地运输船能否达到预定的设计目标。冰载荷不仅与船舶的尺度、型线和结构形式相关,而且与海冰的物理特性、力学行为及其破坏模式相关。目前,国际上对冰载荷进行预报的主要方法有理论分析法、经验公式估算法、试验测试法和数值仿真法。与波浪载荷相比,冰载荷的研究历史尚短,理论还不成熟,急需系统开展冰载荷理论与方法研究。

冰载荷试验技术研究的主要设施是冰水池（ice tank）。芬兰 Aker Arctic 公司拥有一座冰水池（长 75 米、宽 8 米、深 2.1 米）；俄罗斯克雷洛夫中央造船研究院拥有两座冰水池（长 35 米，宽 6 米，深 1.8 米；长 80 米，宽 10 米，深 24.6 米）；日本海上技术安全研究所（NMRI）拥有一座冰水池（长 30 米，宽 6 米，深 1.8 米）；美国寒区研究与工程实验室（CRREL）拥有一座冰水池（长 37 米，宽 9 米，深 2.4 米）；加拿大水力学中心（CHC）拥有一座冰水池（长 21 米，宽 7 米，深 1.2 米）。而我国只在天津大学拥有一座冰水池（长 5.45 米，宽 1.91 米，深 0.76 米），且其主尺度较小，难以满足日益增长的研究需求。除建设基础设施——冰水池外，还需要研究相应的试验技术、开发特殊的试验测试平台和相应的测试系统。

4. 邮轮的研发设计

邮轮与一般客船的区别在于要为乘客提供高品质、多种类的特殊服务功能，邮轮的研发设计会直接影响邮轮的经济性、安全性及使用功能等各方面性能。因此，邮轮的研发设计涉及很多高新科学技术、现代服务理念等，涉及面广、过程烦琐，设计制造难度很大，拥有邮轮研发设计的技术也将是国家对于高新技术突破的象征。

研发设计主要包括基本设计（概念设计）、详细设计（功能设计）、生产设计（施工设计）等过程，邮轮的研发设计与常规船舶有所不同，其内容涉及艺术设计、安全返港、内饰设计、酒店服务设计等核心和跨领域技术，特别是在内饰设计方面，由于工程量巨大且涉及领域广泛，一般情况下，造船厂会将豪华邮轮的内饰设计工作按专业分为多项，然后承包给不同的外包商，由外包商进行设计以及施工。邮轮的设计研发过程中，首先要由邮轮运营公司定制邮轮，准备邮轮建造的图纸以及各种文件，向船级社提出书面申请，按规范要求，将图样和文件送船级社审查，进行邮轮入级，由船级社对邮轮设计图进行审图。在初始阶段，邮轮运营公司会开展多方面的筹资，然后向邮轮总装制造厂下订单，开始建造邮轮。在整个邮轮的设计过程中，各个参与方都需要做好本职工作，形成严密的邮轮设计关系网。

（二）主要产业及外界对产品的评价

海洋运载装备的总体设计技术包括总体设计、结构设计、舾装设计等技术。其中，总体设计包括船体型线、总布置方案、气层/气膜减阻、噪声预报分析及控制等内容,国内总体设计技术水平达到国际一流,国外主要竞争对手为日本造船联合、大宇造船、三星重工、现代重工等。结构设计包括结构分析及优化、结构轻量化、全船有限元分析等内容,国内结构设计技术水平达到国际一流,国外主要竞争对手为三星重工、现代重工、大宇造船等。舾装设计包括内舾装设计、消防系统设计、外舾装设计等内容,国内舾装设计技术水平达到国际一流,国外主要竞争对手为三星重工、现代重工、大宇造船等。

从船型方面来看,国产三大主力运输船舶的总体设计个性技术层面均达到国际一流水平,但船舶设计软件多为国外引进。

目前,我国已经基本掌握了 LNG 运输船常规系统如船体结构、动力系统、船舶系统、电力系统、系泊系统、消防系统等系统的设计及集成技术;缺乏对新船型、新运输平台的自主创新设计能力,而 LNG 运输船舶高技术货物围护及处理总体设计个性技术仍处于被国外企业垄断的阶段。

极地运输船基本处于跟随发展的阶段。目前,我国缺乏高冰级极地船舶的独立研发设计能力,只具备低冰级极地船舶的研发设计能力,所建造的高冰级极地船舶基本都由芬兰设计。研发设计中一些核心的关键基础问题仍未解决,限制了我国极地船舶高端化的发展。随着中国船舶及海洋工程设计研究院与芬兰 Aker Arctic 公司联合设计的"雪龙 2"号交付使用,我国极地船舶研发设计技术正逐步提升。受多种条件的限制,极地船舶的设计越来越具有挑战性,需要在极区环境保护和极区有效开发、冰区航行和无冰航行等方面保持合理的平衡,寻求有效的解决方案。

目前,我国在大中型邮轮的实际建造方面均主要采用国外基本设计和详细设计,美学相关艺术设计、内饰设计等设计内容需要国外设计公司提供支撑,需要尽快通过后续的实船订单项目应用自主设计方案。在邮轮总体设计方面,我国具备一定的自主设计能力,多型邮轮设计获得船级社原则性认可证书,但是当前大部分投入实际建造的设计方案主要还是源于欧洲;国内在邮轮的三维设计方面目前主要应用于后期的生产设计阶段。

从三大主力船型的个性技术层面来看,随着船舶低碳绿色化发展,总体设计技术包括大型甲醇/氨燃料舱布置、大型甲醇/氨燃料船型风险评估等低碳绿色能源动力技术应用。在研究将甲醇/氨燃料作为推进动力时,大型甲醇/氨燃料舱的布置对船舶装载、总布置有影响,国内这方面的技术水平为国际一流,国外主要竞争对手为现代重工、日本造船联合等。

二、原材料环节

(一) 产业发展现状

1. 三大主力船型的原材料环节

在原材料方面,主要可分成钢板、涂料、合金材料等。三大主力运输船舶以高强度钢为主,在过去的 10 年间,中国宏观经济持续走强,受中国建筑、基建规模大幅增长的影响,中国钢材行业市场规模快速增加、钢材产能快速扩大,中国现已成为全球最大的钢材生产、出口及消费国,钢材进出口贸易基本处于净出口状态。国内三大主力运输船舶建造所需的钢板可以立足于国内生产和国内采购。低合金耐蚀钢适合用于油船货油舱,我国原油船货油舱用耐蚀钢的研究工作起步较晚。2008 年开始,鞍钢、宝钢、首钢、武钢、南钢、钢铁研究总院等单位开始了原油船货油舱用低合金耐腐蚀钢产品的研制和开发工作。经过多年的研究探索,我国在原油船货油舱用耐蚀钢领域取得了显著进步。通过实船跟踪和实验室研究,基本掌握了钢在货油舱环境中的腐蚀行为规律及腐蚀机理。在此基础上,国内多家钢厂成功开发了原油船货油舱用耐蚀钢,各项性能指标达到IMO 标准要求,具备了进一步实船应用的条件。

涂料方面,我国是世界第一大涂料产销国,同时也是重防腐蚀涂料第一大产销国。我国船舶涂料市场的主要企业为佐敦公司、国际涂料(IP)公司、中国涂料株式会社(CMP)、海虹老人集团(Hempel)和 PPG 公司,以外资和合资为主。近年来,国内船舶涂料企业发展得很快,但还普遍存在"低、小、散"的问题,大部分市场份额还是被国外涂料品牌或合资涂料品牌所占据。我国船舶涂料企业生产的大多数为中低端产品,以供应防腐涂料为主,技术含量少,产品附加值低,缺乏核心竞争力。

2. LNG 运输船的原材料环节

由于 LNG 运输船所运载货物的超低温特性以及 GTT 公司专利限制等因素,LNG 运输船的很多特殊原材料仍然严重依赖进口。如殷瓦钢、耐低温胶水、耐低温胶合板等都需要从欧美日韩进口,价格高、订货周期长,严重制约整船的建造效率。此外,对于 LNG 运输船货物围护系统所使用的材料,不仅需要经过GTT 公司的认证,船舶所有人对其也都有实船应用的业绩要求。以殷瓦钢为例,国产殷瓦钢的性能指标虽已达到满足法国 GTT 公司及有关船级社的要求,并获得了认证证书,但仍无法实现首台(套)装船应用,装船应用进程很艰难。

3. 极地运输船的原材料环节

北极地区环境恶劣,冬季温度可达−60℃,低温是影响极地用钢性能的主要因素,会导致钢材易发生脆性断裂,因此,要求极地用钢具有良好的低温韧性。结合实际应用条件,还要求极地用钢具有较高的强度、组织结构各向同性,以及良好的耐蚀性、延展性和焊接性。此外,因长期受到风浪、海冰的动载荷冲击,要求极地用钢防护涂层和钢板体系具有良好的耐磨性、耐蚀性、抗冲击性、融冰性、硬度,与基材有良好的结合力。

国内的低温钢品种开发尚未形成体系,国内大部分低温钢市场被俄罗斯、日本、美国、韩国、芬兰等国垄断。国外先进的钢铁企业已经通过几十年的不断发展和完善,开发了种类丰富的低温钢,建立起系统的设计与生产制造体系,并形成了以国际船级社协会的"Requirements concerning POLAR CLASS"(POLAR CLASS)和俄罗斯船级社(RMRS)的冰区规范为核心的系列设计规范和评价标准。低温钢的新品种开发朝着超细晶、纳米化、复合化和控轧控冷技术升级的方向进一步发展。国内钢铁企业关于极寒环境船舶用低温钢的研究虽然起步较晚,但借助后发优势,已具备 EH 和 FH 级别高强船舶用钢生产能力,开发出一系列性能优异的耐低温调质高强钢和低合金高强钢。此外,中国船级社(CCS)先后颁布了《钢制海船入级规范》《极地船舶指南》等规范要求,基本构建了中国船级社冰区水域航行各类船舶的规范标准体系。但国内目前缺乏对配套焊接材料和工艺、超低温断裂行为、低温和风浪、海冰等动载荷冲击引起的摩擦学性能改变以及综合服役性能的研究,使得低温钢在实际海冰载荷服役条件下的使用寿命往往低于设计预期。

4. 邮轮的原材料环节

相比常规船舶,邮轮的原材料种类和数量更多,除了常规的钢板材料、油漆、中低压电缆、管件、阀件等原材料,内装上建涉及的材料包括钢制薄板材料、绝缘材料、铝合金材料等。

(二)主要产业及外界对产品的评价

我国海洋运载装备原材料虽能实现自主供应,但高端特殊原材料缺乏核心竞争力。如重型极地破冰船所使用的低温大厚度高强钢的焊接加工主要是对−55℃、60 毫米及以上高强度钢进行焊接加工试验,在掌握焊接及加工成型工艺方面的国内技术成熟度为 5 级,技术水平为跟跑,国外竞争对手为俄罗斯波罗的海造船工厂。

我国极地船用低温钢材料发展刚刚起步,具备生产优异低温韧性超高强 E 级和 F 级船舶用钢的能力,国产特种低温钢已用于"雪龙"号内部改造,实现了极地特种低温钢国产化的突破,自主建造的极地科考船"雪龙 2"号也局部采用了国产钢,为我国迈向极地提供了强大支撑。

我国在常规船舶建造材料及施工工艺方面已经建立了成熟、完整的体系。邮轮钢材特别是大尺寸薄板材料已得到有效保障,南钢集团等国内制造商通过装备升级和工艺技术攻关,实现了钢板厚度公差的精准控制,解决了宽薄板板形和厚度控制的技术难题。在轻量化、防火材料技术方面,国产邮轮主要还是采用了国外品牌的技术解决方案,当前国内配套材料制造商缺乏相关的技术能力。

与此同时,在邮轮建造材料及工艺方面存在的不足,主要是耐火性能、隔音减振功能、轻量化、环保等技术指标优良的邮轮内装材料亟待提高,邮轮内装工程主要由国外发达国家进行设计施工,相关高品质的内装材料基本上都是由国外供应商提供,同时国内缺乏对标国际标准和满足本土配套产业的行业标准体系。邮轮的环保油漆技术方面主要还是依赖国外品牌的解决方案,当前相关品牌在国内设有合资企业。

海洋运载装备基础共性原材料方面的优势企业有鞍钢、宝钢、武汉铁锚、常州电缆、浙江久立、江苏华阳等,能提供优质的船用钢板、焊材、电缆、低温不锈钢管及管附件等产品(见表 3 - 2)。

表 3-2　国内主要船用钢材的供应商情况

主要原材料	主要供应商
船用钢板	鞍钢、宝钢、南钢
焊材	武汉铁锚,昆山京群
涂料	佐敦,国际油漆
电缆	常州电缆,特雷卡,TMC
极地低温钢	俄罗斯、日本、美国、韩国、芬兰等国主要供应商,宝钢
低温不锈钢管	浙江久立,江苏武进,BUTTING
低温不锈钢管附件	江苏华阳,江苏兴洋,浙江亚达
邮轮内装绝缘材料	ISOVER、ROCKWOOL 等

原材料技术方面,国内海洋运载装备产业涉及的关键原材料共性技术处于良好掌握阶段,具有良好的自主可控水平。三大主力运输船、极地船舶的关键原

材料个性技术均处于良好掌握阶段。作为高技术船舶的邮轮,其关键原材料个性技术仍处于被国外公司垄断的阶段,国内则处于起步发展阶段。LNG运输船货物围护系统的原材料个性技术处于部分掌握阶段。

三、总装建造环节

(一)总装建造产业发展现况

1. 三大主力船型的总装建造环节

2010年以来,我国总装造船产能稳居世界第一,2023年度造船完工量占世界市场总量的50%(按载重吨计)。但自动化、智能化、绿色化水平显著落后于日本、韩国,建造效率明显低于国际先进水平;智能船的设计制造技术发展相对滞后等。在总装建造技术方面,日本和韩国代表了当前世界先进水平,采用设计-评估-制造一体化的信息系统,逐步提升工艺智能化水平。在生产效率方面,日本、韩国的船舶总装建造生产效率较我国船厂高2倍以上。

2. LNG运输船的总装建造环节

目前,我国是全球少数能够建造大型LNG运输船的主要国家之一,但仅有沪东中华船厂实现了大型薄膜型LNG运输船批量建造,且目前仅有两条绝缘箱自动化流水生产线和一条泵塔制造生产线,最大仅能支撑年产4~5艘LNG运输船的需求。江南造船厂及大船集团虽然均于2022年首次承接了大型LNG运输船的订单,但产能尚未形成,与未来10年全球年均60艘、我国年均12艘LNG运输船的市场需求相比差距巨大。随着日本船企的淡出,韩国船企开始谋求在海上LNG产业链领域占据垄断地位。国内亟须迅速扩大产能和市场份额,以形成LNG运输船装备产品及其产业链配套的规模效应,支持行业持续深化发展。

以目前主流的17.4万立方米大型LNG运输船来看,沪东中华船厂空船重量比韩国大宇造船的同型船重约3%(1000吨),油耗比大宇造船同型船高3%。此外,我国在大型LNG运输船的建造效率和周期控制方面不及韩国,沪东中华船厂17.4万立方米LNG运输船总建造周期约为韩国平均水平的1.2倍(长3~4个月)。在高效建造技术和专用工装设备方面还存在诸多短板,急需加强能力建设。

3. 极地运输船的总装建造环节

由于极地运输船特殊的防寒建造要求,其建造成本高于普通船舶。韩国和中国是极地运输船的主要建造国家,极地运输船的市场现状如表3-3所示。从中型以上极地运输船的建造情况来看,韩国实力雄厚,其承接的PC 5级以上的极地运输船占全球总量的 60% 左右(以载重吨计),其中包括韩国大宇造船于 2013 年一次性承接的俄罗斯亚马尔项目的 15 艘 PC 3 级 17 万立方米 LNG 运输船订单,价值 50 亿美元。此外,俄罗斯、芬兰、瑞典、德国、美国、挪威、丹麦、加拿大等环北极国家虽然很少建造大型极地商船,但其在设计和建造破冰船、拖船等极地保障船舶的技术能力方面居于全球领先水平。

表 3-3　国内外极地运输船舶建造市场比较

船型	建造国	载重吨总和/吨	市场份额/%	船舶数量/艘	最低冰级	最高冰级
极地集装箱船	中国	21 477 417	43.05	695	Ice 2	PC 7
	韩国	15 989 595	32.05	220	Ice 2	PC 7
	德国	7 209 342	14.45	339	Ice 2	PC 7
	罗马尼亚	1 895 618	3.80	51	Ice 2	PC 7
	波兰	1 655 592	3.32	62	Ice 2	PC 6
	日本	378 559	0.76	7	Ice 2	Ice 2
极地多用途船	中国	14 216 383	58.34	1 063	Ice 2	PC 6
	荷兰	2 468 602	10.13	401	Ice 2	PC 6
	俄罗斯	1 025 339	4.21	170	Ice 2	PC 7
	德国	1 072 956	4.40	143	Ice 2	PC 3
	日本	752 510	3.09	50	Ice 2	PC 7
	波兰	564 062	2.31	69	Ice 2	PC 6
极地 LNG 运输船	韩国	3 486 859	73.65	38	Ice 2	PC 3
	日本	559 998	11.83	8	Ice 2	Ice 3
	中国	666 184	14.07	13	Ice 2	Ice 2
	德国	21 469	0.45	2	PC 7	PC 6
极地油船	韩国	21 781 245	55.97	199	Ice 2	PC 4
	中国	10 071 471	25.88	381	Ice 2	PC 3
	俄罗斯	1 775 940	4.56	115	Ice 2	PC 6
	克罗地亚	1 749 085	4.49	24	Ice 2	PC 7
	日本	1 270 345	3.26	24	Ice 2	PC 6
	德国	530 413	1.36	20	Ice 3	PC 6

我国主要以中、小型极地船舶建造订单为主,单船多为 2 万～3 万吨(以载重吨计)。随着 2019 年 7 月中国首艘自主建造的极地科考破冰船"雪龙 2"号的交付使用,我国极地船舶的建造技术正逐步提升。"雪龙 2"号是以极地水域科学考察为首要任务,兼具一定极地考察站后勤物资运输能力的"绿色"极地科学考察破冰船,船舶采用双向破冰设计,同时拥有智能船体、智能机舱、智能实验室,还安装有全回转电力推进系统、配备 DP-2 动力定位系统、各频段声学探测等各种先进设备。艏部可以在 2～3 节航速下连续破除 1.5 米厚冰和 0.2 米厚的雪,较"雪龙"号仅能连续破除 1.2 米厚的冰有了很大的能力提升。船尾破冰可以突破极区 20 米冰脊,在遇到很难"拱"的冰脊时,船体可以转动 180°,让船尾变成船头,尾部的螺旋桨能在海面下削冰,把 10 多米高的冰脊"掏空",破冰能力远远超过"雪龙"号,可满足全球无限航区航行的需求。

4. 邮轮的总装建造环节

邮轮总装制造企业根据船舶所有人/邮轮公司及相关要求设计制造豪华邮轮。其制造部分工作难以通过单一船厂完成,所需供应商的数量和种类远远多于普通船舶,因此需要与不同专业领域的供应商保持稳定的合作关系。而制造复杂的大型邮轮,按期交付也十分重要,每个步骤都要围绕交付日期展开。船厂与船舶所有人和各外包供应商应充分沟通,敲定所有细节,保证邮轮设计可被准确执行。因此,邮轮制造对时间管控、与船舶所有人/邮轮公司的沟通和与供应商的衔接方面有特别高的要求。

欧洲造船业在豪华邮轮及客船领域占有绝对的垄断地位,拥有最好的邮轮制造产业链,包括硬件和技术以及配套合同承包商。欧洲的邮轮建造商主要有芬坎蒂尼集团、德国迈尔集团、法国大西洋造船厂和德国 MV Werften 船厂等。国内主要是上海外高桥造船有限公司结合国产大型邮轮的实船建造需求,成功应用 Smart 3D 系统构成了邮轮生产设计建造 1.0 基础,并实现了薄板制造、模块化制造能力,与供方协同建立基于工作分解结构的邮轮生产组织模式,通过数字化船厂建造,预计 2025 年形成大型邮轮批量建造能力。招商局邮轮制造有限公司以中、小型邮轮建造为主,已实现极地探险邮轮的批量交付。厦门船舶重工、广船国际等建造交付了高端滚装邮轮。

(二)总装建造产业评价

我国海洋运载装备产业链中游的总装制造产能居世界第一,但生产效率仍然落后,存在总装制造产能不足、建造周期长等方面的问题,与韩国相比差距较大。我国已经完全掌握了 LNG 运输船的总装建造技术,在极地运输船舶建造数量和规模方面有所发展,在低冰级极地船舶建造方面已有一定的积累,但主要集中在中、低端产品,极地油船建造订单量远低于韩国,极地 LNG 运输船的建造刚刚起步,仅建造过 Ice 2 冰级的极地 LNG 运输船。

我国邮轮总装建造企业通过引入建筑信息模型(building information modeling,BIM)技术,将数字模型运用到实际生产管理中,建立了国内大型邮轮内装工程管理体系;在薄板焊接技术方面,实现了技术先进、智能高端的薄板加工生产线,采用大功率激光焊接作业等工艺,可以有效控制薄板拼板变形和分段精度。我国目前尚未形成完备的邮轮制造业供应链体系,供应链管理能力较弱,本土相关邮轮制造供应链参与企业参与的大部分是低附加值部分,高技术零部件的研发、生产、销售及售后服务环节皆由国外企业掌握,邮轮制造业供应链有待建立和完善。邮轮制造龙头企业的集聚效应不够。高水平的邮轮经济发展需要推动各类相关企业的集聚,形成产业集群,目前我国尚未完全拥有邮轮制造的自主知识产权,邮轮产业要素的集聚效应偏低,区域辐射及带动效应有限。

从技术层面来看,海洋运载装备的总装建造技术包括建造效率提升、模拟搭载、巨型总段建造、船体结构制造、舾装件安装、关键设备安装、涂装工艺等技术。

建造效率提升:通过优化总段划分及总组方式等手段,提高预舾装率,提升中间产品的质量和完整性,保证总段完整性。国内水平已处国际前列,国外主要竞争对手为日本造船。

模拟搭载:通过模拟分段总组及合拢精度对位,提前预判分段对位超差,建设总组及合拢阶段结构切修。国内水平为跟跑,国外主要竞争对手为韩国的现代重工、大宇造船等企业。

巨型总段建造:建造巨型总段后,通过漂浮/吊装/平地移位等工艺方法完成大合拢。国内技术水平为国际一流,国外主要竞争对手为韩国的现代重工、大宇造船等企业。

船体结构制造:包括小组立机器人焊接、坞内压载舱强度试验等内容。国内技术水平为跟跑,国外主要竞争对手为韩国的三星重工、现代重工和大宇造船等企业。

舾装件安装:包括大型设备基座分段预装、机舱区域单元制造、舵安装等内容。国内技术水平为跟跑,国外主要竞争对手为三星重工、现代重工和大宇造船等企业。

关重设备安装:包括主机安装、发动机坞内完整性安装等内容。国内技术水平为跟跑,国外主要竞争对手为三星重工、现代重工和大宇造船等企业。

涂装工艺：包括扫砂工艺、坞内焊缝冲砂、防污漆施工工艺等内容。国内技术水平为国际一流，国外主要竞争对手为三星重工、现代重工和大宇造船等企业。

四、配套环节

（一）海洋运载装备配套产业的发展现状

1. 三大主力船型配套产业的发展

总体来说，国内船舶配套较为薄弱，国产化率仅为 30%～40%。从产品分布特点和产业链布局来看，我国船舶配套业生产的产品包括甲板机械部分产品、舱室机械少部分产品、动力装置产品和大部分舾装件，自动化系统（如动力定位）、船舶舱盖等高技术产品方面被国外少数品牌垄断，甲板机械的高压泵、高精度液压伺服控制阀等核心元件还依赖进口。国内配套企业的良品率低，难以建立产品的品牌效应。

在动力方面，目前全国基本建成动力机电设备制造和试验验证设施体系，形成相对完整的产业链，在加工制造和产能方面已达到世界先进水平，基本具备三大主流船型动力与机电设备配套能力。但我国在一些自主设计制造的动力与机电设备缺乏可靠性指标，且产品尚未形成系列化、标准化，品牌装船率低；动力配套设备服务发展缓慢，在服务网点的数量、服务效率、服务涵盖范围等方面与欧洲企业存在较大的差距等。

在通信导航方面，近年来，国内相关企业、科研机构通过自主研发，进军船舶通信导航的中高端产品领域，已经研制出电子海图显示与信息系统、船用导航雷达、综合船桥系统、船舶自动识别系统等产品，部分已获得中国船级社的认证，在公务船、近海中小型船舶上逐步实现应用。从通信导航设备整机配套来看，绝大部分设备解决了自主品牌、自主研制配套的有无问题。但是通信导航设备在远洋运输船舶上的装船率偏低，成套设备严重依赖进口；国产通信导航设备关键零部件的精度和可靠性与国外产品相比仍有差距；通信导航设备的基础电子元器件主要依赖进口；缺乏适应智能船舶技术发展要求、相对完善的一体化通信与数据平台系统等。

甲板机械方面，20 世纪 70 年代末至 80 年代末，我国通过专利引进、合作生产等方式，开始生产欧洲、日本品牌的甲板机械，使我国在较短时间内制造出了满足国际市场需求的产品，产业实现了跨越式发展。这期间，我国甲板机械产业在投资结构、生产规模、科技水平、产品谱系等方面都发生了深刻的变化，产业发展的整体水平显著提升。具有自主知识产权的海洋平台用起重机已批量生产，目前国内企业已掌握超大型油轮、矿砂船及集装箱船的甲板机械自主制造关键技术,拥有转叶式舵机、大型低压拖缆机、锚绞机等一批新产品的自主知识产权。

舱室机械方面,国内具备了污水处理装置、碟式油水分离机、遥控碟阀、压载水处理装置、渔船尾气制冷机等产品的自主研发能力,产品达到国际先进水平,但国产化率仍然不高,与国外产品相比差距较大。

化学品船根据运载货品的特性,按 IMO 规则区分为 1 型、2 型、3 型船舶。国内目前 1 型船舶的建造量较少,配套液货泵全部为进口品牌。2 型、3 型化学品船配套液货泵系统国内具备多类型、全系列的自主配套能力,代表企业有武汉船机等。

2. LNG 运输船配套产业的发展

LNG 关键配套装备国产化是确保 LNG 进口战略通道建设和运行安全的重要保障。经过多年的发展,国内 LNG 关重设备的国产化走出了属于自己的发展道路,取得了显著的成就,但主要业绩集中在陆用市场。

LNG 运输船用配套装备的发展相对滞后和薄弱,大量的关重设备,如低温气体压缩机、LNG 低温液货泵、LNG 再液化装置、LNG 蒸发器、低温阀等都需要从欧美日韩进口,目前整船国产化配套率不足 60%(韩国为 85%),核心设备价格高、订货周期长、调试及售后服务响应慢,严重影响了整船建造效率。船用大型低温气体压缩机,国内尚无企业可以生产。LNG 低温液货泵、氮气发生器和低温膨胀接头等,国内有相关的企业具备生产能力,但欠缺实船应用经验,售后服务的网络不健全,不被船舶所有人接纳。此外,船舶所有人对 LNG 运输船所应用的核心装备都有实船应用业绩的要求,国内企业即使能够生产,也无法实现首台(套)装船应用。国内船企采购这些关重设备,不仅比韩国船企要付出更高昂的代价,承受更长的订货周期,还非常容易受到他国制约。

3. 极地运输船配套产业的发展

在极区航行时,船上动力及推进系统将会经受严酷的环境考验,均需满足极地航行的要求。尤其是轮机装置和液压系统,应能在低温下正常运行,水管和水箱必须有防冻措施,应急柴油机能够低温启动,以及拥有解决和防止普通导航系统面临意外失效等问题的办法。因此,极地船舶的设备必须进行特殊的设计、制造才能安全可靠地在低温条件下使用。

1)推进系统

推进系统属于极地运输船舶的核心分系统。当今破冰船推进系统由常规机械推进向电力推进转变;推进器由常规桨变成了吊舱全回转推进、齿轮全回转推进、常规轴桨推进以及吊舱轴桨混合推进的多种形式,尤其是使用中发现吊舱电力推进在冰中机动性和后向破冰方面展现出优势,由此推动破冰船产生了新的船型,如 2007 年交付的世界首艘具备双动船型(具备敞水航行的常规船首和冰中艉向航行的破冰船尾,double acting)的破冰油船"Vasily Dinkov"号,以及 2019 年交付的世界首艘具备双向破冰(船首部和船尾部针对不同的冰情均能进行破冰航行,double icebreaking)能力的极地科考船"雪龙 2"号。无论是双动船型还是双向破冰船型,从船舶的机动性来看,传统轴系推进对于船舶航行方向的制约作用变得几乎不复存在,这些制约作用主要来自轴系桨正倒车效率等问题。此外,由于应用了全回转推进器,船舶航行中面对较厚的冰脊冰时有了很多的"强行艉向破冰"的实践。在冰池观测船模破冰效果中发现,这种艉向破冰的航行状态,对于破冰脊冰的效果突出。这是由于全回转推进器在艉向航行时的破冰部位,有强大灵活的水流有效地"松动"了冰脊冰。甚至于有些已经堆积至海底的冰脊也能通过全回转推进器的"掏动"作用将冰脊冰"分化瓦解"。目前,国内高等级破冰全回转推进器包括吊舱的研制仍属于空白,这将严重制约我国未来高等级破冰船型的船型选择和自主建造。

2)防寒系统

极地低温对船舶安全航行、船上各系统的操作以及船员的工作条件和居住环境带来极大的影响。极地破冰船的最低环境温度(CCS MAT)一般低于−30℃,设计服务温度(CCS DST)一般低于−20℃,在这样低温环境下运行的船舶均需考虑防寒设计并申请相关附加标志,如中国船级社的极地防寒标志 ACC‐POLAR(DST)和除冰防寒标志 DE‐ICE。对于暴露在空气中的船体钢板材料要求适应的温度往往比以上环境温度更低,因此有专门的船级附加标志,例如中国船级社的船体防寒标志 H(DST)。针对更低的环境温度,船舶各系统以及居住舱室需要进行专门的防寒设计,尤其是在最低环境温度低于或等于−46℃情况下,如 DST(−36℃)操作运行的重型破冰船,防寒设计需提升到核心关键系统的最高等级去加以设计、验证和实施。防寒设计主要包含三个方面的内容:船舶系统、露天设备和舱室系统(见图 3‐2)。

首先,为保证船舶的安全操作和航行,需进行防寒设计的船舶系统包括压载舱防冻系统、机舱通风系统、冷却水海水系统等,布置在露天区域的管材、阀件和附件等也需要达到相应的等级和标准。防止结冰的手段一般采用加热,加热源可以选用蒸汽、热油、热水、电伴热、不冻液或其他介质伴行加热等。

其次,是露天设备的防寒,露天设备由于始终暴露在室外环境中,将经受严酷的环境考验。货物系统、甲板机械、拖曳设备、救生设备等露天设备系统的防

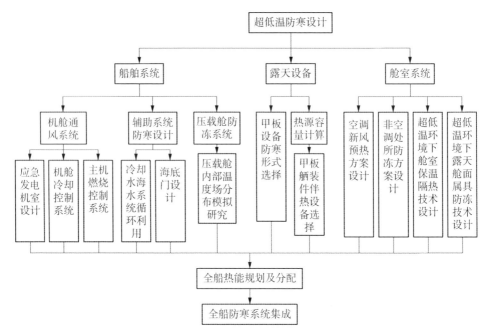

▲ 图3-2　极地船舶防寒系统

寒设计对船舶在极地的航行和运行十分重要,同时液压油和润滑油的选择也应适用于极地的环境温度。除了将其尽量布置在非露天环境外,通过增加专门的防寒设计,对露天设备自身及相关的液压管路等进行相应的防冰、除冰处理也是能起到防寒作用的措施。尤其是救生设备等一类,是在船舶正常状态下始终处于待使用状态、在船舶紧急状态时可立即正常使用的关重设备,必须确保其状态正常。此外,露天区域安全可靠的工作通道和逃生通道,是对船员工作时的人身安全和紧急情况下安全逃生的重要保证,这也是防寒设计的重点。

最后,是舱室系统的防寒设计,可通过对空调通风系统、保温隔热设计的再审视,对舱室环境进行专业化、系统化的防寒技术设计来达到目标。具体有空调新风预热方案设计、非空调处所防冻方案设计、超低温环境下舱室保温隔热技术设计、超低温环境下露天舱面属具防冻技术设计等。

防寒措施按其性质主要可分为防冻和除冰两类。防冻(anti-icing)指通过覆盖、绝热、加热等方式来防止暴露在低气温环境下的设备或系统表面冰雪堆积和冻结,确保在保护措施下设备或系统可实现立即使用;除冰(de-icing)指通过各类工具和手段去除设备或系统表面的积冰和积雪,允许设备或系统在合理的准备时间内(一般为4~6小时)可启用。防寒措施按其形式又可分为主动措施和被动措施两类,其中主动措施是指主要通过消耗能量防止积雪、积冰、冻结等产生负面影响的措施;被动措施与之相反。防冻可采用持续运行的电伴热、蒸汽伴热等主动措施;也可采用遮蔽保护、绝缘隔热、设置泄放等被动措施来实现。而除冰基本需要依靠主动措施完成工作,如蒸汽吹除、热水喷淋、手动机械除冰以及根据实际需要启动的加热措施等。对于在低气温区域航行的船舶,防冻措施相比除冰措施更为可靠。

4. 邮轮配套产业的发展

邮轮配套在邮轮产业链,尤其是邮轮的装备制造中发挥关键作用,与常规船舶有所不同。邮轮建造中的相关供应商跨多行业、多领域。邮轮建造中的相关供应商承担了较大的工程量,对船厂的过程控制能力提出了较高的要求,特别是生活区内装、舱室模块大多需要委托内装配套企业来完成。邮轮核心关键配套主要包括内装、动力系统、电气系统、通信导航系统、自动化系统、娱乐系统、安全系统、暖通空调系统(heating, ventilation and air conditioning, HVAC)等。大型邮轮配套设备不仅种类和数量繁多,而且都有着特殊要求。如自动化系统更为复杂,要集机舱自动化、航行自动化、信息一体化等多功能于一体;内装品质要求高,需展现统一的艺术风格,更要体现智能、便捷、人性等特点;通信、导航、动力设备需确保邮轮具备可靠的安全返港能力;锅炉、空气压缩机、泵、冷藏设备等使用性能要求高;弱电安装点多,冷空通面积大,复杂材料焊接、管路和电器安装调试的工作量大,安装要求高。一系列特殊要求使得大型邮轮配套设备价值量远远高出一般船舶配套设备的。根据对欧洲主要大型邮轮建造厂的调研,大型邮轮价值的 75% 左右来自配套产品。

(二) 海洋运载装备配套产业评价

随着我国海洋装备研发水平和国家工业基础能力的不断增强,在部分船用配套设备领域已经具备了技术攻关的基础和生产能力。船舶专用和通用配套设备情况如表 3-4 所示。

表 3-4　海洋运载装备主要配套产品

设备类别	主要设备
1. 甲板机械	1.1　大型起吊设备
	1.2　锚机及系泊绞车
	1.3　舵机

设备类别			主要设备	
1. 甲板机械			1.4	登离船系统
			1.5	救生系统
			1.6	通道系统
2. 舱室机械			2.1	垃圾焚烧炉装置
			2.2	污水处理装置
			2.3	空调系统机组
			2.4	冷藏机组
			2.5	船用风机
			2.6	仓储系统
			2.7	厨房洗衣设备
			2.8	卫生单元
3. 动力与燃料供应系统	3.1 共性	3.1.1 动力系统		
		3.1.2 螺旋桨与轴系		
		3.1.3 发电机电站系统		
		3.1.4 燃油系统	容积泵	
			发电机燃油模块	
			分油机	
			换热器	
			自清滤清	
		3.1.5 滑油系统	容积泵	
			分油机	
			换热器	
			自清滤清	
		3.1.6 冷却水系统	离心泵	
			板式冷却器	
		3.1.7 压缩空气系统	活塞式压缩机	
			螺杆式压缩机	

（续表）

设备类别		主要设备	
3. 动力与燃料供应系统	3.1 共性	3.1.8 尾气处理系统	
		3.1.9 机舱消防系统	高压 CO_2 灭火
			高倍泡沫灭火
			高压水雾灭火
		3.1.10 辅锅炉	
	3.2 个性	3.2.1 极地推进系统	
		3.2.2 双燃料主机	
		3.2.3 双燃料发电机	
4. 通信导航及自动化控制系统	4.1 共性	4.1.1 无线电通信系统	
		4.1.2 集成导航系统	
		4.1.3 火警探测系统	
		4.1.4 内通系统	
		4.1.5 自动化系统	
		4.1.6 智能系统	
	4.2 个性	4.2.1 集成自动化系统	
		4.2.2 密闭传输系统（CTS）	
		4.2.3 货物应急切断系统（ESDS）	
		4.2.4 船岸通信系统（SSL）	
		4.2.5 极地通信导航系统	
		4.2.6 邮轮通信导航及娱乐系统	
5. 船用电子电器系统	5.1 共性	5.1.1 呼叫系统	
		5.1.2 电话系统	
		5.1.3 广播	
		5.1.4 母子钟	
		5.1.5 照明系统	
		5.1.6 电力系统	
	5.2 个性	5.2.1 防爆杂件	
		5.2.2 低温温度传感器	

设备类别		主要设备	
6. 船用舾装件系统	6.1　共性	6.1.1	水密门、风雨密门
		6.1.2	船用防火门
	6.2　个性	6.2.1	邮轮舾装设备
7. 专用系统与设备	7.1　散货船	7.1.1	散货船舱盖系统
	7.2　集装箱船	7.2.1	集装箱船舱盖系统
		7.2.2	集装箱船绑扎系统
	7.3　油船	7.3.1	货油输送系统
		7.3.2	油船专用压载系统
		7.3.3	油船应急拖带
		7.3.4	货油区域消防系统
		7.3.5	可燃气体探测系统
		7.3.6	惰性气体系统
		7.3.7	原油洗舱系统
		7.3.8	货油舱加热系统
		7.3.9	货油舱液位遥测系统
	7.4　极地船	7.4.1	辅助破冰系统
		7.4.2	防寒系统
		7.4.3	极地救生系统
		7.4.4	横贯浸水系统
		7.4.5	极地通信导航系统
	7.5　LNG 运输船	7.5.1	LNG 货物处理系统
		7.5.2	LNG 货物围护系统
		7.5.3	低温天然气压缩机
		7.5.4	天然气焚烧装置
		7.5.5	低温液货泵
		7.5.6	LNG 再液化装置
		7.5.7	LNG 汽化器/加热器

（续表）

设备类别		主要设备
7. 专用系统与设备	7.5 LNG运输船	7.5.8 低温阀门
		7.5.9 殷瓦钢
		7.5.10 LNG货物围护系统绝缘箱
		7.5.11 LNG货物围护系统绝缘模块
		7.5.12 围护系统次屏蔽
		7.5.13 围护系统低温胶水
		7.5.14 围护系统低温环氧树脂
	7.6 邮轮	7.6.1 邮轮生活区内装包
		7.6.2 预制住舱单元
		7.6.3 卫生单元
		7.6.4 邮轮医院区域
		7.6.5 邮轮阳台分隔
		7.6.6 邮轮内部甲板敷料
		7.6.7 邮轮外部甲板敷料(树脂)
		7.6.8 邮轮室内门
		7.6.9 邮轮门锁系统
		7.6.10 舷窗清洗系统
		7.6.11 邮轮娱乐系统
		7.6.12 邮轮餐饮(厨房和食品储藏)设备
		7.6.13 邮轮洗衣设备
		7.6.14 邮轮冷库单元
		7.6.15 冷库制冷设备
		7.6.16 空调压缩机/冷水机组
		7.6.17 通风设备
		7.6.18 客用电梯
		7.6.19 减摇鳍装置
		7.6.20 邮轮生活污水处理装置

设备类别	主要设备
	7.6.21　垃圾处理单元
	7.6.22　黑灰水系统设备
	7.6.23　真空马桶单元
	7.6.24　饮用水处理装置
	7.6.25　压载水处理装置
	7.6.26　大型造水机（蒸发式）
7. 专用系统与设备　7.6　邮轮	7.6.27　大型造水机（反渗透式）
	7.6.28　泳池/涡流处理系统
	7.6.29　邮轮舷门/登船平台
	7.6.30　大型救生艇
	7.6.31　急停系统及安全管理系统
	7.6.32　水雾系统
	7.6.33　邮轮动力推进系统（吊舱推进）

国内海洋运载装备动力系统包括主机、推进、滑油系统、冷却水系统、废气系统、压缩空气系统、通风系统等，产业技术水平基本达到国际一流，国外主要竞争对手为 MAN ES、瓦锡兰、三星重工、现代重工、大宇造船等。

国内海洋运载装备电气系统包括电力系统、变频系统、控制系统等，产业技术水平达到国际一流，国外主要竞争对手包括 ABB、施耐德、西门子、通用电气、TERSAKI 等。但在海洋运载装备的关键配套产品方面，由于可靠性、售后服务、生产成本等问题，产品无法被船舶所有人接受，装船率及市场占有率不高，产业化发展遇到瓶颈，通信导航系统、动力定位系统等关重件目前主要依靠国外进口。

从船型来看，三大主力运输船、极地船、LNG 运输船仅常规动力系统、电气系统处于良好掌握阶段，而其他关键配套技术仍相对落后。邮轮关键配套共性技术处于国外公司高度垄断阶段，国内邮轮关键配套个性技术处于起步阶段。

1. 优势配套产品及企业

1）共性通用设备方面的优势产品与企业

甲板机械方面的优势企业有武汉船机、南京绿洲、华南船舶等企业，能提供优质的锚机、舵机、绞车、甲板起重机等产品。

舱室机械方面的优势企业有蓝工、丹华海洋、上海迪洲、华南建材等,能提供优质的空调冷藏设备、厨房洗衣设备以及卫生单元等产品。

动力与燃料供应系统方面的优势企业有上海中船三井、中船动力集团、中船瓦锡兰、大连船推、九江锅炉等,能提供优质的船用主机、发电机、螺旋桨、辅锅炉等产品。

船用电子电器系统方面的优势企业有盛法、科讯、烟台持久、沪乐等,能提供优质的呼叫系统、电话系统、广播、母子钟、灯具等产品。

船用舾装件系统方面的优势企业有江阴黄山船配、江西朝阳机械等,能提供优质的船用水密门、风雨密门、防火门等产品。

2）三大主力运输船的优势产品与企业

三大主力运输船配套供应链的优势产品包括油船应急拖带、货油输送系统、油船专用压载系统、可燃气体探测系统、惰性气体系统、货油舱加热系统、货油舱液位遥测系统、集装箱船舱盖系统等,国内中船集团、中远川崎、新世纪、扬子江等企业已具备国际一流的水平。

3）极地运输船的优势产品与企业

极地运输船供应链的优势产品包括辅助破冰系统、防寒系统和极地救生系统、低温钢等,国内中船集团、凌智、江阴北海、宝钢等企业通过"雪龙2"号实船设计建造的经验,已打破国外垄断局面,达到国际一流水平。

4）LNG 运输船的优势产品与企业

在 LNG 运输船供应链方面,我国在常规系统材料设备方面涌现出一大批优秀的船舶配套企业,基本能满足除通信导航及自动化控制系统以外的其他常规系统的配套要求。目前,国内航运公司,主要有招商轮船和中远海运集团通过专门的公司参与 LNG 运输:中国液化天然气运输(控股)公司和上海中远海运液化气天然气投资有限公司。国内 LNG 运输船建造及相关装备设计制造商主要是沪东造船厂。

5）邮轮的优势产品与企业

我国正大力推进涵盖动力系统与装置、电力电气及自动化、甲板机械、舱室设备等在内的船舶配套自主化,其中中速柴油机、甲板机械等与国内大型邮轮建造关系较为密切的配套设备得到显著发展。中速机方面,我国以引进生产MAN ES、瓦锡兰等大功率中速柴油机为主,经过多年的引进、消化和吸收,目前基本形成了中速柴油机的整机设计能力,并研发出了自主品牌机型。甲板机械是目前国内船舶配套设备中国产化率最高的产品之一,锚绞机等部分产品基本上实现了对主流船型的配套。此外,我国少数舱室设备厂家,例如华南建材(HBM)、戎美内装等企业也基本上与国外同步研发。我国配套企业的上述配套产品,在一定程度上具备邮轮建造上船基础,可为邮轮建造提供一定支撑,但总的来说,邮轮配套的优势产品不明显。

2. 瓶颈(短板)配套产品分析

目前,我国海洋运载装备关键配套设备国产化率、市场占有率低,核心技术受制于人。从海洋运载装备产业链上配套产品的总体情况来看,还存在大量的关重设备和元器件依赖进口的情况(见表3-5),严重制约海洋运载装备产业链的高质量发展。

表3-5 我国海洋运载装备领域的短板配套产品

主要设备		
1. 动力与燃料供应系统	燃油系统	容积泵
		发电机燃油模块
		分油机
		自清滤清
	滑油系统	容积泵
		分油机
		自清滤清
	冷却水系统	离心泵
		板式冷却器
	压缩空气系统	活塞式压缩机
		螺杆式压缩机
2. 通信导航及自动化控制系统		无线电通信系统
		集成导航系统
		船岸通信系统(SSL)
		极地通信导航系统
		邮轮通信导航系统
		集成自动化系统
		密闭传输系统(CTS)
		货物应急切断系统(ESDS)

（续表）

主要设备		
3. 船用电子电器系统		防爆杂件
		低温温度传感器
4. 船用舾装件系统		邮轮舾装设备
5. 专用系统与设备	原油运输船	货油输送系统
		油船专用压载系统
		货油区域消防系统
		可燃气体探测系统
		惰性气体系统
		原油洗舱系统
		货油舱加热系统
		货油舱液位遥测系统
	极地运输船	辅助破冰系统
		极地通信导航系统
		高冰级吊舱推进器
	LNG 运输船	LNG 货物处理系统
		LNG 货物围护系统
		低温天然气压缩机
		天然气焚烧装置
		低温液货泵
		LNG 再液化装置
		LNG 汽化器/加热器
		低温阀门
		围护系统次屏蔽
		围护系统低温胶水
		围护系统低温环氧树脂
	邮轮	邮轮医院区域
		邮轮内部甲板敷料
		邮轮外部甲板敷料（树脂）

(续表)

主要设备		
5. 专用系统与设备	邮轮	邮轮门锁系统
		舷窗清洗系统
		邮轮娱乐系统
		邮轮餐饮(厨房和食品储藏)设备
		邮轮洗衣设备
		邮轮冷库单元
		冷库制冷设备
		空调压缩机/冷水机组
		客用电梯
		减摇鳍装置
		邮轮生活污水处理装置
		垃圾处理单元
		黑灰水系统设备
		真空马桶单元
		饮用水处理装置
		大型造水机(蒸发式)
		大型造水机(反渗透式)
		泳池/涡流处理系统
		大型救生艇
		急停系统及安全管理系统
		水雾系统
		邮轮动力推进系统(吊舱推进)

1) 三大主力运输船

供应链瓶颈设备包括散货船舱盖系统,国内技术成熟度为 7 级,落后于欧洲麦基嘉;集装箱船绑扎系统,国内技术成熟度为 7 级,落后于韩国三星重工、现代重工、大宇造船。

2) 极地运输船舶

我国在极地甲板机械及核心部件的关键技术研究方面取得突破,基本掌握了极地船舶锚绞机、起重机以及其包含的液压马达、泵、阀、电控系统等产品的设计、制造和试验技术,打破了国外垄断。但在工程应用方面与国外相比还有较大的差距,极端气候条件及运行工况下电力推进系统的适应性有待进一步研究与验证。

供应链瓶颈设备包括横贯浸水系统,被芬兰 Aker 公司垄断,国内技术成熟度为 3 级;极地通信导航系统落后于加拿大 Rutter 和挪威康士伯公司,国内技术成熟度为 2 级。

3）LNG 运输船

LNG 运输船早期兴起于欧美日韩等少数国家,我国 LNG 运输船的发展起步较晚,相关配套产业发展滞后,全船自主化配套率水平低,关键材料和设备主要依赖从欧美日韩等国进口,采购成本高、订货周期长、售后服务响应慢,供应链饱受掣肘。国际政治经济形势复杂,供应链有"卡脖子"的风险。

由于 LNG 低温系统相关的设备及系统的技术难度大、国内市场规模相对较小,目前我国 LNG 运输船供应链瓶颈设备主要集中在 LNG 货物处理系统以及 LNG 货物围护系统方面,包括低温天然气压缩机、天然气焚烧装置、低温液货泵、LNG 再液化装置、LNG 汽化器/加热器、殷瓦钢以及部分 LNG 货物围护系统材料等,比如货物围护系统严重依赖于法国 GTT 公司,每艘 LNG 运输船需要向该公司支付相当于船价 5% 左右的高昂的专利使用费。另外,在通信导航及自动化控制系统方面,集成自动化系统、密闭传输系统、货物应急切断系统、船岸通信系统也受到一定的技术限制。

4）邮轮

邮轮配套设备的国产化率低。邮轮配套的发展缺少顶层设计,我国目前虽然已有一些针对邮轮经济和船舶配套产业的发展战略,但在邮轮配套发展顶层设计方面仍属于空白。邮轮配套企业品牌建设不足,我国虽然已经形成较为完备的三大主力运输船舶配套产业体系,相关配套企业的部分设备如低速柴油机、防火材料以及厨卫设施等具备上船基础,但相关核心配套企业缺乏像欧洲相关配套设备品牌重视产品的销售、服务网络的建立等能力建设,不被船舶所有人认可,错失配套订单,仅有少数供应商以代工（OEM）的方式向邮轮建造船厂供货。

国内对于邮轮配套体系认识不足,对于大型邮轮供应链的运作流程还缺乏全面的了解,与欧洲船厂相比存在全方位的差距。特别是在邮轮生活区内装防火及轻量化材料、电力推进系统、邮轮通信导航及自动化控制系统、娱乐系统、安全系统、HVAC 压缩机组等方面主要还是依赖进口。

五、运维环节

(一) 维修

随着我国国民经济持续稳定增长,经济全球化使中国与世界其他经济体之间的交流日益密切,对外贸易往来更加频繁,国内的船舶修理产业发展逐渐占据全球核心地位。根据克拉克森的资料,2020 年中国企业的修船业务量占全球总量的 49%,比 2019 年增长 4 个百分点,排名前 10 企业中的中国企业共有 9 家。目前,中国已经成长为全球最大的修船市场,对于三大主力运输船舶的维修基本在国内可解决。

但与此同时,国内修船产业的产能整体处在供大于求的状态。一方面是国内现有产能规模供大于求,再加上近几年国内部分造船企业受利益驱使,开始转向修船业务;另一方面是国内修船市场需求下滑,特别是 2021 年,国内部分修船订单流向新加坡、马来西亚等东南亚修船厂,再加上全球航运市场复苏导致运价高涨,船舶所有人进行改装或大规模修理的意愿不强。上述综合因素造成国内船舶修理市场产能过剩隐忧进一步凸显。

通过与 LNG 运输船总装厂的合作,以华润大东为代表的国内修船厂,已经具备了修理维护大型 LNG 运输船的能力,近年来已经多次完成国内外知名船舶所有人 LNG 运输船的大修及维护订单。总的来讲,国内总装厂和设备配套厂的全球售后服务能力薄弱,缺乏完善的全球售后维保体系;船舶所有人认可的国内第三方检测机构数量少,在行业内权威性不足。

(二) 加注

在加注方面,三大主力运输船舶的燃料还是以低硫油和重油为主,国内拥有相应的传统燃料加注港。但随着 LNG 的应用,LNG 加注站和加注船的发展极其重要,国内对于远洋船的加注能力较差,没有大型 LNG 加注港,加注船的数量仅为 2~3 艘。而国外,尤其是欧洲,拥有数量匹配的大型加注船和加注港。

(三) 租赁

在租赁方面,我国船舶租赁行业发展至今在业务规模、客户级别以及业务多样性方面均取得了巨大成就,拥有的船舶资产已经成为世界航运企业主要的融资来源之一。就船舶租赁涉及的船型来看,中国船舶租赁行业从以往主要围绕散货船租赁转变为现在各种船型的资产价格占比较为均衡,依次为集装箱船(32%)、散货船(25%)、油轮(17%)、气体船(14%)、海工装置(4%)及其他

(8%)。我国船舶租赁行业所涉船型多元化的局面已经形成,但仍存在以下方面的问题:融资性租赁的低门槛导致船舶租赁企业业务同质化的现象逐渐严重;船舶租赁业务在越来越严格的金融监管环境下,自身风险的控制水平亟待提高;非银行系船舶租赁企业以及航运企业的资金缺口仍然庞大。

(四) 营运

1. 三大主力船型的营运

受港口建设接近饱和、行业产能过剩、地方政府投资不足等不利影响,市场总体增长的空间受限,沿海传统水运建设工程市场投资持续负增长。交通运输部的数据显示,自 2013 年,我国沿海建设投资额呈下降趋势,港口新增各类泊位数量整体也呈逐年下降趋势。与此同时随着各类港口整合的持续深入,近年来,我国港口泊位总量虽下滑,但万吨级以上港口泊位数量仍保持持续增长的势头。截至 2020 年底,全国港口拥有生产用码头泊位 22142 个,其中,万吨级及以上泊位 2592 个,占比由 2014 年的 6.7% 提升至 2020 年的 11.7%。

在不断降低港口投资强度的同时,港口基础设施的投资呈现智能化、信息化、综合化趋势。而智能转型,正成为港口企业应对行业不景气、自身供给能力过剩、提升核心竞争力等共同方向。

2. LNG 运输船营运

大型 LNG 运输装备产业准入门槛高,而且需要大量的技术、经验积累和资金投入,产业的垄断性较高。目前,国内 LNG 行业发展前景广阔且已进入快速发展时期,在政策的引导下,LNG 产业显示出相对充分的竞争性。除中海油、中远海运等具有央企背景的公司外,部分以 LNG 进口贸易为主的企业,比如九丰能源、新奥股份等拥有 LNG 接收码头等资源优势,接收储备等配套设施完善,也逐步参与 LNG 运输船市场。中国燃气、华润燃气、深圳燃气等作为全国或区域燃气运营商拥有本地区或多个地区的燃气专营权,也部分涉及 LNG 运输船的运营。

3. 极地运输船营运

目前,北极东北航道、西北航道仅存在少量商业航行。随着北极海冰面积逐渐减小,北极航道逐步成为现实航线。德国、俄罗斯和中国等均优先采用极地多用途船开展北极航道的运输工作。同时,北极海上油气开采的兴起对极地破冰型油轮和 LNG 运输船的需求增加,例如俄罗斯亚马尔项目订造 15 艘破冰型LNG 运输船,夏季通过东北航道运输 LNG 到东亚,其他季节运输 LNG 到欧洲,从而实现北极资源的全年运输。因此,从北极航道的发展趋势来看,多用途船、油船、LNG 运输船、集装箱船或将成为未来极地海域内的四大主力运输船型。据《华尔街日报》报道,2021 年北极航线全年通行货运量将超过 1500 万吨。而据俄罗斯交通部预测,到 2030 年北极航道货运量将增长到 8300 万吨。

国内营运极地运输船的主要是中远海运集团,自 2013 年以来,中远海运集团积极探索和开展极地航海实践活动,旗下中远海运特运(原为中远航运)先后开辟了北极、南极航线,多艘次船舶航经北极东北航道,形成常态化运营,开启了中国商船极地航行的先河,为国家海洋强国和"冰上丝绸之路"建设做出了积极贡献,取得了良好的经济和社会效益。

4. 邮轮营运

邮轮营运的参与主体主要有邮轮公司和旅行社。邮轮公司扮演着邮轮旅游服务集成商的角色,核心载体是邮轮,邮轮公司会根据市场的需求制订邮轮航线,并且一部分自己售卖,另一部分与国内旅行社联系售卖。此外,邮轮公司也会安排公司相关人员执行自己的航行计划,并处理邮轮各种维修、保养等需求。邮轮航线的设置日益丰富,满足消费者多元化出游需求。同时,邮轮公司结合旅游服务集成商和功能服务集成商,以一体化的形式将服务提供给游客。

邮轮旅行社提供的相关营运支持包括保险、交通、观光、食宿、购物等。一般来说,旅行社在母港和挂靠港的业务是不一样的,母港的旅行社会提供船票代理、陆上交通、餐饮等服务,而挂靠港一般仅提供当地的旅游代理、游览路线等服务。

邮轮船舶所有人的规模较小,运营管理能力较弱,品牌价值不高、资金实力弱、邮轮人才匮乏等问题,短时间内难以得到有效解决。邮轮港口游客的服务体验满意度处于较低水平,服务质量不稳定、服务不规范、专业化水平低、服务流程不标准等问题比较突出。

六、海洋运载装备产业链图谱

基于行业调研信息,本节以集装箱船、LNG 运输船、邮轮为例绘制了产业链图谱(见图 3-3,各产品的供应商信息在此不公开),以便了解海运装备产业链自主可控情况概貌。比如,集装箱船产业链上研发设计环节的概念设计、通用配套环节的动力系统中的推进器、制淡设备、通信系统、救生筏等完全依赖进口;部分主机、锚机、绞车、舱盖的元器件部分依赖进口。LNG 运输船产业链上完全依赖进口的部分主要体现在概念设计、货物围护/处理系统等专业配套设备,主机、配电板、变压器、通信系统、导航雷达、船用电梯等通用配套设备等。在生产设计

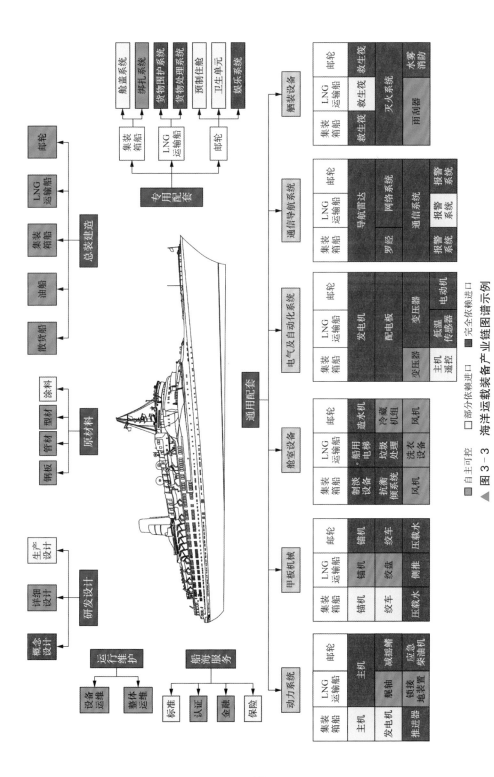

▲ 图 3 - 3 海洋运载装备产业链图谱示例

■ 自主可控　□ 部分依赖进口　■ 完全依赖进口

环节、标准规范制定、保险等方面国内尚未健全相关服务体系,存在部分依赖国外的情况。邮轮产业链的概念设计、专用配套、通用配套环节中存在大量依赖进口的情况,比如,动力系统的主机、应急柴油机,舱室设备中的造水机、娱乐系统等。

第三节　我国海洋油气装备产业链发展的现状

一、研发设计环节

（一）产业发展现状

海洋油气装备研发与设计是整个海洋工程产业链中技术含量最高的环节,主要包括研究规划、概念设计、(预)可研、基础设计、详细设计、安全环保、成本控制等过程。目前,欧美国家在海洋油气装备设计领域占据垄断地位,在海洋油气装备方面也有所部署,并形成了完整的产业链,部分高端产品形成了技术壁垒,同时集聚了世界领先的研发和设计企业,领跑第一梯队;亚洲国家主导装备制造领域,中国、韩国与新加坡在高端海洋油气装备模块建造与总装领域形成三足鼎立之势,在设计研发方面属于第二梯队。

总体看来,我国海洋油气装备设计研发技术与欧美相比仍有不小的差距,特别是在超深水、绿色、智能的海洋高技术领域,主要表现在以下几个方面。

一是国内海洋油气装备设计能力的国际认可度有待进一步提高。

二是高性能材料、核心元器件和关重设备的研发能力有待进一步提高。海洋油气装备涉及的海域环境复杂,要求严苛,目前我国高性能材料研发滞后,核心元器件、关重设备依赖进口,尤其是高端和深海油气设备对外依存度很大。

三是标准规范的制定及设计软件自主开发的能力落后。以海洋油气装备中浮式生产装置为例,现行的标准规范大部分由西方国家制定,我国在标准规范方面基本上采用等同或等效翻译的手段借鉴国外标准。我国部分油气资源的禀赋地区从环境条件到地质条件都有其特殊性,需要在标准规范方面加大投入,建立自主的标准规范体系;同时,现行的多数海洋油气装备有限元模拟分析也多依赖于国外软件开展,因此亟须建立相关水动力载荷、稳性分析、结构分析、强度分析、安装分析等方面的自主软件体系。

(二) 主要产业及外界对产品的评价

1. 产业评价

我国近年来深水开发能力不断取得突破,在深水油气开发技术方面正努力缩小与国外的差距,相关企业如海油工程、惠生(南通)重工已初步具备海洋油气装备方面的设计能力,研发实力较强。在导管架平台及浮式装备领域,目前在设计阶段已具备了 300 米水深导管架设计能力、1500 米水深半潜式生产平台设计能力、全海域全天候全系列浮托设计能力,以及 FPSO(含圆筒型)设计能力;在水下生产系统方面,目前已初步具备深水海管立管设计能力、水下控制系统设计能力及多井口深水气田全水下开发模式设计能力。

目前,海洋油气装备技术正朝着深水化、低碳化、智能化的方向发展。但与国外先进水平相比,我国的生产装置设计能力仍存在不少差距,如超深水FPSO 及其单点系统设计技术、超深水半潜式平台及其部分关键核心装备的设计技术、多种类型深水浮式设施(TLP/SPAR/FLNG)的设计技术以及大型FLNG 液化工艺、液舱维护等关键技术。此外,随着"智慧海洋"体系的逐步构建,绿色可再生能源如海上风电、潮流能、波浪能等技术的快速发展,使得海洋油气装备智能化设计、低碳化开发设计已成为大势所趋,但我国海洋油气装备在数字化、信息化、网络化以及智能化管理等方面的研发技术仍显薄弱,还有巨大的发展空间。

2. 对产业链上主要环节的评价

海洋油气装备的研发设计环节主要由概念设计、(预)可研和基本设计、详细设计组成。总体来看,国内大部分海洋石油工程设计公司如中海油研究总院、招商局重工、博迈科等企业/单位都可以胜任概念设计、(预)可研、基本设计阶段不同类型的海洋油气装备的相关设计工作。在详细设计方面,国内目前是以海油工程公司为代表,已经积累了丰富的设计经验,部分复杂项目的部分设计内容可能会依托 SBM、Technip、Floatec 等国外公司开展相关工作。

二、原材料环节

(一) 产业发展现状

近年来,我国海洋油气装备原材料虽已取得长足的进步,但与国际先进水平和我国的发展需求相比,仍然存在如下诸多差距和不足。

我国海洋油气装备材料应用研究基础薄弱,无法对材料的合理选用提供技术支持。主要表现在两个方面,一是材料基础数据匮乏,如缺乏相关的材料标准体系;二是对材料服役条件(环境和载荷)的研究不足,如对材料在海洋环境下的腐蚀数据掌握还不全面,限制了国产材料在设计中的选用。

装备上、下游企业的沟通及合作不通畅,造成装备领域与材料制造环节的脱节,导致材料单位无法根据装备需求开发新产品,装备企业舍近求远采购国外的高价材料,而对国内已开发的成熟材料不甚了解。鉴于以上情况,我国海洋油气装备材料的研发及应用无法完全满足工程实践的需求,已成为制约海洋油气装备发展的主要因素。因此,发展高性能海洋油气装备材料对于海洋油气资源的高效开发利用有着重要的战略意义。

基于当前的窘境,我国海洋油气装备产业链的原材料环节存在的问题主要表现为以下方面。

一是我国海洋平台的部分特殊材质和性能用钢的国产化率较低。目前,我国海洋油气装备仍需进口的钢材品种有满足-60℃低温韧性要求的 F 级高强度钢、屈服强度达到 620 兆帕和 690 兆帕级别的超高强度钢、适用于极地作业的海工平台的 FH 级别钢材(FH32、FH36、FH40)以及部分特殊钢材(齿条钢、悬臂梁用钢、殷瓦钢、双相不锈钢等)。

二是装备原材料产出质量不稳定,难以以高品质、可靠稳定的质量长久赢得市场信任。对于平台用钢板、型钢和钢管,国内的生产质量水平应提高,制造商应该严格按照规格书和相关规范的要求提供合格产品,严格按照相关质量控制标准和验货标准加强生产过程、验货过程和施工过程的质量控制。

三是关键零部件所用合金钢及耐蚀合金品种较少,尚未建立完整的材料标准体系。我国海洋油气装备目前在合金钢和耐蚀合金方面的开发力度不强,在细化产品序列也缺乏特有的合金钢和耐蚀合金的应用体系,特别是海洋油气资源最为丰富的南海,尚未进行有针对性的原材料需求开发应用。

四是高端海洋新型原材料技术欠缺,如在海底油气管道的主要用材——低碳微合金钢管的发展方面,缺乏抗大变形、高疲劳性能、大厚度(t)与直径(D)比以及高精度的海底管线钢管原材料技术;在海底油气管道非金属材料发展方面,缺少柔性管和非金属复合管的自主开发和制造能力。

五是海洋工程焊接材料的工艺技术落后,国产焊接材料及工艺技术与国外的先进水平存在较大差距。特种高强度抗腐蚀焊接材料缺乏,深水水下焊接材料基本空白,焊接结构安全评估技术落后,无损检测技术水平低下,国产自动化焊接装备研发能力差,搅拌摩擦焊、大厚板等离子焊接、激光焊接、复合焊接技术产业化程度不高。

(二) 主要产业及外界对产品的评价

1. 产业评价

在海洋浮式、钻井平台用钢方面,我国海洋平台主要使用的是屈服强度为355～690 兆帕的 D、E 及 F 级钢板,并基本实现国产化,但海洋平台用高强度钢的发展仍然面临诸多问题,如高级别和高强度钢的研发及生产能力不足,其强度不够高、厚度规格不全、耐腐蚀性能较差,以及高性能钢对国外进口依赖严重等。另外,我国海洋用高强度钢还存在标准不够完善,对耐腐蚀性能方面的要求少,以及加工、焊接、防护及耐腐蚀、配套工艺不完善等问题,制约了我国海洋资源的自主开发和应用发展。在海底管线钢方面,我国现已能制造海底管线钢管和海洋平台结构管,但缺乏超深海钢管的生产经验,高强度厚壁酸性服役环境用海底管线钢管还需要开发。

基于上述分析,可以发现我国海洋油气装备原材料的优势产业主要表现在大宗钢材需求的产业供给上:比如屈服强度为 355～690 兆帕的 D、E 及 F 级海洋平台用钢,X65、X70 大壁厚海管钢。劣势产业主要包括两个方面:一是特殊高性能需求的钢材产业,比如海洋平台用超高强度钢、高合金体系海洋平台用特殊钢;二是海工用钢的标准及规范等。

2. 对产业链上主要产品的评价

按照优势、弱项、潜力及空白四类产品来划分,我国海洋油气装备原材料的优势产品主要有 D、E、F 级海洋平台用钢和 X65、X70 大壁厚海管钢;弱势产品及潜力产品主要为(超)高强度钢、(超)低温用钢材料;代表企业主要有河钢集团舞钢公司、武钢集团、鞍钢、宝鸡钢管、巨龙钢管、珠江钢管、宝钢等。空白产品主要为以铁镍基合金、镍基合金、奥氏体不锈钢等为代表的耐蚀合金海工用钢,以及高性能抗腐蚀材料的防腐规范和标准体系等。

1) 海洋浮式、钻井平台用钢

我国开发海洋石油起步较晚,到 20 世纪 80 年代才建成自己的海洋石油平台,直到最近十几年,海洋石油工程中才开始广泛采用国产海洋平台钢板。目前,我国海洋平台主要使用屈服强度为 355～460 兆帕的 D、E 和 F 级钢板,且基本实现了国产化。我国首次自主设计建造的 3000 米深水半潜式钻井平台"海洋石油 981"所用钢的强度已达到 690 兆帕;北海油区海洋自升式平台固定结构已

使用 500 兆帕以上,甚至 750 兆帕高强度钢。

河钢集团舞钢公司在海洋平台用钢的研发方面走在了前列,成功开发了 A、B、D、E、AH32－EH32、AH36－EH36 级海洋平台用钢和 EH40、FH40、E500、E550、E520、E690、A514GrQ、A517GrQ 等高强度钢板。该公司所生产的 D36－Z35 海洋工程用钢板被用于我国第一个世界级深水项目——荔湾项目,生产的 A514GrQ 齿条钢板的最大厚度达 215 毫米,解决了自升式平台升降机构齿条钢、半圆板国产化的急需,目前已取得多家船级社的认证,加速了该领域用高强韧性钢板的国产化进程;此外,还进行了 180 毫米厚屈服强度为 785 兆帕特厚齿条钢板的工业试制和第三方性能检验,性能指标满足项目书的规定要求。值得一提的是,河钢集团舞钢公司 2022 年 6 月研发成功的 170 毫米厚高等级海工用 S355G10＋N－Z35 钢板,顺利取得美国船级社和中船集团第七二五研究所出具的焊接评定合格证书,该钢板将替代进口产品应用于海上浮式储油船关键部位的制造,标志着河钢集团舞钢公司在新一代海工钢的研发领域实现重大突破,起到了示范引领作用。

宝钢拥有四大系列海洋平台用厚板产品,其中宝钢集团浦钢公司采用正火工艺开发了 DH36－Z35,EH36－Z35 等海洋石油平台钢板,各项性能指标均达到相关标准规范的要求;采用调质工艺试制了屈服强度为 690 兆帕的高强度海洋平台用齿条钢,同时自主研发的自升式海洋平台桩腿用钢板的最大厚度为 178 毫米。

鞍钢的钢板级别涵盖了普通强度 A、B、D、E 级和高强度 AH32－EH32、AH36－EH36、AH40－EH40 级的大线能量焊接用船体及海洋采油平台用钢系列,产品的最大厚度为 100 毫米,焊接线能量为 100 千焦/厘米。钢板强度、低温韧性、规格等指标均达到国际先进水平,大大超过一般钢厂产品能达到的 40 毫米厚度、焊接线能量为 50 千焦/厘米的水平。

2)海底管线钢

国内目前已有多家管线钢及钢管生产企业掌握了高强度、高韧性管线钢的生产技术,海底长输管线的管线钢使用等级也提高到了 X70 级,改变了我国高等级、高钢级油气输送管线用钢长期依赖进口的被动局面。珠江钢管和武钢集团联合研制出规格为 ϕ559 毫米×28 毫米、材质为 SMYS450 的直缝埋弧焊管,可服役于深达 1500 米的海底。针对国内钢管应用水深最深、压力最高、壁厚最大的南海荔湾海底管道工程,宝鸡钢管以水压试验压力 40.4 兆帕的数值圆满完成了中海油荔湾项目用 X70 钢级 ϕ765.2 毫米×31.8 毫米深海管线试制,巨龙钢管（鞍钢开发板材）、珠江钢管（武钢集团开发板材）、宝钢相继研制生产出 X65/X70 钢级 ϕ762 毫米×30.2 毫米及 ϕ762 毫米×31.8 毫米规格深海管线用直缝埋弧焊钢管，并成功进行了小批量生产，实现了 X65、X70 大壁厚海管钢的国产化，为我国的深海开发项目提供了强有力的支撑。

三、总装建造环节/安装环节

（一）总装建造产业的发展现状与问题

中国海工企业建造的硬件设施一流，融资能力强，但研发能力不足，在制造、安装过程的数字化、信息化、网络化和智能化上仍有一定差距。同时，面临欧美国家对核心海工技术的封锁以及新加坡和韩国对高端项目的激烈竞争。

1. 总装建造产业的发展现状

在海洋油气装备制造方面，中国目前形成了长三角、渤海湾和珠三角三大海工聚集区。长三角海洋油气装备总装企业有招商局集团下属的招商重工江苏公司、中远海运集团下属的启东/南通/上海/舟山海工基地、中交集团下属的南通振华重型装备制造有限公司、中船集团旗下的上海外高桥造船有限公司。渤海湾有七家海洋油气装备总装企业，分别是中船集团旗下的大船海工、中远海运集团旗下的大连中远海运重工、海油工程、中集来福士、蓬莱巨涛以及青武麦。珠三角海洋油气装备总装企业主要有中信海直、中集集团等。据统计，中国船厂目前承建了全球大部分在建 FPSO 的船体、46％的上部模块建造工作，以及 35％的船体和上部模块的集成项目。其他船企包括中集来福士、大船集团、海油工程、招商局重工、蓬莱巨涛和珠海巨涛等企业为各种 FPSO 装置提供船体、上部模块或系泊系统的设计、采购和建造业务的服务。

在海洋油气装备安装方面，我国目前已掌握了包括结构、海管、水下、调试维保、拆除弃置在内的五大板块、十四类核心技术，部分技术达到 1500 米水深。主要开展安装作业的企业包括海油工程安装公司、海油工程深圳水下公司。

中国船厂在 2022 年的海工市场中频繁出镜，全年共获得海工订单 73 艘、约 183 亿美元，再次摘得全球海工市场接单的榜首，国内海洋工程装备企业抓住机遇，"去库存"取得积极成效，其中，中船集团交付了 2 座自升式钻井平台和 6 艘海洋工程辅助船；招商局工业集团交付了 2 座钻井平台、3 座多功能服务平台和 1 艘其他装备；中远海运重工交付了 2 艘海洋工程辅助船；中集来福士的 1 艘半潜式钻井平台和 1 艘自升式钻井平台获得租约。

从 2022 年成交的海工装备金额来看,海洋油气装备的主力地位依然稳固,尤其是以 FPSO 为代表的浮式生产装备,作为海上油气"巨无霸",尽管数量不多,但单艘造价动辄数十亿美元,短期内其主力地位难以被替代。此外,自升式钻井平台、半潜式钻井平台、海工支持船等主力海洋油气装备近些年尽管订单十分稀缺,但从下游活跃的需求来看,相关装备订单在 2023 年逐步落地已经可以期待。海上风电相关船舶的需求持续活跃,海上风电安装船、起重船、铺缆船的成交数量稳步增长,已经成为引领海工装备市场复苏的重要因素。

2. 总装建造产业发展存在的问题与差距

2022 年 9 月,在中央宣传部举行的"中国这十年"系列主题新闻发布会上,自然资源部宣布,中国在海洋工程装备总装建造领域已经进入世界第一方阵,但此第一方阵指的是体量,而非质量。从质量来看,中国海工与体量位居第二和第三方阵的欧美、新加坡和韩国等国相比还有很大差距。从海洋油气装备产业链来看,我国总装建造能力和韩国、新加坡的相当,呈三足鼎立之势,成功跻身第二梯队,但在设计能力、配套能力、总包能力等方面还存在着短板和弱项。

在海洋油气勘探装备方面,我国已经形成一支亚洲领先的海洋油气勘探装备队伍,海洋拖缆系列装备已成规模,核心设备的国产化程度逐步提高。"海洋石油 721"深水物探船,各项性能指标已达到国际先进水平。中海油服成为继舍赛尔(Sercel)公司、美国 ION 地球物理集团之后全球第三家掌握海洋拖缆地震勘探成套装备技术的公司。我国企业与领先企业之间的主要差距在于宽频、宽方位的深水、超深水新型地震资料的采集技术仍有不足;微机电系统(MEMS)芯片等高端核心设备仍有待突破。

在海洋油气钻井装备方面,我国浅水油田使用的钻井装备包括海洋模块钻机、坐底式钻井平台、自升式钻井平台,这些装备从平台设计建造到配套设备、钻机设备均已实现全面国产化,设计建造技术的发展已经比较成熟,基本达到了国际先进水平。我国目前在用的深水钻井装备主要是半潜式钻井平台,从数量、作业水深、平台配置等方面已经能够和世界先进水平接轨,设计和建造水平与国际先进水平相差不大。主要差距在于深水钻机、深水防喷器等部分关键核心装备仍需要依赖进口,自主化程度不高;缺乏自主知识产权的平台设计,形式相对单一,核心技术仍掌握在国外少数专业企业手中,国内企业处于产业链的中低端。

在海洋油气施工装备方面,我国建成了具有国际先进水平的 5 型作业船队,基本形成了 1500 米深水油气勘探开发配套作业能力,实现了我国海洋深水工程装备的自主化,填补了国内空白。我国建造了大量重吊船和自升式起重船,自主研制了大型深水工程船舶配套设备,依托"海洋石油201"形成3 000米水深海底管道和设备安装能力,成功完成荔湾、流花、陵水项目等多项深水作业任务。相比之下,国内主要差距在于1 500米以上超深水的作业实践经验不足,距离国际先进的3 000米级的作业能力仍有明显差距,装备的作业能力仍有待挖潜,部分作业还需要依靠国外安装公司。

在海洋油气生产装备方面,我国的导管架平台设计、建造和安装能力已经十分成熟,尤其是集成建造和浮托安装技术处于世界领先水平。2022年,我国新建投产的亚洲第一深水导管架"海基一号"在南海陆丰油田服役,作业水深达286米(世界第八位),标志着我国深水超大型导管架成套关键技术和安装能力迈向了世界一流。随着深水油气开发的推进,国内的浮式生产装置如半潜式生产平台、FPSO的应用取得进一步的突破。多家企业正在开展新型浮式装置(圆筒形FPSO、FLNG、FDPSO、半潜式干树采油平台)的工程技术研究。目前,国内共建成两座深水半潜式生产平台,没有已建成的TLP平台和SPAR平台,但对于两种平台的设计、建造、安装技术方面开展了部分研究工作,缺乏相关建造、安装、运维经验及能力,关键核心部件需要借助国外资源。相比之下,国内主要差距在于浮式生产装置在基础共性技术研究方面仍然较为薄弱,特别是深水工程水动力性能分析软件、结构性能分析及模型实验技术、海洋工程风险评估、工程建造技术和管理技术等基础共性技术方面;此外,当前装备的类型还难以全方位满足南海深远海复杂的海洋环境和缺乏依托设施情况下的开发需求。

在数字化、信息化、网络化、智能化制造方面,一方面,海洋油气装备的制造技术还处于传统的机械化阶段,各个制造环节信息各自独立,同时缺乏系统的数据采集环境和单元,制造效率和质量需进一步稳定和提高;自动化设备尚未实现集成应用,缺乏海洋油气生产装备的数字化、自动化、智能化制造工艺流程;仍然采用大量人工和半自动化机械设备,缺乏核心专业智能生产单元、智能生产线及智能车间,与欧美及日韩等国存在较大的差距。另一方面,针对集成管理系统环境搭建的研究较少,尚未对智能生产单元、智能生产线及智能车间的集成管控进行完整研究;现有管理技术亦未支撑协同设计、协同制造、准时供应与协同运维;缺乏面向海洋油气生产装备全生命周期的数字化、信息化、智能化管控体系,在设备、数据及管理手段上均不完善,管理决策依靠人员经验,智能决策支持手段匮乏。全生命周期综合管控能力有待提高,海量数据集成和关联分析能力尚不能满足实际应用的需要。

在市场竞争力方面,中国海工大而不强,主要体现在大量进口使用欧美设备,即便是国产钻井包,其核心设备也是采购的国外主流品牌。水下油气设施也几乎都选用进口设备,关键设备和系统对外的依存度非常高。当前国家正在努力提高海工非关键设备和系统部件的国产化率,但越接近核心,难度越大,推进速度越慢。目前,我国海工设备供应商对核心关键设备市场的渗透还非常有限。韩国和新加坡海工企业往往提前介入研发,实现主流装备基本设计知识产权自主化,专注于超深水钻井船、半潜式生产平台和FLNG等中高端项目。

（二）总装建造/安装产业评价

目前,全球海工装备市场呈现三级梯队式竞争格局,欧美垄断海工装备研发设计和关键设备制造;韩国、日本和新加坡在高端海工装备模块建造与总装领域占据领先地位;而中国和阿联酋等主要从事浅水装备建造,并逐渐向深海装备进军。

我国拥有世界一流的造船工业基础,海洋油气装备已经具备较强的建造能力,在国际上具有较高的竞争力和影响力,主要从事一些近海开发装备以及海洋工程辅助船舶的建造,近年来逐渐进军深水装备的建造领域,众多高端海工装备开始在海上大型工程、海洋科研、海洋资源勘探等领域发挥重要作用。但研发设计和创新能力薄弱,产品技术含量低,核心专利技术多由国外垄断,限制了我国海洋油气装备的快速发展,导致产业扎堆于价值链的低端,缺乏专业的设计人员和设计机构,研发力量不足,基本以总装为主。部分企业的产品竞争力弱、更新换代缓慢,主要从事外国产品的代理加工业务,以求快速获取利润。

总之,国内海洋油气装备的总装建造产业属于优势环节,整体发展呈上升趋势,自然资源部发布的《2022年中国海洋经济统计公报》显示,我国海洋工程装备制造业作为新兴行业,2022年全年实现增加值773亿元,比2021年增长3.0%,海洋工程装备制造业增加值约占2%。未来在国家政策的大力推动下,在坚持技术引领、智能制造的情况下,我国海洋油气装备技术水平将不断提升,全球市场份额不断加大,为保障我国能源安全,提升制造工业经济效益贡献巨大力量。

四、配套环节

（一）海洋油气装备配套产业的发展现状

1. 水下生产系统产业的发展现状

水下生产系统是一种将生产设备放到海底的水下生产设施,相对于水面固定平台和浮式生产设施而言,可以避免建造昂贵的海上采油平台,缩短建设时间,节省大量建设成本,且抵抗自然灾害的能力强,是未来深水油气资源开采的必然趋势。水下生产系统经历了由潜没式水下井口、半干半湿式水下井口到湿式水下井口的发展历程,形成水下井口、水下采油树、水下管汇、水下远程控制系统等在内的功能配套的水下生产系统。

随着我国海上油气开发逐步走向深水,水下生产系统在我国的应用日益广泛。长期以来,国内海上油气田所用水下装备多依赖进口,为打破国外技术壁垒、保障我国海上油气开发的安全,我国加大了研究力度,从"十一五"期间开始进行各类水下生产设备研发,近年来国内水下油气生产系统装备研发与设计技术已取得显著突破。水下油气生产系统部分关键设备已完成国产工程样机研制,并通过了第三方权威试验验证,相关技术指标达到国际同等产品水平,但水下装备系统集成的测试能力有待提高。

目前,我国已经实现大部分水下油气生产系统对的常规设备(水下管汇、水下阀门、水下连接器等)的样机国产化研制并完成相关测试,在未来几年有望陆续投入使用。2022 年,我国首套自主研发的深水油井水下采油树、首个自主研发的浅水水下采油树系统分别在"流花 11 - 1"油田和"锦州 31 - 1"气田成功应用投产。国内相关单位开展了水下控制系统部分关键设备的研发,2022 年,由中海油研究总院牵头自主研发的首套 500 米级深海水下控制系统,顺利通过陆地集成测试和第三方认证,并交付目标气田工程项目,实现国内首台(套)国产化工程应用。目前,动态脐带缆形成了样缆,通过了实验室的性能鉴定测试。水下防喷器具有功能部件工程样机,水下井口等装备已完成环境模拟测试。国内东方电缆股份有限公司的静态脐带缆产品在国内的"文昌 10 - 3"项目和"流花 29 - 2"等项目得到应用。对于水下压缩机、水下分离器、深水/超深水防喷器等前沿设备,目前仍然处于科研阶段,距离国产化应用还有较长的距离。

2. 系泊系统产业的发展现状

海洋油气装备的系泊系统主要包括系泊聚酯缆、系泊张紧器、单点系泊系统及系泊钢缆等。

聚酯缆作为浮式海洋平台定位技术的一种,是以合成纤维缆绳作为主体系缆的张紧式系泊系统,可避免锚链和钢丝绳刚度低和自重大的缺点。目前国内仅有浙江四兄具有永久系泊聚酯缆缆绳的设计和生产能力。该公司不仅建成了先进的复合纤维缆绳生产流水线,同时还具有多种缆绳设计、制造、测试、检验技术,取得了 ISO 9001:2015 认证、中国船级社和法国船级社的工厂认可,更是目前国内唯一一家取得挪威船级社和美国船级社两大国际船级社颁布的"深海系泊缆绳"的工厂型式认可证书。同时,该公司还拥有包括 2 500 吨级、500 吨级、300 吨级等多台绳索强力试验机和在模拟工作环境下(疲劳、蠕变、磨损、防老化、超低温)的数十台(套)国际先进的研发、检测设备,具备根据各船级社规范要求独立开展聚酯缆产品入级测试的能力。该公司的研发生产技术成熟、产品转型门槛低,且对开拓国内深水工程市场的意愿强烈。2017 年已完成聚酯纤维缆国产化研制,生产出国内首个样品,并生产出应用于深海系泊的超大超长规格缆绳,已全面掌握了"深海系泊聚酯缆"在新材料、技术设计、制造工艺和制造装备等方面的关键性技术,其产品具有完全自主知识产权,成功打破了深远海浮式结构物高性能纤维系泊缆绳长期依赖进口的现状,填补了国内市场空白。该公司的产品已在"海洋石油 981"以及三峡水电站获得成功应用,部分产品已远销美国、日本等,用于深海项目,其生产的最大纤维缆绳直径达到 320 毫米,单根连续长度可达 3 000 米,能够涵盖我国南海 1 500 米至 3 000 米水深系泊系统的技术指标要求。

系泊张紧器包括海底张紧器、中部张紧器、水线张紧器及上部张紧器四种。目前,国内系泊连接件技术相对落后,传统的单点系泊多采用万向节方式连接,具有安装拆卸难度大的特点,而且无法张紧;部分浮式风电项目采用止链器和导缆器分离的方案,其安装占有空间大,且导缆器和止链器之间有很长距离,巨大的应力始终作用于浮体结构上无法消除。由于国内企业的设计偏保守,偏爱运用了数十年的老设计,某种程度上阻碍了新技术的应用。目前,已有不少企业意识到了这个问题,开始积极探索新型张紧器及其配套系泊的应用,如大连海事大学、江苏亚星锚链。

单点系泊系统包括塔架式软钢臂单点系泊系统、内转塔式单点系泊系统、外转塔式单点系泊系统、悬链式浮筒单点系泊系统(CALM 系统)、单锚腿浮筒单点系泊系统(SALM 系统)等。由于单点系泊系统的整体投资高昂,且市场较小,因此国内在单点系泊系统配套关键设备的研究起步较晚、进度较慢,目前尚未实现工程应用。国内在 FPSO 单点总包、设计方面的记录尚属空白,单点的关键核心部件,包括主轴承、液滑环、轴承的供货,现阶段完全依赖国外进口。根据油田开发方案论证需求、生产运维对单点设备的技术需求,国内相关企业、院校开展过单点选型设计、滑环产品等单项设计技术的国产化研究,但仍未掌握单点系泊系统总体集成等关键设计技术,不具备单点整体系统的自主设计能力,单点滑环、主轴承等关键核心设备尚未实现国产化应用,技术成熟度在 TRL2～TRL3 级。具有相关技术积累的主要企业包括中海油、大连鼎熙及大连重工等。

我国系泊钢缆生产企业由于受到种种制约因素限制,如缺乏大规格单股钢丝绳捻制设备,缺乏大型的拉力试验设备,缺乏大型钢丝绳厚涂塑设备,面临高强度大规格钢丝绳的生产和运输难题,国内能生产这种高技术含量钢丝绳的企业寥寥无几。而且由于市场相对固定和单一,国外产品较为成熟,国产钢缆想要进入该领域的应用周期长,因此国内介入系泊缆领域的企业非常少。目前,国内只有贵州钢绳股份有限公司(以下简称"贵绳")具备大规格单股钢丝绳生产能力。贵绳在永久系泊缆产品开发中深耕近 10 年,具备雄厚的钢丝绳技术研发实力,产品长期获得美国、挪威等船级社的认可,主持和参与制修订国家、行业标准57 项,其中主导修订 ISO 2408 和 ISO 23213 两项国际标准。在国家科技支撑课题、发改委课题等项目中开展了系泊用钢丝绳关键技术研制、中试基地建设等工作,多次给国内外项目钢缆系泊系统供货,拥有一定的项目经验和良好的业绩;但其钢缆系泊缆规格和能力较小,2 000 吨级破断力的产品尚未有应用。此外,贵绳已联合高校、科研院所开展钢缆索节及其附件金属材料的研究与加工,但目前国内尚无企业能够设计制造钢缆索节及其附件,因此无法完整提供钢缆相关产品。目前,国内系泊钢缆整体处于研制阶段,技术成熟度在 TRL2～TRL6 级。

3. 上部组块产业的发展现状

上部组块产业通常指的是海洋石油工程中的平台和设施部分,包括钻井、生产、加工、储存、输送等多种装备技术。这些设施构成了海洋油气开发生产体系的重要组成部分,用于在海上进行油气勘探、开发、生产和加工。随着我国一批科研院所、企业等不断加大装备的研发力度,林德公司、陕柴重工、中船集团第七〇三研究所、沈阳鼓风机集团(以下简称"沈鼓")、南京汽轮电机等企业部门不断设计研制,近几年国产化设备不断涌现,上部组块系统中设备的国产化率进一步提高。目前,上部组块中部分核心装备已完成国产化并服役于海上平台,包括板翅式换热器、钻修机、模块钻机等,其中板翅式换热器出口到国外。我国用于大中型燃气轮机制造的大型、特种、专用加工装备均已达到世界同类企业的水平,燃气轮机制造产业群已具备年产约 40 套 F 级和 E 级燃气轮机联合循环成套设备的能力。绕管式换热器、中小型燃气透平、离心压缩机、原油发电机已完成样机研制,即将陆续实际投入使用。依旧有一些设备的自主研制技术与国外差距较大,乙二醇再生及回收装置(MRU)等装备正处于研制阶段,对于实现国产化还有一段差距。

MRU 在国内的应用较少,国内石油装备制造行业尚不具备该套系统完全独立设计制造的能力。目前,国内相关科研院所和企业也开展了 MRU 相关技术研究,进行了相关的模拟研究和样机研制,国内整体处于研制阶段,与国外企业相比存在不小差距。

国内在 LNG 绕管式换热器方面还需要进一步研究,与国外厂家设备性能有一定差距。近年来,相关科研中心及企业的研究也有一定的进展,2021 年,中海油和开封空分联合研制了国内首套 LNG/FLNG 绕管式换热器。同时,技术团队独立开发了国内首套 LNG/FLNG 绕管式换热器仿真设计软件。而 LNG 板翅式换热器在我国的发展已十分成熟,兰州石油机械研究所、通用机械研究所、中国寰球工程公司等单位在换热器的研究和设计方面开展了多年的工作,我国板翅式换热器的设计和制造技术水平使我国在该项领域的技术水平达到和接近世界先进水平。

我国用于海上油气开发的国产燃气轮机相较于国外产品起步晚,应用不广泛,实际应用经验不足,还需实践验证技术水平。由中船集团第七〇三研究所设计研发,由广瀚燃机生产制造的燃气轮机于 2018 年应用于"蓬莱 19 - 3"中心平台。在离心压缩机方面,我国在一体机的研发和应用方面刚处于起步阶段。2021 年沈鼓与中海油签订某平台湿气压缩机组合同,计划 2023 年投入应用。原油发电装备集成方面已经实现自主可控,但部分关键核心配套依赖进口。2022 年,在中海油"恩平 15 - 1"海洋钻井生产平台上,陕柴重工承制的国产首套 7 600 kW 原油发电机组实现海上点火动车成功,并顺利并入平台电网。

4. 海洋钻井装备

1)我国海洋钻井装备的总体发展现状

我国浅水钻井装备技术已趋于成熟并实现全面国产化,包括海洋模块钻机、坐底式钻井平台、自升式钻井平台等装备,掌握了从船体设计建造到配套的船体设备、钻机设备的全套技术。目前,我国国内海洋模块钻机和修井机的数量已有 100 多座,钻机钻井深度最大为 9 000 米,钻机设备已全部实现国产化。国内自升式钻井平台的数量也超过 50 座,"海洋石油 941"系列装备的最大钻井深度可达 10 000 米,从船体设备(包括桩腿、升降装置)到钻机设备也全部实现了国产化。总体来说,我国浅水钻井装置的设计建造技术的发展已经比较成熟,基本达到国外先进水平。

我国目前深水钻井装备初具规模,在用的深水钻井装备只有半潜式钻井平台和半潜式生产平台两种类型,因此还有待进一步探索和发展适应我国南海的其他类型的深水钻井装备。目前,国内有 18 座半潜式钻井平台,经过多年发展已形成作业水深从 1000~12 000 英尺的系列钻井装备,从数量、作业水深、平台配置等方面已经能够和世界先进水平接轨,而且经过积累"海洋石油 982""蓝鲸1 号"等先进的第六代平台建造的经验,我国半潜式钻井平台设计和建造水平已经和国际先进水平相差不大。

2)海洋钻井装备发展存在的问题

一是海洋钻井装备产品以中低端市场为主。我国海洋钻井装备研发、制造企业主要包括宝石机械、东方宏华、兰石装备、华北荣盛等,产业整体的技术水平相对落后,市场业绩主要以固定式平台海洋钻修井机、钻井工具为主,产品市场主要为国内、东南亚地区的经济型项目,少部分钻井工具和设备出口全球,行业兴盛时期全球市场份额占比不足 10%。

二是高端海洋钻井装备受制于人。我国高端海洋钻井装备,特别是深水钻井装备与国外先进水平还是有较大差距。深水钻井平台上很多关键设备(大功率顶驱、钻井绞车、升沉补偿装置、隔水管张紧装置、控制系统、隔水管、防喷器等)均需要进口。再比如,深水钻井平台上的关键传动装备(动力定位系统、推进器、主发电站、中控系统等)均为进口,严重依赖国外技术和厂商,亟须加强深水钻井装备关键技术的攻关,实现深水钻井关键设备国产化。

三是海洋钻井装备研发制造的创新能力不足。海洋钻井装备研发具有典型的投入高、回报慢的特性,我国从事海洋钻井装备研发制造的主力为传统陆地钻井装备制造企业,企业规模和经营状况难以支持海洋钻井装备的研发或资金投入意愿不强。目前,国内研发活动主要聚焦补齐技术空白和跟随国外先进技术,缺少原创性、引领性的技术和产品。

(二)海洋油气装备配套产业及外界对产品的情况评价

1. 海洋油气装备配套产业的评价

我国海洋油气装备配套产业发展迅速,各核心配套设备随着海洋油气装备朝深水化、智能化方向进一步发展。勘探配套装备方面,海洋拖缆系列装备和采集技术已成规模,国产化程度逐步提高、部分实现替代,海底地震节点装备产业化取得新突破,已顺利完成 700 米水深海洋试验,装备产业链也在积极建设中。

海洋浅水钻井装备已趋于成熟,实现全面国产化,掌握了从平台设计建造到配套的平台设备、钻机设备的全套技术,深水钻井装备初具规模,但目前在用的装备仍局限于半潜式钻井平台和半潜式生产平台两种类型。油气施工装备发展迅速,重吊船全回转起重机实现国产化,已自主建造大量重吊船和自升式起重船,在半潜式起重船领域,技术水平处于世界领先水平;在深水领域,我国已建成具有国际先进水平的 5 型作业船队,基本形成了 1500 米深水油气勘探开发作业能力,填补了国内深水工程装备自主化的空白,自主研制了大型深水工程船舶配套设备,建成了世界上最先进的多功能、超深水作业、同时具有起抛锚、拖带和供应功能的三用工作船。

生产配套装备方面,我国已具备深水超大型导管架成套关键技术和安装能力,半潜式生产平台、FPSO 的应用取得进一步的突破,目前共设计建造了 17 艘FPSO 用于渤海和南海海域的海洋石油开发,其中有两艘深水 FPSO,国内主要船厂具备建造半潜式生产平台的能力,海油工程具备深水半潜式平台的安装作业能力;针对常规水下生产装备的国产研制工作大都已经开展,近年来正陆续开展示范应用。

配套产业的发展仍存在一些问题,核心设备的自主研发能力与经验不足,国际竞争力弱,深水开发装备仍存在显著差距。勘探配套装备方面,建造大型和高端物探装备的资源和能力达不到国际水平,高端核心零部件受制于人,多源宽拖、宽方位等高端、高效、高精度先进地震采集设备和技术未形成强大的国际竞争力。

海洋钻井装备产品则以中低端市场为主,产业整体技术水平相对落后,高端海洋钻井装备,特别是深水钻井装备对外依赖程度高,关键设备如大功率顶驱、钻井绞车、升沉补偿装置、隔水管张紧装置、控制系统、隔水管、防喷器等尚未实现突破。在海上油气施工装备领域,自主建造的铺缆船较少,吨位、铺缆装备及能力仍有较大差距。

生产配套装备领域,超深水的浮式生产装置自主设计建造的经验不足,对于TLP、SPAR 等国外已有广泛应用的装置,以及近年涌现出的 FLNG、FDPSO、干树半潜等新型浮式生产装置,我国的研究投入不足,深水浮式设施(TLP、SPAR、SEMI、FPSO 等)配套关键设备,如柔性立管、单点、单点系统滑环、动力定位系统、外输漂浮软管、系泊张紧器、钢缆、柔性接头等与国外先进水平存在较大差距,浮式生产装置标准规范制定及深水浮式平台设计软件自主开发能力仍有欠缺;水下生产装备的测试、认证体系不够完善,远距离回接装备目前研究不足,部分关键部件如水下采油树的部分关键部件,传感器、流量计等,水下管汇的水下控制模块(SCM)等均需要从国外进口,水下压缩机等前沿装备的攻关研究布局不足。此外,海洋油气应急救援装备核心技术的自主化程度较低,短期成果转化难度大,研发动力不足。

2. 海洋油气装备配套产品的评价

1) 水下生产系统

(1) 水下压缩机、水下分离器、水下阀门为空白产品。目前,国内尚无厂家开展水下压缩机技术及设备的研究工作。国内水下分离装备的研究处于起步阶段,仅有甘肃蓝石石化高新对水下分离装备的相关设计技术、制造技术和测试技术等进行了研究。现场使用的水下阀门基本为进口产品。

(2) 水下连接器属于弱项产品,还处于样机研制阶段。针对国外技术垄断、价格垄断及潜在的技术封锁等因素,国内正在开展水下连接器国产化的研制工作,主要生产企业包括南阳二机集团、哈尔滨工程大学以及美钻石油钻采系统工程(上海)有限公司。南阳二机集团完成了 1500 米水深、5 000 psi 压力等级、U级温度等级的工程样机;哈尔滨工程大学完成了卡爪式连接器样机的研制;美钻石油钻采系统工程(上海)有限公司完成了水平连接器的研制,2011 年应用于"崖城 13-4"天然气开发项目。

(3) 水下管汇属于潜力产品。

我国从"十一五"期间开始进行水下管汇国产化研制,经过多年的技术研发,已基本具备了 1500 米水深水下管汇集成设计、制造、测试能力,也实现了工程应用,但关键部件仍依赖于国外进口,因此,若要实现水下管汇完全产业化,还需继续加大研发力度。目前,国内主要生产企业包括海油工程、蓬莱巨涛、青武麦、天津海王星等。

2) 系泊系统

单点系泊系统属于国内空白产品,其总体集成等关键设计技术目前仍处于科研阶段,不具备单点整体系统的自主设计能力,关键核心设备单点滑环虽实现了部分样机的国产化研制,有望在未来几年进行首次国产化应用,主轴承等关键核心设备仍在科研阶段,距离国产化应用仍有较长距离。

系泊钢缆是需要攻关的另一空白产品,现阶段我国的海上高强度系泊钢缆仍完全依赖进口,国内企业正在进行国产化研制,未来几年有望通过工程项目进行单根系泊钢缆的国产化应用,但距离大规模的国产化应用还有一定距离。

系泊张紧器属于弱项产品,目前国内只有江苏亚星锚链实现了部分产品的国产化和应用,但是其他类型的产品还处于科研攻关或试验验证阶段,在未来几年可实现全部国产化。

聚酯缆目前已能够实现国产化,但是国产缆绳相比进口缆绳,直径偏大、重量偏重、刚度偏小,刚度测试数据及长度数据较离散,两端接口处的工艺和强度较弱,国产聚酯缆技术还需要继续突破,属于潜力产品。

3)上部组块

燃气透平、MRU、离心压缩机属于弱项产品。用于海上油气田开发的国产燃气轮机相较于国外产品起步晚,应用不广泛,缺乏实际应用的经验。我国的深水油气事业起步较晚,限于理论技术储备与整体工业能力的发展水平,实质性的深水油气田开发在近几年才刚刚开展,乙二醇溶液脱盐工艺在国内的应用较少,国内石油装备制造行业尚不具备该套系统完全独立设计制造的能力。国内的离心压缩机已经进入自主研发阶段,但设计方法、制造工艺,还是机组运行效率和可靠性与国外机组相比仍存在差距。国内在一体机的研发和应用方面刚处于起步阶段。海上平台用离心压缩机长期被国外企业垄断,成为制约海上油气田开发的"卡脖子"技术。

原油发电机属于潜力产品。原油发电装备集成方面已经实现自主可控,但部分关键核心配套依赖进口:采用的发动机是外国引进专利国内生产,不是自主品牌,发动机的调速器、增压器、主轴承、燃油泵等依赖进口配套;原油处理系统分油机、滤器、流量计、控制阀等仍然采用进口设备;控制系统控制器芯片、关键传感器、电磁阀、控制模块依赖进口。

分离器、换热器为优势产品。近年来,由于铝和铝合金钎焊技术的发展和不断完善,促使板翅式换热器得到广泛的应用,产品朝着系列化、标准化、专业化和大型化发展。在我国有兰州石油机械研究所、通用机械研究所、中国寰球工程公司、中石化、中石化洛阳石化等企业在换热器的研究和设计方面进行了多年的研发,对我国换热器的设计和改进、技术标准的制定和推广有很大的推动作用。我国板翅式换热器的设计和制造技术水平已达到和接近世界先进水平。分离器的主要生产企业包括甘肃蓝石、磐石重工、抚顺机械等企业。

4)海洋钻井装备

高端海洋钻井装备亟须填补空白的产品包括水下防喷器及其控制系统、升沉补偿系统、大功率柴油机和发电机、动力定位系统等;弱项产品包括井架、管子处理系统、隔水管系统、锚泊定位系统等,其性能还达不到国外同类产品的水平;在泥浆系统和消防逃生系统方面取得了初步的进展,其中潜力产品包括钻井泵和消防炮等,可优先实现对国外同类产品的替代。由于国内深水半潜式钻井平台的建造数量有限,相关配套技术和装备有待进一步完善和提升,目前还没有相关的优势产品。

五、运维环节

(一)海洋油气装备运维环节的发展现况

随着国家海洋战略的实施,推动了海洋装备产业的蓬勃发展,我国在大型海洋装备的运维管理方面也进行了大量探索与实践,初步形成了中国特色的运维服务管理模式。近年来,依托重大项目攻关和现场水下油气田开发项目,部分核心技术和关键设备已取得了重要突破,初步实现了水下采油树的自主维修保养。在深水平台运维方面,开发了一套具备自主知识产权的深水平台智能监测系统,可实现对海洋环境、平台姿态、系泊系统和立管系统状态的监测评估、故障诊断以及远程智能化管理,打破国外的技术和设备壁垒,形成深水半潜式生产平台和立管监测以及性能后评估技术能力,保障半潜式平台及立管的在役安全运维。

利用数字化与智能化技术提升海洋装备运维水平已成为必然趋势,国内已打造了首个海洋装备制造和运维保障支持为一体的综合性海洋油气装备智能制造基地。推进海洋油气装备数字化与智能化应用,通过数字仿真、智能预测、在线可视化等技术,展示平台的运行状态,预测设备性能,可解决传统运维方式难以直观获得平台的运行状态、难以获得精准的预测结果等问题,为决策者提供运维指导,提高安全性与可靠度。借助数字孪生、机器学习等新兴技术,提升海洋工程装备的数字化与智能化运维水平,解决传统运维方式存在的陆基远程在线监控难、历史数据利用率低、预测预警手段少等问题。

(二)海洋油气装备运维环节的产业评价

我国在海洋油气装备运维方面有以下优势:首先,我国具有较全面的工业基础。海洋油气装备与船舶工业、石油石化、机械制造、钢铁制造、信息电子和材料等息息相关,完整的工业产业体系可为海洋油气装备运维提供强有力的支撑。其次,中国有广阔的市场,在建设海洋强国的政策引领下,海洋油气资源开发将需要大量的海洋油气装备,海洋油气装备运维的需求将越来越大。再次,随着在海洋油气装备领域关键技术的突破,我国逐渐掌握了设计、建造、安装及海上联调的总包能力,可为客户提供一站式的全球服务,为未来争抢高附加值订单积极储备。最后,我国具有较低的综合成本优势,为发展海洋油气装备提供了基本条件。

但是,我国大型海洋装备尚未形成系统化、国际化的海洋装备管理模式,海洋装备运维服务的管理效率与国外先进的系统化管理模式还存在一定的差距。目前,很多重要的关键装备均需要依赖进口,需加大关键核心技术的攻关,突破产业链的薄弱环节,为提升海洋装备运维服务水平提供支撑。

目前,浅水油气装备的设计建造和服务运维已实现国产化,深水油气装备也已基本具备自主建造和运维能力。然而,如深水水下防喷器、单点系泊系统等关键设备还依赖进口,涉及进口关键设备的大修维护等还需要依靠国外的生产企业。

六、海洋油气装备产业链图谱

结合行业调研情况,以某海洋油气装备为例绘制了产业链图谱,如图3-4所示(各产品的供应商信息在此不公开),海洋油气装备产业链上的原材料环节中的涂料以及配套环节中的水下分离器、水下阀门、系泊张紧器、升沉补偿系统等完全依赖进口;研发设计环节的基础设计和详细设计、原材料环节的特种钢材和型材、浮式天然气液化装置(FLNG)的总装建造、水下安装和铺管以及燃气透平、聚酯缆等配套设备部分依赖进口。

通过对钻井装备、海洋油气生产平台配套设备的产业链主要产品进行梳理,发现我国浅水钻井装备的设计建造技术比较成熟,深水钻井装备与国外先进水平相比差距较大。深水钻井平台上很多关键设备,如大功率顶驱、钻井绞车、升沉补偿装置、隔水管张紧装置、提升系统、隔水管、防喷器等,均需要进口,且动力定位系统、推进器、主发电站、中控系统等关键传动装置严重依赖国外技术和企业,亟须加强国内对深水钻井装备关键技术的攻关。海洋油气生产平台配套设备产业链的自主可控情况总体较好,依赖进口的主要是工艺系统中的乙二醇回收装置(MRU),部分依赖进口的设备包括分油机、燃气透平发电机、热介质系统等,其他电力、调集、仪控、污水处理、应急等系统的配套设备基本可实现自主化生产。

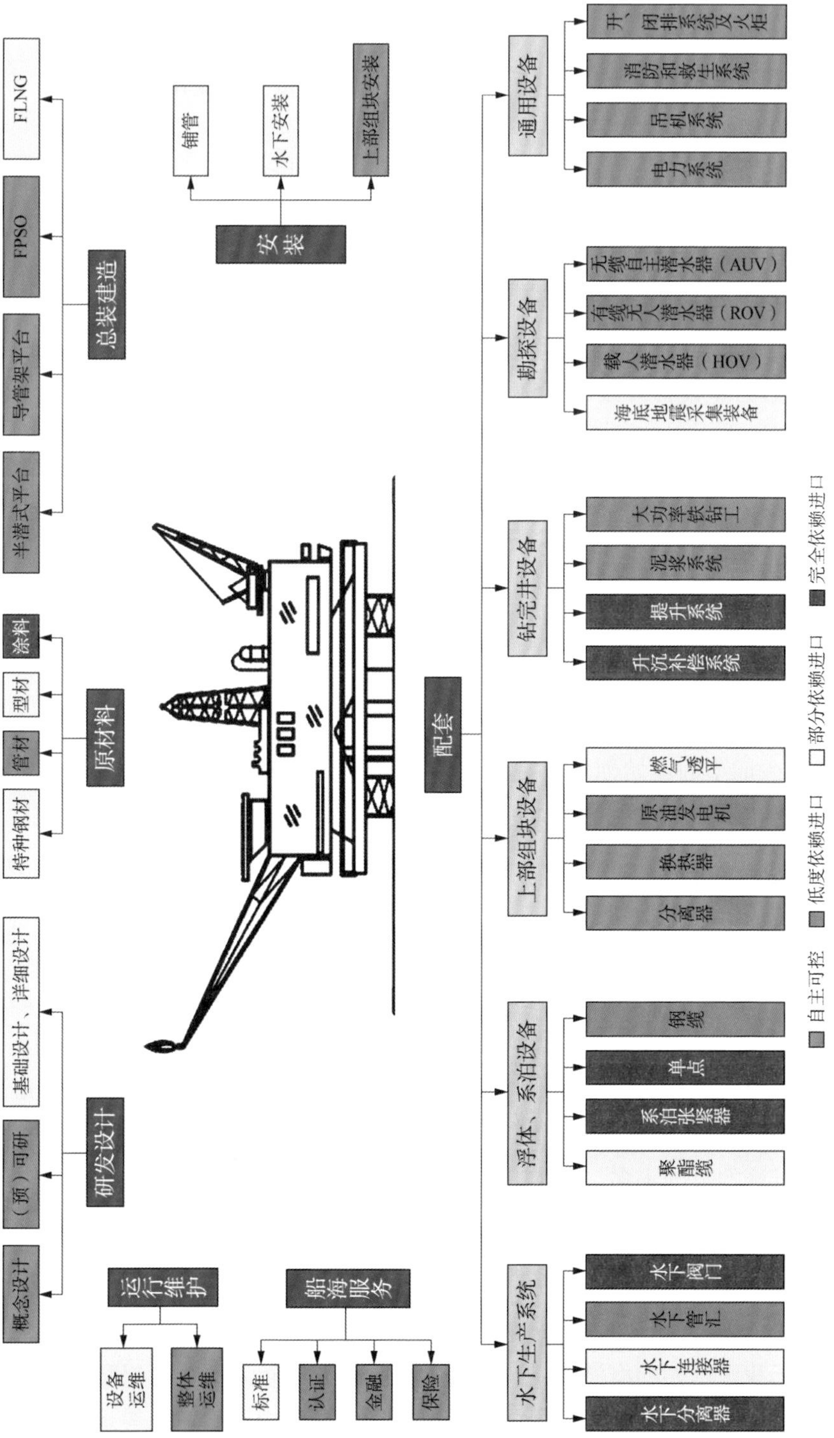

▲ 图 3－4　海洋油气装备产业链图谱示例

第四节 我国海洋安全保障装备产业链发展的现状

一、研发设计环节

（一）研发设计能力显著增强

通过近年来的海洋安全保障装备设计经验的积累，目前研发设计环节的能力显著增强，自主设计开发的软件成果进步明显，能够依托国产先进数字化手段开展复杂海洋安全保障装备设计，确保设计、生产、维修一体化。但设计软件还存在不兼容的问题，影响生产效率。

设计人才储备进一步加强，设计理念进一步创新，通用化、规范化、系列化、标准化的设计能力不断提升，新技术集成运用不断突破，系统集成创新能力得到大幅加强。

（二）平台总体集成创新设计能力仍旧较弱

如海洋安全保障船舶大多数是常规船型，船型跟踪国外的理论研究多，应用研究少，缺少船型的原始创新。究其原因，是我国基础研究创新能力偏弱，集成多学科优化技术不被重视，总体设计偏保守等。

二、原材料环节

一是部分主干材料受制于人。如某船用涂料，目前仍使用西方国家的进口产品，虽然国内替代产品已逐渐上市，但在指标和实际性能上与进口产品相比仍有差距。

二是部分合金材料的可选择性不多。虽然某合金技术已成熟，但由于市场价格偏高，仍无法大面积用于船舶的建造中，主要用于某些关键结构的减重，但整体而言可选的范围不多。

三、总装建造环节

（一）基础配套国内采购市场充足

得益于我国巨大的海洋装备市场，一般的海洋安全保障船舶配套设施有丰富的上游配套企业可供选择。且国内的造船厂主要集中于长三角等地区的沿海城市,工业基础好、制造产业较为集中,采购市场大、距离近、周期短。

(二)部分关键部件存在断链和延迟交付的风险

受制于政策机制不优、一流人才偏少、原始创新不足、基础研究薄弱,关键技术短期内无法实现突破,少量核心关键高端产品无法实现国产化生产供应等原因,导致部分海洋安全保障装备的关键部件存在断链和延迟交付的风险。

在国外联合施压和极限制裁的背景下,部分装备机械部件将无法通过进口渠道获得,目前国内机械加工工艺无法实现部件的性能要求;另外,该类部分控制系统的基础软件仍然依赖进口,软件开发能力无法满足控制技术的要求。

(三)国产化替代取得进展,但短板明显

随着国防建设需求的不断升级,未来将有更多的装备进入批量生产阶段,原主要依赖进口的配套关键部件和基础软件,在国产化生产背景下,存在加工工艺和基础软件开发的技术能力无法满足装备批量建设需求的风险。

(四)部分产品单一来源配套国内竞争不充分

海洋安全保障装备的一些重要设备,国内可能存在配套供应商有限,导致国内竞争不充分、供货渠道单一,某些供应商提供的产品存在采购价格垄断、价格降幅有限的问题。另外,若供方上游渠道出现断链,将严重影响配套任务进度,导致交付风险。

四、运维环节

为保证装备的良好状态,维持其任务能力,海洋安全保障装备一般会按照使用年限,定期进行拆检和修理。一般按照坞修、小修、中修和大修4级划分,但大修很少进行,只有为延长其使用寿命,或是装备因其他原因受损严重,才会进行大修。一般情况下都是中修,会在海洋安全保障装备寿命期内进行两次中修,平均下来就是服役10年中修一次。

五、海洋安全保障装备产业链图谱

以船舶为例,海洋安全保障装备产业链包括研发设计、原材料,总装建造、配套和运行维护等环节(见图3-5)。

研发设计环节:国内主要由大型集团下属的科研机构承担,按照职责不同,

▲ 图 3-5　海洋安全保障装备产业链图谱

承担不同总体设计使命。

原材料环节：钢板为主体材料，主要上游企业包括钢铁厂、复合材料厂、有色金属厂、涂料厂。

总装建造环节：主要在大型造船厂建造。

配套环节：主要包括推进系统、船体与船舶装置、电气系统、全舰保障系统和作战系统等方面。

第五节　我国海洋动力装备产业链发展的现状

一、海洋动力装备产业发展现状

（一）船用低速机产业发展现状

国内相关企业积极推动船用低速机的研发制造。在吸收引进专利基础上，我国已研制出具有自主知识产权的中速机新机型，可为我国内河船、沿海船配套。近年来，我国船用柴油机制造企业加大产品结构调整力度，研制并批量生产大功率、大缸径或智能型船用低速柴油机、新型中速柴油机等新型产品，使我国专利船用柴油机国产化研制不断取得新进展。目前，我国已实现了大型集装箱船、超大型油船、超大型矿砂船等船用低速柴油主机的国产化，具备了生产世界各种智能型小缸径低速大功率柴油机的能力,可以生产技术最先进的环保、智能型船用低速柴油主机。2011年前就实现国产化的低速柴油机机型有:大连船柴的7S80MC、8K90MC-C、7RT-ex50、7RTA72UB、7L70MC-C MK8,沪东重机的6K80ME-C、7K90MC-C、7RT-lex68B,宜柴的6RT-ex50B和中船三井的8K98MC等。

中船动力研究院2017年在自主研制的小缸径低速柴油机6EX340的基础上通过高压排气再循环(EGR)技术达到了Tier Ⅲ标准。2020年5月,WinGD与中船动力研究院共同研制的CX40DF在中船动力实现完整性大合拢。该机不仅是世界最小缸径的低速双燃料机,而且是首台应用iCER的低速双燃料机。2020年6月,WinGD和中船动力研究院共同设计的CX52首次应用WinGD的机载SCR设计,在中国船柴(现中船发动机)实现大合拢。2020年由中船三井制造的12X92DF通过九大船级社型式认可。该机额定功率达到了63 840千瓦,是当时世界上最大功率的双燃料机,也是有史以来世界上最大功率的Otto循环内燃机。

我国船用低速机产业规模小,企业数量多,产业组织结构分散,产业集中度低。目前,我国具有1 200万马力的低速机实际生产能力的企业仅有10家左右,相比之下,韩国现代重工、斗山发动机、STX发动机三家企业的低速机生产能力分别为1 400万马力、1 200万马力和900万马力,总计3 500万马力。船用低速机产业具有典型的规模经济特性,我国船用低速机产业规模小、集中度低,难以实现规模经济,企业生产成本较高,在市场价格处于低位的背景下,船用柴油机产业的盈利空间很小。

我国制造的船用低速机全部为引进许可证技术制造的外国品牌产品,侧重制造工艺的研究与应用,在自主设计研发方面基础十分薄弱,还不具备船用低速机的自主研制能力。自主研发能力弱,使得我国船用柴油机产业发展受制于国外企业。目前我国船用低速机二轮配套中,不仅电控部分、轴瓦、气缸盖、气缸套以及中间体等关键零部件绝大部分需要依赖进口,增压器、凸轮轴等产品出于生产能力不足或技术水平落后等原因,也需要从国外进口成品。我国主流船用低速机企业二轮配套本土化率仅为45%~55%。新建的船用低速机制造企业的零部件进口比例更高,有些企业的零部件甚至全部依赖进口,企业自身只对进口零部件进行总装生产。表3-6所示为我国船用低速柴油机产业的发展历程。

表 3-6　我国船用低速柴油机产业的发展历程

时间	特点	代表产品
中华人民共和国成立初期～改革开放(1958—1978年)	自力更生、自主研制。国机国造,摆脱了万吨级船舶主机完全依赖进口的状况	自主研制:6ESD43/82 型柴油机、7ESDZ75/160 型低速机、研制出 300 毫米、430 毫米、580 毫米、600 毫米、750 毫米、760 毫米及 780 毫米 7 种缸径系列的大功率低速柴油机
改革开放～党的十八大召开(1978—2012 年)	为满足国民经济快速发展的需要,引进国外专利技术,1993 年后再无自主品牌低速机生产	引进 MAN-B&W 的 MC/MCC 系列和瓦锡兰的 RTA 系列柴油机许可证
党的十八大以来(2012 年至今)	在海洋强国战略的要求下,启动船用低速机创新工程,形成船用低速机自主化的研发体系和创新能力	自主研制成功的 CX40DF、CX52 船用低速柴油机获得了船级社型式认可和工程化订单

中国船舶工业集团抓住瓦锡兰(瑞士)二冲程低速机设计公司陷入财务危机的重要机遇,在工业和信息化部等国家部门的支持下,于 2014 年 7 月 16 日与瓦锡兰公司签订了合作协议,2015 年 1 月 16 日收购了瓦锡兰公司的低速机业务,更名为 WinGD,并以此为基础开展了船用低速机的创新工程。

在船用低速机创新工程方面,中船集团突破了 100 多项关键技术,实现核心零部件的自主配套,建成世界领先的柴油和双燃料机整机试验验证平台,形成了集仿真设计、先进制造、试验验证、工程应用等多要素于一体的船用低速机研制能力和工业制造的创新体系。其研制成功的 CX40DF、CX52 船用低速柴油机获得了船级社型式认可和工程化订单。同时,中船集团还培养造就了一支高水平的船用低速机研制人才队伍,为我国船舶动力装备发展凝聚了核心力量。

(二)船用中速机产业发展现状

装备强国,动力先行。大功率船用中速机是船舶及海洋装备的核心动力配套设备,是为内河、沿海、近海和远洋船舶、海洋开发以及国防建设提供原动力的关键设备,是国家实施海洋强国战略的基础和重要支撑。

国内船用中速机分为引进专利生产和自主研发两类,自主研发中速机的产量占比在 80% 以上,但主要应用于内河船、渔船和沿海船等,价格是引进专利生产的中速机的五分之一左右。

我国船用中速机制造已经走过 100 多年的历史,因为所处的历史背景和经

济形势的不同,我国船用中速机产业在不同阶段呈现出不同的发展特点。自 20
世纪 50 年代开始,中速柴油机因其热效率高、功率范围广、可靠性高的特点,在
各类民用船舶和中小型舰艇的推进装置及电站中确立了主导地位。我国船用中
速柴油机的发展与我国船舶工业的发展密切相关。中华人民共和国成立以来,
随着我国船舶工业的发展,我国船用中速柴油机的发展大致经历了如表 3-7 所
示的几个阶段。

表 3-7 船用中速柴油机的产业发展历程

时间	特点	代表产品
中华人民共和国成立初期~改革开放(1949—1978年)	引进苏联舰用柴油机,同时自力更生、自主研制	引进机型:M50 高速柴油机、D39 中速柴油机、40D 中速柴油机、9DM 中速柴油机等; 自主研制:E390 中速柴油机
改革开放~党的十八大召开(1978—2012 年)	为满足国民经济快速发展的需要,引进国外专利技术,同时产业也逐步向自主研制转型发展	引进欧美、日本品牌柴油机许可证,如MAN ES、瓦锡兰、MAK、大发; 自主研发:EX340、CS21/32、MV390、CHD622
党的十八大以来(2012 年至今)	在科技自强自立的背景下,船用中速机的自主研制进入高潮,并开启了智能化和绿色低碳转型	新型船舶发动机自主研发:CS6L27智能中速柴油机、CS16V27 中高速柴油机、CS175 高速柴油机、CS21M 甲醇中速机、CS27A 氨中速机、CS23G气体机、ACD320 气体机/双燃料、450双燃料发动机

尤其是改革开放以来,我国船用中速机的产业结构发生了重大转变,发展重
心逐渐由军事需求转向民用领域,为了满足国家船舶工业快速发展的市场需求,
国内引进了一批许可证机型,快速提升了我国船用中速机行业的总装总调以及
供应链配套、服务能力,产品谱系逐步完善。这段时期共引进了包括德国 MAN
ES,芬兰瓦锡兰、日本大发、法国皮尔斯蒂克等多个品牌的中速机许可证产品,
缸径范围在 128~400 毫米,功率覆盖 91~12 000 千瓦,基本满足了我国中速机
的市场需求。2006 年全国科技大会提出自主创新、建设创新型国家战略,发布
了《国家中长期科学和技术发展规划纲要(2006—2020 年)》,纲要的指导方针是
自主创新,重点跨越,支撑发展,引领未来。其中,自主创新,就是从增强国家的
创新能力出发,加强原始创新、集成创新和引进消化吸收再创新。从此,船用中
速机产业也逐步向自主研制转型发展,尤其是党的十八大以来,我国更加坚定了

走自主创新驱动高质量发展的道路。

经过多年引进、消化和吸收,我国船用中速机产业正从"专利引进"向"自主研发、自主品牌"的目标快速转型。"十二五"以来,以中船集团第七一一研究所为代表的企业已成功研制了一批拥有自主知识产权的新型高性能船用中速机产品,例如 CS21、CS23G(气体机)、CS27、ACD320(气体机、双燃料、柴油机)、MV390 等,总体技术水平达到国际先进。这批新型自主大功率船用中速机具有以下特点:普遍采用了电控高压共轨燃油喷射、高增压、米勒循环燃烧等先进技术,整机零部件机械负荷和热负荷承受能力也显著提升,增压器、喷油系统、轴瓦等核心配套件有显著突破,如柴油机增压器最高增压比突破了 5.0,燃油喷射压力最高可达 1800 巴,整机燃烧爆发压力最高达到了 25 兆帕,平均有效压力也达到了 3.0 兆帕,这些技术的应用使得整机燃油的经济性和排放指标均达到了国际先进水平。除此之外,国内潍柴、淄柴、宁波中策、广柴也有自己的中速机产品,但这些产品普遍存在技术水平较低、能耗高、排放差的问题,但由于其价格优势,在我国内河船市场占有绝对的市场份额。

目前,我国国产品牌的中速机产品按缸径划分可分为 10 个系列,缸径覆盖:200 毫米、210 毫米、230 毫米、250 毫米、260 毫米、270 毫米、280 毫米、300 毫米、320 毫米、390 毫米,功率型谱范围可覆盖 90～17 000 千瓦,产品可覆盖远洋、近海、内河、海工、陆用发电等领域的市场需求。

随着国家对船舶大气污染物排放的日益关注,2016 年发布了船舶排放法规 GB 15097—2016,目前已进入第二阶段法规限值的实施。内河、沿海和江海直达船都需要满足最新的排放法规,因此中速机行业都在积极地进行产品排放控制技术升级。

对于远洋船舶,2016 年针对氮氧化物和硫化物污染物排放的法规都已实施,船舶常规大气污染物排放得到了有效限制。随着气候变化,航运业船舶污染物排放也转向了温室气体污染物排放。2018 年 4 月,IMO 通过了温室气体减排初步战略,明确了未来海运业的绿色发展方向,其中要求:以 2008 年为基准,到 2030 年,全球海运平均二氧化碳排放量减少 40%,力争在 2050 年减少 70%;国际航运的温室气体的排放尽快达到峰值,并在 2050 年前将年度温室气体排放的总量至少减少 50%;到 21 世纪末,实现海运温室气体零排放的"三步走"战略。这对用于远洋船发电辅机的中速机而言,绿色低碳转型已是必然趋势。

(三)船用发电机组产业的发展现状

本节重点分析我国船用柴油发电机组成套生产以及发电机、联轴器、隔振装置、控制模块、隔声装置等关键部套件的产业发展情况，及其未来的发展需求、规模和竞争力。

1. 发电机

根据船舶电力系统的要求，船用发电机主要采用交流电励磁发电机，供应商主要为西门子和 ABB 公司，占据了全球 80% 以上的市场份额，一直是受船舶所有人青睐的指定品牌。国内船用发电机制造商主要有山西汾西重工、湘潭电机、上海上电电机、中船现代等。山西汾西重工于 20 世纪末原图引进西门子 1FC6/1FJ6 系列，挂牌生产；中船现代引进的是韩国现代重工和德国西门子 1DB 系列许可证技术。国内自主品牌发电机产品在远洋船舶市场占有率偏低，主要是产品的市场知名度低，全球服务网络不完善，船舶所有人，特别是国外船舶所有人的接受程度低。中船集团第七〇四研究所是国内自主研发船用发电机的代表企业，从 20 世纪 90 年代研发的 1.6 兆瓦交流发电机伊始，陆续主持或参与研制了多型低压交流无刷励磁发电机、中压交流发电机、中压直流发电机等产品，发电机功率最高可达到 20 兆瓦等级。

发电机产业链的上游主要由钢铁、硅钢片、铜排及电磁线、绝缘材料等原材料供应商组成，目前能满足船用发电机的需求，基本全部自主可控；中游产业由研究所、发电机制造企业和主要部套件制造企业组成，低端市场产能相对过剩，中高端市场还存在一定发展空间，特别是高性能、智能化产品的市场需求旺盛，部分产品进口比例高；下游产业由机组成套供应商企业、用户和维修保障企业所组成。随着"碳减排"法规日益严格，行业对高性能、智能化船用发电机的呼声越来越高。

2. 联轴器

联轴器主要生产企业有 Vulkan、Centa、上海大华、杭州前进齿轮箱、重庆齿轮箱等，国际市场主要选用德国 Vulkan 集团的联轴器，其市场占有率在 70% 左右。通过消化吸收国外技术，国内生产的联轴器能够满足工程应用，但是在联轴器轻量化设计方面与国外企业相比有一定差距，橡胶件的原材料仍需进口。

3. 隔振装置

船用柴油发电机组隔振装置一般随机组配套研制、生产、试验，包括单层隔振、双层隔振、浮筏隔振等多种结构形式。目前，在减振要求较高的船上双层隔振形式较为常见，由上层隔振器、下层隔振器、中间基座、隔声罩和接口挠性接管等组成。我国船用柴油发电机组隔振装置的产业链较为成熟，技术水平、质量水平、供货能力均满足行业要求，实现 100% 零部件国产化。

船用柴油发电机组隔振装置上游产业主要是原材料（钢材、橡胶、阻尼材料等）、减振降噪元器件、装置研发设计等，中游产业包括中间基座生产、部套件生产及技术开发、配机、安装、调试、试验等，下游包括柴油发电机组及其他船用辅机设备。隔振器、挠性接管等减振降噪元器件是隔振装置的核心部件，当前国内基于橡胶、金属等材料的减振降噪元器件的技术相对成熟，已经具备较为全面的标准化谱系，也具备了按需进行定制设计的技术及条件，能够满足当前柴油发电机组的应用需求，与国外企业的差距主要在设计能力、原材料品质、新机理创新等方面。

国外生产船用柴油发电机组隔振装置的企业主要有 Loggers、Rubber Design、GERB 等，在民用核电、海工平台等领域有较好的积累和信誉。国内的企业主要有中船集团第七〇四研究所、中船集团第七一一研究所、海军工程大学、衡拓泰兴、南通欣昌、无锡迅达、北京燕拓等。国内企业未来需要在主被动隔振结合、智能材料应用、线谱控制等方面开拓技术创新，突破传统隔振装置固有的弱点，进一步提升柴油发电机组的减振降噪效果。

4. 控制模块

在 2011 年以前，国内多台发电机组并机控制系统一直被科迈、丹控等国外品牌垄断。多台机组并机技术是内燃机发电控制的核心技术。随着国家产业政策的扶持以及企业技术的不断创新，国内发电机组控制器行业快速发展，打破了国外相关技术及市场垄断。目前，参与竞争的企业主要有众智科技、深海、科迈、丹控、孚创、卓辉等。首先，以深海、科迈、丹控为代表的跨国企业凭借技术领先、研发能力强、历史悠久等优势，在中高端市场上占据了较大的份额。其次，国内形成了以众智科技为代表的国产控制器阵营，凭借产品可靠的质量和稳定的性能，具备较强的市场竞争力，逐步实现国内市场对进口的替代。但是，国内控制器生产企业仍需要引进国外高端生产设备来提升发电机组控制器等产品的生产技术水平和产品质量水平，存在一定的"断供"风险。

5. 隔声装置

随着豪华邮轮、游艇等中高端海洋装备的发展，船用发电机组的噪声控制产业逐步发展，世界发达国家的噪声振动控制设备的年均产值以 10％～15％的速度增加。从总体看，我国船用发电机的噪声控制主要通过加装隔声装置来实现，隔声装置的生产配套主要由主机厂的配套企业完成。我国隔声装置产业处于初级发展阶段，行业内小企业众多，小企业生产方式趋同的现象比较普遍，同质化竞争严重，在产品质量以及产能方面都较为落后，存在较大的产业化风险。国产消声过滤生产企业已经在为阿尔斯通、MTU、MDS 等知名动力装备企业提供消声过滤配套服务,具备同国际公司竞争的实力,国内产品具备综合性价比优势,但是由于与国外客户合作的时间较短,国产产品在国际市场的应用还需要一个逐步发展的过程。2022 年 8 月,工业和信息化部等五部门联合发布了《关于加快邮轮游艇装备及产业发展的实施意见》,明确提出要全面推进减振降噪技术应用研究,提高船舶的舒适性和娱乐性,随着国家产业发展政策的进一步落实,行业规范要求的日益提高以及竞争的逐步加剧,将推动隔声装置产业具备先进技术的企业脱颖而出,成为行业的整合者和领导者。

6. 状态监测系统

我国的设备状态监测产业起步较晚,但经过多年的快速发展,该领域从技术理论到应用实践都取得了巨大的进步。随着现代自动化技术水平的不断提高,柴油发电机设计和制造的复杂性大大增加,柴油发电机组作为船舶的关键动力电力设备,一旦发生故障停机,将导致船舶动力电力系统的瘫痪,其可靠性与安全性成为保障经济效益和社会效益的一个关键因素,因此十分有必要对柴油发电机组的运行状态进行实时监测。

7. 发电机组配套设备

船舶发电机组的配套设备主要有水泵、油泵、传感器以及相关仪器仪表等,基于我国工业技术的长期积累与发展,船舶发电机组配套设备的生产已经能够满足船舶发电机组配套需要,但是要进入国际中高端市场,仍需产业链共同努力,提高国际知名度。

8. 发电机组整机成套设备

2020 年,全球船用发电机组市场规模达到了 170 亿元,预计 2026 年将达到 200 亿元,复合平均增长率为 1.7%。船用发电机组领域的生产企业数量众多,行业内仅少数大型企业自产发电机或发动机等用于生产发电机组,大多数企业通过外购发电机、发动机、控制器等进行成套发电机组生产。船用柴油发电机组的国内外主要生产企业有中船集团第七〇四研究所、中船动力镇江公司、陕柴重工、潍柴、卡特彼勒、瓦锡兰、MAN ES,其中卡特彼勒是国际龙头企业,2019 年拥有 16% 的市场份额。我国自主品牌发电机组产品在远洋船舶市场占有率偏低,主要原因是产品的市场知名度低,全球服务网络不完善,国外船舶所有人的接受程度低。

9. 柴油发电机组维保服务

受限于历史发展原因,我国船用柴油发电机组主要用在内河船舶以及近海航运市场,以国内的船舶所有人客户为主,因此柴油发电机组的维保服务在国内网点设置全面、备品备件充足、维修保障及时到位,但远洋船舶市场的占有率偏低,缺乏国际网点布局。

二、海洋动力装备产业链的发展现状

(一)船用低速机产业链的发展现状

船用低速机有 1500 余种零部件,其中影响主机核心功能实现和运行安全的,以及具有高附加值和高经济价值的零部件为关重件。以某典型低速机为例,经统计,占整机成本 85% 以上的约有 25 种关重件。主要有燃油系统、电控系统、增压器、曲轴、轴瓦等。根据船用低速机的研发设计、专利知识产权关系,其中有一部分关重件的研发设计与制造是由专业配套商掌握知识产权,主要有燃油系统、电控系统、增压器、轴瓦、活塞环、传感器与仪表、空冷器、辅助鼓风机和油雾探测器等,其余关重件及零部件均由船用低速机的研发设计企业掌握专利知识产权,由主机制造商(如机座、十字头、连杆、缸体、机架、缸盖、贯穿螺栓、活塞杆等)或专业配套的生产企业制造(如曲轴、缸套、排气阀总成、活塞头、齿轮、密封件、缸套滑油系统、滴水分离器等)。

由低速机设计企业设计、主机制造商制造的关重件,如机座、机架、缸体、缸盖和连杆等,国内具备较强的制造能力,但制造水平和效率与日韩企业相比还有一定的差距。随着自主研发的 6EX340EF 小缸径低速柴油机取得了产业化突破,在小缸径低速机的研发设计技术和制造技术的协同方面国内已达到国外先进水平,通过整机的研发设计和先进、智能制造等关键技术攻关,已掌握机座、机架、缸体、缸盖和连杆等关重件的研制技术,具备自主配套的能力。

由低速机设计企业设计、专业配套生产企业制造的关重件,如曲轴、缸套、排气阀组件等,国内有一定的制造基础,但在新材料和新工艺应用、高指标设计技术等方面与国外有差距。

由低速机设计企业提出技术规格要求、以专业配套商为主进行研制的,比如电控系统、燃油系统、增压器、轴瓦、活塞环、油雾探测器等高价值零部件,是实现低速机自主化发展的短板弱项产品。

增压器是影响低速机功率密度、经济性和排放指标的关键零部件之一,其技术水平是船用低速机技术水平的重要标志之一,设计技术难度大、制造精度高、利润率丰厚,占低速机 6%~8% 的价值量,是低速机的重要利润源之一。国外知名低速机制造商(MAN ES、三菱等)都拥有自己的增压器技术和产品,且不对其他低速机制造商提供技术和生产许可。国内配套低速机的增压器一直依赖进口，导致低速机市场的竞争力削弱，产业发展受限。国外专业低速机增压器制造商以 ABB 一家独大，其技术、产品一直处于行业领先，并采取了技术封锁措施。目前，重庆江增重工研制的船用低速机增压器 CTA140 已完成装机海试，整机压比、排温、爆压等各项指标均达到技术指标的要求。

电控系统是电控型船用低速柴油机和双燃料机的"大脑"和"神经中枢"，是整机的关重件和核心配套，具有高技术密集、高价值的特点，是低速柴油机技术发展的引擎，占低速柴油机整机 10%～15% 的价值量，是低速柴油机的主要利润来源之一。国外低速柴油机电控系统实现了柴油机"第三代"全电子智能控制，由低速机设计企业主导研发和专业配套商进行设计制造，形成垄断。MAN ES 公司最新型的电控系统为 SaCoSone 系统，WinGD 公司最新的电控系统为 UNIC 系统，均能通过一套电控系统共性平台可配置出满足于不同机型的应用系统，但芬兰瓦锡兰拥有 UNIC 系统软件平台和硬件平台的知识产权并控制配套，使得 WinGD 无法完全掌控。其他成熟的中高速柴油机电控系统供应商如贺尔碧格（HOERBIGER）、海茵茨曼（HEINZMANN）等在低速机电控系统领域尚处于起步阶段。目前具有自主知识产权的国产电控系统样件已经完成主要研制工作，并进行了装机海试。

燃油系统是船用低速机的"心脏"，也是其核心关重件及技术标志之一。燃油系统的性能指标是决定船用低速机的性能、能效、排放等技术指标的核心因素之一。燃油系统的结构复杂、高技术密集、设计制造难度大、要求高，价值和附加值高，约占整机成本的 10% 以上，是低速机的重要利润源之一。燃油系统的研发设计与制造长期受国外整机研发设计企业与 L'orange、OMT、博世等专业配套企业的技术与市场垄断。国内一直致力于自主化研制，重庆红江自主研制的燃油系统样件已完成研制和装机试验。

油雾探测器是用来监控柴油机曲轴箱内的油雾浓度以及增长率的实时测量装置，是船用低速柴油机运行监测的必备环节，因而油雾探测器成为船用低速柴油机的关键配套件。当低速柴油机发生故障造成曲轴箱内温度过高或者润滑系统被破坏造成润滑油过度蒸发时会在曲柄箱内形成油雾，过高的油雾浓度存在自燃或者爆炸等安全隐患。因此，对柴油机进行实时监测，能够预防危险事故的发生，且同时可以延长柴油机的在役年限。长期以来，国内油雾探测器市场完全由国外品牌垄断，目前中船集团第七一一研究所已完成油雾探测器样件的研制和装机试验。

活塞环是船用低速机燃烧室核心关重件,其研制技术难度大、加工制造工艺复杂,附加值高,其质量将严重影响低速机的安全稳定运行。在国际活塞环市场,Federal Mogul 一家独大,几乎垄断国际低速机活塞环市场,且对国内实行技术封锁。国内自主低速机的活塞环一直依靠进口或 Federal Mogul 控股合资公司提供。在国家船用低速机工程的支持下,自主品牌活塞环国产样件已完成研制,并完成了平台试验和配机试验。

轴瓦是船用低速机的"心脏",是其核心关重件及技术标志之一,具有高技术、高风险、高附加值的特点,是低速机的关键运动部件和关节,承受并传递着低速机的交变动载荷,对低速机起着十分重要的支撑和动力传递作用。轴瓦以特殊性能适应恶劣及极端工况并保护曲轴、连杆等,轴瓦一旦失效,易导致占主机价值五分之一的曲轴损坏,其性能优劣严重影响并直接决定低速机运行的可靠性、安全性及寿命。世界造机强国均建立了自己的关键核心配套轴瓦研发体系,欧洲有德国 BHW、奥地利 Miba,日本有大同、韩国有大信。轴瓦研制的难度大、制造工艺复杂,存在一定的技术门槛。目前,我国自主品牌中小缸径轴瓦国产样件已完成研制和装机试验。

通过国家船用低速机工程一期,中船集团完成了六型关重件的自主研制和配机试验,实现核心关重件研发的突破。增压器、电控系统和油雾探测器率先装船应用,支撑中、小缸径系统低速机自主配套率由 60% 提升到 80% 左右。但国内大缸径低速机的自主配套能力仍为 60%,而日本、韩国可以做到 95% 以上的配套。

通过对船用低速机产业发展现状的分析,依据产品竞争力可以将关重件分类为优势产品(自主可控)、弱项产品(部分依赖进口)、潜力产品(能生产,性能弱)和空白产品(完全依赖进口),如表 3-8 所示。

表 3-8　船用低速机主要产品自主可控情况列举

产品分类	产品名称
优势产品	机座、机架、十字头、连杆、缸体、活塞头、活塞杆等
弱项产品	轴瓦、增压器、电控系统、油雾探测器等
潜力产品	曲轴等
空白产品	活塞环、设计软件等

(二)船用中速机产业链的发展现状

随着改革开放战略的实施,我国船舶中速机产品重心逐渐由军品转向民用远洋船舶市场,也开始陆续引进一批国外先进船舶配套设备技术,包括增压器、中冷器、滤器、活塞环等零部件的制造技术。作为船舶工业领域的主要技术引进企业,中船集团实施了"引进产品国产化计划",对缸套、凸轮、中速机曲轴、气阀、轴瓦等进行了国产化研制,取得了许多成果,80%以上的引进投产机型国产化率已由最初的 30%～40% 达到或超过 80%,有的甚至已达到 95%。

进入 21 世纪,世界船舶市场火爆,我国船舶工业也迅速发展,在庞大的市场需求驱动下,我国船舶发动机产业快速发展,产能规模逐渐扩大,并再次掀起了一轮技术引进和合作热潮。但与以往不同的是,这次市场主体不仅包括国有大型企业,更多的是民营、外资等非国有资本的加入。

21 世纪以来,随着我国新型船用中速机的自主研制进程的推进,也带动了关重件配套产业的快速发展,零部件企业的研发条件、试验手段、人才队伍都有了快速进步。各生产企业通过许可证引进及国产化攻关,形成了自有的一套生产制造模式和配套体系,机体、曲轴、连杆、缸盖等中速机主要关重铸锻部件的自主供应能力快速提升。高压共轨、电控系统、增压器、排放后处理系统、燃气喷射阀、电子调速器等核心配套件打破国外垄断,自主研发和制造能力不断增强,其中如中船集团第七一一研究所自主研制的电控高压共轨喷射系统的最高喷射压力达到 180 兆帕;重庆跃进研制的性能轴瓦刚背材料屈服强度达到了 350 兆帕,比传统的材料提升了 30%;重庆江增重工自主研制的 JTH 系列增压器最高压比达到了 4.7,CTA 系列增压器最高压比达到了 5.5。这些高端配套件的部分产品已进入中高端市场,中速大功率柴油机装机国产化率最高可以达到 98%。

通过对船用中速机产业发展现状的分析,依据产品竞争力可以将关重件分类为优势产品(自主可控)、弱项产品(部分依赖进口)、潜力产品(能生产,性能弱)和空白产品(完全依赖进口),如表 3-9 所示。

表 3-9　船用中速机主要产品自主可控情况列举

产品分类	产品名称
优势产品	曲轴、机体、滑油系统、缸盖、连杆、凸轮轴、水套、冷却系统等
弱项产品	密封件
潜力产品	燃油燃气系统、电控系统、增压器、调速器、活塞环、气阀部件、轴瓦等
空白产品	设计软件

（三）船用柴油发电机组产业链的发展现状

船舶柴油发电机组是技术含量较高和附加值较高的船舶配套设备，涉及内燃机、电机、自动控制、减震降噪、材料、机械制造等多个专业。船用柴油发电机组的核心组成部件包括中（高）速柴油机、发电机、联轴器、机组控制箱、隔振器等，发电机作为机组的核心部件之一，主要由定子、转子、轴承、冷却器、励磁装置等组成。对于豪华邮轮、游艇等中高端市场往往还需要配备隔声罩以降低机组噪声，此外，随着《智能船舶规范》的推广，高附加值船型普遍为柴油发电机组配备了状态监测系统，实现柴油机状态的实时监测、诊断和辅助维修。

我国船舶柴油发电机组研制起步较晚，从20世纪80年代起经历了引进技术试制到自主创新的发展过程，尤其是党的十八大以来，在自主可控战略指导下，船舶柴油发电机组的国产化率不断提高，船舶配套业的水平显著提升，有效支撑船舶产业的持续健康发展。当前，我国已经建立了涵盖船用柴油发电机组及部套件的设计研发、生产制造、使用维护等全产业链体系，已经逐步掌握了船舶柴油发电机组的主要技术，产品大部分技术指标已经可以达到国际先进水平。

实现柴油发电机组的实时状态监测是我国先进装备制造业和传统工业自动化升级的重要一环。目前，我国应用于柴油发电机组的设备状态监测系统的研发生产体系已基本建立，供货链完整清晰，大部分配件与设计均可以自主国产。但是国产监测系统在关键部件上仍依赖进口，设备电路板的核心板出于性能与功耗的考量选择了三星等国外电子厂商的芯片；监测系统的配套软件同样处于起步阶段，只有将智能分析以及大数据存储等先进技术嵌合到软件当中，才能满足当今发电机等设备对于监测智能化的需求，云技术与芯片产业链的支持对于该系统的发展至关重要。客观上，我国在设备状态监测系统的应用方面，已远滞后于国外发达国家的先进水平，目前该技术尚未大范围应用于船舶柴油发电机的状态监测。在未来，如果能够实现上、中游产业链的完全自主，依托国内广大的市场需求和完整产业链，产品将可以大幅降低成本，这将是我国产品与外国产品竞争的主要优势。在获得足够的国内市场后，海量的设备数据将有助于系统维护与企业加快智能分析的研发，从而抢占高端市场，并形成技术壁垒。

通过对船用发电机组产业发展现状的分析，依据产品竞争力可以将其关重件分为优势产品（自主可控）、弱项产品（部分依赖进口）、潜力产品（能生产，性能弱）和空白产品（完全依赖进口），如表3-10所示。

表 3-10　船用发电机组主要产品的自主可控情况列举

产品分类	产品名称
优势产品	隔振装置
弱项产品	发电机、联轴器、电子调速器、机组控制器、隔声罩
潜力产品	发电机控制模块
空白产品	设计软件、芯片

三、海洋动力装备产业链发展面临的问题

(一)船舶低速机产业链发展面临的问题

2015 年,中船集团成功收购瓦锡兰旗下的低速机业务,随后在上海成立了中船温特图尔发动机公司,为提升中国船用柴油机研发、设计、制造、服务全产业链的能力与水平奠定了基础。总体来看,我国船用低速机的自主研发仍然依赖瓦锡兰的研发体系、标准规范和数据知识库,其关重件的研制配套能力仍有较大的提升空间。

1. 供应链方面

船用低速机的产量小,零部件可靠性要求高,回报周期长,受制于生产企业自身的技术能力、专利商或主机制造商在早期工艺认证时选用唯一厂家、核心部件由供应商自主设计制造、无技术图纸等种种原因,导致部分船用低速机的关键零部件通常由单一供应商供应。比如,燃气用防爆门由贺尔碧格供应,堆焊材料仅由 SMC(美国)焊材供应,预燃室和排气阀杆、毛坯由韩国企业供应。喷油器、引燃器、燃气压力调节装置的核心部件设计存在技术屏蔽,并且很多零部件不能满足全系列机型要求。目前,轴瓦由外资企业供应,最大只能做到 72 毫米缸径发动机;气缸套方面,国内制造商最大只能做到 82 毫米缸径发动机;曲轴毛坯方面,国内制造商最大只能做到 72 毫米缸径发动机。

2. 技术链方面

船用低速机的开发周期长、试验验证费用高昂,产品以订单式定制化的生产为主,核心数据库难以短期完成积累。产品升级换代、技术迭代更新的速度较慢,所需投入力度大、周期长。

船用低速机关重件配套企业自主研发的主动意愿不强,习惯性维持按图生产模式。一方面,关重件的研发需要较大的投入资源,企业一直以来的生产模

式,其利润不足以支撑研发活动;另一方面,企业负责人的考核主要以年生产总值为主,研发任务往往不是业绩考核的主要指标。

船用低速机的技术体系尚未完全建立,产业链的各个环节上都有断点或短板弱项,从基础技术(材料、表面技术、标准和规范)、工业软件、传感器、测试设备/仪器到关键技术的掌握能力、关重件自主能力、整机总体开发能力等各个方面,都有不同程度的薄弱环节。

3. 价值链方面

低速机目前以专利授权的生产方式为主,自主品牌刚起步,有初步效果,但无法从总体上掌控低速机产业链的市场地位,特别是关重件不能自主生产,在业界话语权不够。党的十八大以后,经过国家组织的大量科研投入,一定程度上解决了关重件的有无问题,部分关重件实现了从 0 到 1 的突破。但由于缺乏一定市场规模的支撑,科研成果转化能力弱,没有实现从 1 到 10,甚至到 100、1 000 的落地转化,产业链自身无法形成良性循环运行。此外,一些关键技术没有完全掌控,基础/共性技术的研究与工程实践应用的需求之间还存在一定差距。

同时,"国船国配"尚未得到有效执行,船舶运营方、船厂、主机制造商从各自的利益出发,无序竞争,甚至借机压价,打价格战。国内主机制造商的技术升级较慢,制造工艺技术水平不高,存在低水平的重复竞争。尽管部分关重件实现了从 0 到 1 的突破,但由于可靠性、质量稳定性长期得不到解决,丧失了装机验证机会,导致产品可靠性的提升缺乏支撑载体。自主品牌船用低速机尽管有所突破,完成了样机研制,取得了市场合同订单,但也仅是中、小缸径的三型机(340毫米、400 毫米和 520 毫米缸径),型谱不全,尚未实现产品的系列化,市场应用的规模尚小,品牌尚未获得国际市场的认可。

(二)船舶中速机产业链发展面临的问题

近年来,随着市场需求的稳步提升,以及新型高性能船用中速机的自主研制,我国船舶中速机产业链的研发和配套能力得到了长足的进步,但由于受自身产业的发展情况等各种因素的影响,国内船用中速机产业链的发展与国外相比还存在一定的差距。

1. 供应链方面

目前,我国船舶中速机的生产企业众多,地域分布广泛,产能分散,企业规模和研发生产能力参差不齐。船用中速机的整机市场呈现两个极端:远洋船、工程船、特殊用途船等中高端市场几乎全部为许可证生产和进口中速机产品配套;内河和沿海运输船的中低端市场几乎全部为国产低端中速机的产品配套。

造成目前我国船舶发动机企业众多、产能分散的根源在于船市鼎盛时期大量后来者的盲目进入,新进入的企业纷纷引进同类甚至相同的专利技术和产品,导致内部竞争日趋激烈。零部件方面,配套企业对船用中速机产品的定位不清晰,导致部分零部件供应产能过剩,部分零部件供应商稀缺,产业未能形成规模效应、整体的盈利能力不强,限制了整个船用中速机产业链的高质量发展。以机体和缸盖等铸件为例,陕柴重工、中船镇柴、沪东重机都能生产,但产品的需求不多,存在产能过剩现象。而技术难度大的曲轴,目前以中车资阳机车和武汉船用机械为主,机带泵以重庆跃进为主,产能存在不足,供货周期非常长。

2. 技术链方面

党的十八大以来,随着新型船用中速机产品自主研发项目的实施,国内企业基本形成了自主研发能力,可以较好地满足技术研究、机型开发的需要,但是国内船用中速机整机研发的数字化平台依赖国外软件的情况很严重,数字化样机和性能样机基本基于 PTC、Gamma、AVL、达索等国外软件公司构建,存在一定的风险。

另外,国内二轮配套件企业的专业化程度仍不高,难以满足高性能自主品牌中速机产品的需求。关重件锻铸件材料及工艺、可靠性等基础技术薄弱,在零部件表面材料及改性强化等先进工艺方面与国外有差距,如国外曲轴圆角强化相关技术成熟,已批量应用在 MTU8000 等成熟机型上,而国内在大型曲轴圆角强化工艺方面的研究较少,制约了高强度零件的设计制造。

通过多年的发展,我国虽然已经基本建立了核心关键配套件的供应链和自主研制能力,但在配套自主品牌中速机产品的过程中,普遍暴露出配套企业重研发制造、轻批量生产、零部件质量的稳定性和一致性不高的问题,如高压共轨、增压器、轴瓦、活塞环核心配套件与国外的先进产品相比,其关键技术指标、寿命、可靠性、质量稳定性等方面都存在一定差距。如当前国外增压器产品的压比可达 7,效率在 70% 以上,国内增压器产品的压比仅为 5.5,效率约 66%;高压共轨系统方面,国外已经有 2000 巴以上共轨压力、多次喷射共轨系统产品应用,国内共轨压力为 1600 巴,尚未形成多次喷射能力等。此外,高性能轴瓦等配套零部件的寿命及质量的稳定性也明显不如国外产品的,严重影响了整机的可靠性。

高指标自主品牌新机型的研发离不开关重件的同步技术创新,这样才能保证整机各项指标的先进性。目前,中速机配套企业与研发机构、总装企业之间尚未形成创新共同体,缺乏新产品和新技术研发设计协同与合作,配套企业没有足够的资金和专业技术人员投入到新产品的研发之中,往往导致新机型开发时得不到配套企业的快速响应,只能选择国外配套企业的产品。

另外,船用中速机面临的外部环境复杂多变,比如环保法规趋严带来的新技术、新产品的需求,配套企业核心关键配套件的前瞻性技术研究和储备不足,往往是被动满足专利商和总装企业的要求,产品研发和推出的速度滞后于市场需求。总之,船用中速机的整机研发依赖国外软件,二轮配套专业化程度不高,创新活力不足。

3. 价值链方面

船用中速机产业链中有两类配套件产品,优质供应商较为稀缺。

一类是高性能船用中速机配套的增压器、轴瓦、活塞环、喷油器、控制系统等高附加值配套件,这类配套件的共同特点是需要在高温、高振动、往复摩擦等恶劣环境下稳定可靠工作,整机对这类配套产品的技术要求极高、设计开发难度大,需要长期开展材料、工艺基础的研究才能形成成熟产品,这类产品的技术开发难度大、产品投资周期长、投资回报率低(中速机销量有限),因此国内有意愿投资的企业不多,这类产品基本被少数欧洲企业垄断。

另一类是高性能船用中速机配套的 O 型圈、高温螺栓、高温垫片等高温环境下的密封件。这类配套件产品的价值极低,国内企业愿意投资研发这类产品的非常少,因此国内高性能中速机产品高温工作环境下的密封件几乎依靠国外企业。总之,高附加值配套件和低价值配套件都缺乏隐形冠军企业。

4. 自主可控方面

船用柴油发电机组的部分核心配套件仍依靠进口,自主可控存在一定风险。当前,除 270 系列船用中速机等少数自主产品以外,新型船用中速机 CS21、CS23G、ACD320、MV390 系列机型所采用的共轨燃油系统、点火系统、增压器、控制系统、活塞环、气阀、轴瓦、起动马达等核心零部件主要还是进口产品。核心零部件的高性能材料、电控芯片等关键电子元器件等尚未实现完全自主研发,依靠国外技术和产品,产业链仍存在一定风险。

(三)船用柴油发电机组产业链发展面临的问题

受国际经济增速放缓、贸易摩擦以及地缘政治等因素影响,国内船舶配套面临接单难、盈利难等困境。绝大多数配套企业走的是"低端路线",企业竞争十分激烈。这种"低端难存活"的局面是阻碍船配业发展的主要问题。不瞄准未来高技术船舶发展的需求,如果继续集中在低端领域竞争,就会导致产能过剩,同时,随着船舶产品不断升级,在全船中普通船用配套设备所占的价值比例将会更小。发电机组作为船舶供电系统的关键设备,是高端船舶配套的核心技术体现。

自党的十八大以来,我国出台了一系列规范、引导、鼓励、规划芯片产业发展的政策,芯片自给率得到显著提高。但是,受新冠疫情、中美贸易摩擦等因素的影响,国内在芯片专利、设计、制造装备等方面存在的堵点问题凸显,制约了国产芯片产能的提高,尤其是高端产品严重不足,已阻碍了国产柴油发电机组等高性能产品的生产制造,同时,由于国际市场的份额较低,国内船用柴油发电机组成套商出于成本考虑,未能构建全球高效的维保服务网络。

未来无人船、智能化船舶要求发电机组必须具备准确观测自身状态的手段和方法,具备健康评估和故障预测的功能,以保证其长期高效运行。ABB公司已实现在低压电机上贴装ABB Ability智能传感器捕捉电机运行参数以及状态参数的技术突破,通过对低压电机的智能状态监测,实现了预防性维护的目标,降低了发电机的全生命周期运维成本。在国内,适用于无人船、智能船舶发电机组的故障监测和智能传感技术仍在探索阶段,相关产品与国外存在较大差距,目前没有能够实现完全自主可控的船用发电机组智能故障检测和诊断系统。

此外,我国基础软件发展起步较晚,发电机组的整机设计与仿真分析软件严重依赖国外,基础理论研究人员、软件设计及开发人员、用户未能有效组织结合,是制约我国自主研发基础仿真软件、数字化设计平台软件发展的关键问题。此外,我国在船用发电机组核心部件的性能和可靠性方面与国外产品存在较大差距,例如大型曲轴圆角强化、橡胶减振器通用质量特性的抗老化、耐油性、阻燃性等方面相关指标有待提升。

总之,随着市场需求的稳步提升,以及新型高性能发电机组的自主研制,我国船用发电机组产业链的研发和配套能力得到了长足的进步,但与国外相比还存在一定的差距。

1. 供应链方面

船舶柴油发电机组在供应链各环节已经基本实现了国产化替代,各类原材料、部套件、仪器仪表、生产工具基本均有国产产品可供选择,且产能较为充足,总体上对外依存度不高。目前,供应链上尚未完全摆脱进口的是少量原材料、传感器、电子元器件和芯片,具体包括用于制作联轴器的橡胶材料、用于制作管系的B10铜管以及用于制造电子调速器、自动电压调节装置等控制模块的中央处理器(CPU)、内存芯片,状态监测系统中的高精度传感器、高速采样芯片等元器件等。另外，虽然一些国内制造商也研发了传感器、芯片等相关替代产品，但是与国外产品相比，国产芯片的价格较高，相关元器件在稳定性、环境适应性等参数方面仍存在一定的差距。

2. 技术链方面

自改革开放以来，通过引进、消化、吸收，我国已经逐步掌握了船舶柴油发电机组的主要技术，大部分产品的技术指标已经可以达到国际先进水平。但是，发电机组相关的设计与仿真分析软件，例如电磁场仿真、多物理场耦合仿真软件等目前仍依赖国外软件；状态监测系统设计软件，包含原理图设计、印刷电路板设计、软件开发、集成部署等各个环节的设计开发环境依然被国外厂商控制，对外依存度较高。同时，由于前期主要采用技术引进的方式提升行业技术水平，国内掌握的技术专利数量不多，缺乏核心的技术优势，比如山西汾西重工在西门子1FC6 的基础上开发的 TF 系列发电机，镇江中船现代自主开发的 HFC 和 ZFC系列，实船配套应用量远不及西门子、ABB 品牌的发电机组，除了品牌认知度上的原因外，在功率密度和可靠性等技术性能方面也存在一定的差距。另外，国产船用发电机组控制模块尚缺失一些先进功能，例如国产自动调压装置产品信号采集手段单一、处理模式及功能相对简单，国产电子调速器尚未实现机组恒频均功能，市场上暂无用于实现机组间更小负载分配差度的国产负荷分配单元以及用于实现机组隐性故障保护的国产保护模块。需要指出的是，国产船用发电机组产品的整体工艺水平也有待提升，在工艺要求、工艺控制、先进工艺应用等方面与进口产品相比存在不足，制造工人的平均技能水平与发达国家的相比仍有差距，在一定程度上也会影响产品的质量稳定性和可靠性。

3. 价值链方面

受市场定位等因素影响，国内船用发电机组的市场竞争较为激烈，产能较为分散，中小型企业众多。由于手中掌握的有价值的专利技术数量有限，产品价值转化率不高，未能形成生产高附加值船用发电机组产品的龙头企业。同时，由于产品利润率不高，国产产品的质量往往与进口产品也存在差距，在高端市场上应用较少。以发电机为例，发电机装船市场呈现两个极端，远洋船、工程船、特殊用途船等中高端市场以进口发电机品牌配套为主，内河和沿海运输船的中低端市场几乎为国产低端产品配套，价格低廉，整体的盈利能力不强。类似的情况同时也出现在电子调速器、励磁控制器、PLC 等关键控制模块，这类控制模块虽有国产产品，但由于起步较晚，产品的可靠性和故障率尚未得到市场的充分检验，市场认可度与进口产品相比仍存在较大差距，用户基于保障船舶供电连续性的考虑，即使在选用柴油机、发电机等大型部套件时采用国产产品，对于上述关键控制模块，往往仍会指定采用进口产品。

四、海洋动力装备产业链图谱

基于行业调研信息，本书以船用低速机、船用中速机、船用发电机组为例绘制了产业链图谱，如图 3－6 所示（各产品的供应商信息在此不公开），以便了解产业链自主可控情况概貌。总体来看，海洋动力装备的原材料、装配制造、运营维护以及船海服务环节自主可控情况较为良好；部分关键原材料、部分装配制造工艺、调试能力等方面与国外相比有差距；海洋动力装备的整机研发设计能力并不乐观，船用低速机和中速机产品的自主创新研发方面仍有不足，设计软件依赖进口；在海洋动力装备的配套产品方面，低速机和发电机组的部分关重件依赖进口，中速机部分产品的性能与国外产品相比尚存在差距。

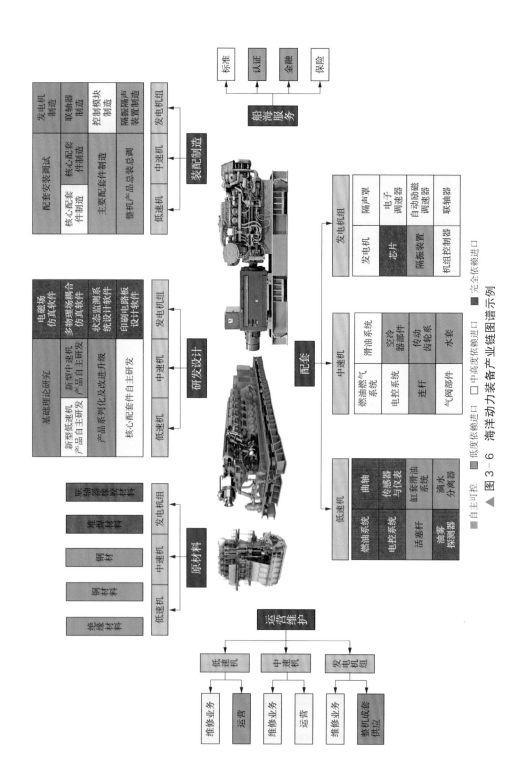

▲ 图 3 − 6 海洋动力装备产业链图谱示例

■ 自主可控 ■ 低度依赖进口 □ 中高度依赖进口 ■ 完全依赖进口

第四章

我国海洋装备产业链的发展机遇与挑战

本章首先分析在国际能源转型、"碳减排"等背景下,海洋运载装备、海洋油气装备、海洋安全保障装备、海洋动力装备领域产业链发展面临的国内外新燃料动力需求增加、绿色化智能化船舶及海工平台等新型装备技术研发、与国外并跑有望实现换道超车等战略机遇;其次,基于国内的发展现状,梳理海洋运载装备、海洋油气装备、海洋安全保障装备、海洋动力装备领域产业链发展面临的供应链自主可控、技术创新研发、全球售后服务网络建设、自主品牌发展等方面的挑战;最后,分别理清限制海洋运载、海洋油气、海洋安全保障、海洋动力四大装备领域产业链高质量发展的主要因素,以期提出有针对性的举措和建议。

第一节　我国海洋装备产业链发展的战略机遇

一、海洋运载装备产业发展的机遇

(一)国际机遇

海洋运载装备产业是专为水上交通提供技术装备的现代化、综合性、战略性产业,不仅是构成国家高端装备制造业的关键基础,也是建设海洋强国的重要支撑。

受科技革命、产业变革加速融合的驱动,船舶工业处于转型发展的关键时期。国际产业分工、生产格局出现了深刻调整,对具有高度国际化特征的船舶工业科研、生产、经营等活动构成重大挑战;第五代移动通信(5G)、大数据、人工智能(AI)等信息技术的发展和应用迅速,加速了船舶工业数字化、智能化转型进程;IMO 的航运业温室气体减排战略、我国"双碳"目标,都驱动新型动力、零碳船舶成为船舶工业发展的重要方向;随着海洋开发加速向深远海、极地区域拓展,对海洋运载装备提出更高的技术要求。总体上,"安全、绿色、智能、高效"成为未来一段时期海洋运载装备产业的发展目标。

（二）国内机遇

经过几代造船人的共同努力,我国海洋运载装备已经实现了从无到有、从小到大的跨越,产业规模稳居世界第一,在研发设计、关键原材料、总装建造、核心配套方面,形成了较为完善的技术体系和配套能力,研发设计能力不断增强。

我国海洋运载装备产业拥有包括总体设计、关键原材料、总装建造、关键配套等在内的一系列技术体系,历经多年发展形成了完善的产业格局,涵盖船舶与海洋工程高等教育、船舶与海洋工程研究、总体设计与总装制造、信息与通信导航、动力与配套机电等主要领域。我国海洋运载装备产业发展迅速,已形成先进的总装建造和系统集成配套能力,实现了由技术引进向自主创新的根本性转变;但长远发展面临的瓶颈问题未能缓解,"两头在外"的产业发展风险较大。海洋强国战略和"双碳"目标的提出,将驱动海洋运载装备产业转型升级,并对产业发展产生深远影响。

我国海洋运载装备产业的发展迎来了历史性机遇,当前是我国海洋运载装备产业从"大规模"转向"高质量"发展的关键时期,全面提升三大主力船型、LNG 运输船、邮轮等装备的质量效益,夯实海洋运载装备产业高质量发展的基础,成为新时期船舶工业发展的重点任务。

2021 年两会期间发布的《中华人民共和国国民经济和社会发展第十四个五年规划和 2035 年远景目标纲要》为海洋装备产业"强链"发展指明了方向,以提升船舶与海洋工程装备全产业链竞争力;2023 年中共中央政治局发布的《中央经济工作会议》也明确了海洋装备产业"补链"的重点任务,指出增强产业链自主可控能力;2021 年工业和信息化部发布的《"十四五"信息化和工业化深度融合发展规划》确立了海洋装备产业"固链"的重点领域,聚焦优化提升船舶工业全链条的质量效益,随着国际对碳排放的日益关注,"双碳"目标的提出对海洋运载装备产业链发展提出了新的要求,我国海洋运载装备产业链的发展面临向"安全、绿色、智能、高效"转型升级的需求与机遇。

二、海洋油气装备产业发展的机遇

国际市场上,在全球能源绿色低碳转型的大趋势和"双碳"目标的引领下,随着全球经济复苏和国际油价上涨,各国对海洋能源资源开发利用的需求逐步增加,为海洋油气装备制造行业带来广阔的市场需求空间。随着深水油气勘探技术的进步和油价的回升,深水油气开发将成为未来海洋油气开发的重要方向,深水油气开发项目的实施将带动浮动或半潜水式钻探或生产平台、FPSO 等高端海洋油气装备的需求。

为了加快海洋油气装备制造业的发展,国家出台了一系列政策措施,为行业发展提供政策支持。例如,2015 年国务院发布的《中国制造 2025》将海洋工程装备制造业列为重点发展领域之一,并提出了具体的目标和任务;《中华人民共和国国民经济和社会发展第十四个五年规划和 2035 年远景目标纲要》明确提出要加强海洋工程装备制造业的自主创新能力和国际竞争力;2018 年自然资源部和中国工商银行联合发布的《关于促进海洋经济高质量发展的实施意见》提出要加快推进海洋工程装备制造业转型升级和绿色发展;2015 年《国务院办公厅关于促进跨境电子商务健康快速发展的指导意见》提出要支持沿海地区开展跨境电子商务综合试验区建设,推动海洋工程装备制造业开拓国际市场等。

人工智能、大数据、云计算等新技术的发展,将为海洋油气装备制造业的发展带来新的技术突破和发展机遇。提高海洋油气装备的智能化水平的同时,有助于降低海洋油气装备的生产成本和运营风险,提升海洋油气装备的性能和生产效率。例如,人工智能技术可以实现海洋油气装备的自主控制和优化调度,提高海洋油气装备的作业精度和安全性;大数据技术可以帮助实现海洋油气装备的数据采集和分析,提高海洋油气装备的故障诊断和预测能力;云计算技术可以实现海洋油气装备的远程监控和管理,提高海洋油气装备的协同作业和资源共享能力。

三、海洋安全保障装备产业发展的机遇

人工智能技术是引领未来的新型战略技术,是驱动新一轮科技革命和产业变革的重要力量。习近平总书记多次做出重要指示,强调"要深入把握新一代人工智能发展的特点,加强人工智能和产业发展融合,为高质量发展提供新动能"。

近年来,人工智能技术日益向军事领域渗透,智能技术正在以前所未有的速度与广度向前发展,智能化革命的大幕已经开启,海洋安全保障装备智能化发展的历史机遇已经到来。当前,世界主要国家正在抓紧规划布局相关产业的发展,企图抢占未来海上竞争的制高点。我国近年来同样重视这一发展方向,但仍存在一定差距。因此,加快海洋安全保障装备智能化产业发展布局、加大研发力度,是推动海洋安全保障装备产业链系统和产业生态创新升级的迫切需求,更可能是实现"弯道超车",形成与海洋强国在海洋安全保障装备领域并跑甚至领跑的重要途径。

四、海洋动力装备产业发展的机遇

Acumen Research and Consulting 在报告中称,航运业的变化趋势和全球海上贸易额的增加将推动船用发动机市场的发展。预计在 2019—2026 年的预测时间框架内,全球船用发动机市场将实现复合年均增长率达 4.5％以上,并在 2026 年达到市值约 144 亿美元的目标。中东船用发动机行业将在 2025 年实现重大发展,市值将超过 8 亿美元。

世界船用发动机技术呈现大功率集成化、结构紧凑模块化、智能自动化、高效节能低排放及安全可靠长寿命的发展趋势,节约能源和减少排放是当今两大热点话题,低排放已成为推动当今船用发动机发展的第一驱动力。要实现航运业温室气体减排,最重要的措施是发动机"碳减排"。从 20 世纪 90 年代到现在的 30 多年间,船用柴油发动机的热效率提高了 10％左右,内燃机是能量转换中最高效的,在未来很长一段时间里,内燃机在航运业中的主导地位不会发生太大变化。

随着世界船舶工业的不断进步、科技的不断发展和创新,全球船用发动机制造商纷纷加大技术研发力度,不断研发船用发动机新技术和新产品,通过技术创新提高船用发动机的节能、环保性能,在改善发动机燃料高效燃烧过程、排放控制及尾气后处理技术、新型替代燃料及船舶动力能量综合利用技术开发与应用等方面,进行了大量的技术创新和改进提高。在国际海事组织严苛的"碳减排"政策驱动下,海洋动力装备产业发展方向产生了重大变化,船舶动力装置向节能环保能源以及混合装置方向发展,为我国开辟海洋动力装备新赛道带来了机遇。

第二节　我国海洋装备产业链发展面临的挑战

一、海洋运载装备产业领域

（一）产业链供应链有待完善

随着我国海洋装备研发水平和国家工业基础能力的不断增强，在部分领域已经具备了技术攻关的基础和能力，面向海洋运载装备产业高质量发展需求，还需要从以下三方面完善产业链供应链：首先，部分产品由于可靠性、售后服务、生产成本等问题，产品停留在样机或工程示范阶段，产业化发展遇到瓶颈，目前只能依靠国外供应链，例如导航产品、动力定位系统等；其次，受市场规模和需求变动的影响，产业链供应链发展缓慢，例如豪华邮轮目前接单量较少，尚未形成规模效益；最后，顶层规划不足，对海洋运载装备产业链供应链发展的政策支撑和引导不够，例如液氢海上运输装备，日韩在政府和船厂的共同推动下实现了实船建造，相关产业链供应链初步形成，但由于我国尚未开展相关的研究或示范项目，产业链供应链仍为空白。

由此看来我国亟待加快海洋运载装备短板设备的研发与产业化，提升供应链的安全与韧性。当前，我国部分海洋运载装备的关键设备或重要核心部件技术差距较大或者空白，导致完全依赖国外进口产品，比如原油运输船的货油泵、极地运输船的吊舱推进装置等专用设备系统虽然实现了自主研制，但没有得到实船充分应用验证，没有形成品牌效应，市场竞争力弱，难以推广应用；吊舱推进器、LNG专用设备、豪华邮轮配套设备等尚未完全攻克核心技术，仍需依赖进口，削弱了我国在LNG运输船、豪华邮轮等高端船型领域的国际竞争力。

在压载水处理系统、波浪升沉补偿装置、特种推进器、惯性导航等设备的高精密部件、元器件等核心部件方面，均存在技术差距较大，尚不能实现国产替代的问题。通信导航及自动化控制等关键系统和雷达、船用泵等核心设备均依赖进口，我国自主研制的技术指标不先进、产品质量有待提高，难以实船应用。LNG运输船和邮轮将是未来海洋运载装备的主力船型，与国民经济的发展密切相关，LNG运输船货物处理及围护系统等关键设备系统处于加快研发阶段，邮轮建造起步晚，大量的关键技术与设备依赖进口，不利于产业发展。

(二) 技术链创新能力亟待提升

技术链决定产业链和价值链,是对应于产业链各环节,物化于产品(生产)中的各种技术束,依据上下游关系连接成链,技术链反映了产业各环节上的技术壁垒,决定了产业竞争力。面向海洋运载装备产业高质量发展,一大批关键技术短板需要突破和提升(见表4-1)。比如,邮轮关键原材料技术仍处于国外企业垄断阶段,国内处于起步发展阶段;LNG运输船货物围护系统的原材料技术处于部分掌握阶段,LNG运输船货物围护系统及货物处理系统的总体设计技术仍被国外企业垄断;邮轮总体设计技术方面,国内企业具备一定的自主设计能力,多数技术源自引进。

表4-1 我国海洋运载装备产业链技术瓶颈清单

关键技术	我 国 现 状	
总体设计技术	大型甲醇/氨燃料舱布置技术	国内处于起步阶段
	大型甲醇/氨燃料船型风险评估技术	国内处于起步阶段
	重型破冰船研发技术	国外垄断,国内处于起步阶段
	冰水池试验技术	国外垄断,国内处于起步阶段
	LNG运输船货物围护系统设计技术	国外垄断
	LNG运输船货物处理系统设计技术	国外垄断
	邮轮安全返港技术	国外垄断
	邮轮美学设计技术,包括外观与内装设计技术、色彩与光环境设计技术等	国外垄断
	邮轮振动与噪声控制技术	国外垄断
	邮轮重量/重心控制技术,包括轻量化设计、特殊及异形结构设计技术等	国外垄断
	邮轮替代设计技术	国外垄断,国内处于起步阶段
关键原材料技术	LNG运输船货物围护系统原材料制造技术	国内部分掌握
	邮轮内装材料防火技术	国外垄断,国内处于起步阶段
	邮轮内装材料轻量化技术	国外垄断,国内处于起步阶段
总装建造	邮轮总装建造管理技术,包括邮轮项目界面管理、设计管理、进度管理、成本控制管理和质量管理等技术	国外垄断,国内处于起步阶段

（续表）

关键技术	我 国 现 状	
关键配套技术	通信导航及自动化控制系统配套技术	国外垄断，国内处于起步阶段
	LNG 运输船货物处理系统及设备配套技术	国外垄断，国内处于起步阶段
	LNG 运输船货物围护系统及设备材料配套技术	国外垄断，国内处于起步阶段
	邮轮动力系统配套技术	国外垄断
	邮轮通信导航配套技术	国外垄断
	邮轮人员疏散仿真技术	国内处于起步阶段
	邮轮卫生防疫配套技术	国内处于起步阶段

（三）全球服务与品牌建设有待完善

海洋运载装备对配套设备的可靠性要求高，并需求设备商提供 24 小时全球服务保障，以实现全球无忧航行。目前，我国海洋运载装备的关键配套设备主要来源于引进技术或合作生产，企业基本能满足交付安装调试和培训服务要求，本土化配套产品的售后服务却长期依赖技术引进方或合作伙伴的全球服务体系。

随着工业化与信息化的深度融合，船舶工业逐步向服务型制造转型，制造和服务的关系更加紧密，发展服务型制造将是船舶工业转型升级的主要方向。目前，我国船舶工业尚未建立起全球服务网络，仅有个别企业建有少量国外服务站点，部分服务还通过从国内派工程师的方式完成，服务成本和服务效率与国外先进企业相比有较大差距。从服务内容上来看，目前国内企业服务的主要形式仍是备品备件的销售为主导，登船现场服务等业务占比较低。综上所述，我国海洋运载装备全球服务能力与国际一流企业的全球服务网络和服务能力相比存在较大差距，多数企业全球售后服务依靠专利商，导致售后服务的规模较小，大量服务利润难以获得。由于全球售后服务网络没有建立，自主品牌产品难以进入厂商采购列表，不能有效支撑产业化发展。此外，我国海洋运载装备配套企业不太不注重售前服务和技术培训，缺乏系统的售前服务技术支持，售前服务的主动性、前瞻性需要提升；对产品升级、回收等后期服务的关注也不够，影响了自主研发产品的市场推广和用户对产品的信赖度。

目前，国内海洋运载装备的常规设备配套和系统集成能力强，本土化率高，但缺乏有国际竞争力的自主品牌产品。我国企业通过获得国外先进企业的专利授权,开展海洋运载装备核心或专用设备的规模化本地生产,例如低速机、中速机、锅炉、舱口盖、起重机等,在一定程度上提升了我国海洋运载装备产品的国际市场竞争力,但专利引进在一定程度上制约了产业的自主化发展。一方面,国外专利商构建知识产权壁垒,我国无核心技术和自主品牌产品;另一方面,国外专利商通过许可证限制生产企业,使其只能按照相关规定条款进行生产和销售。海洋运载装备是高度国际化的产业,我国海洋运载装备的全球服务能力、国际公约与标准制定的主导和参与能力有限,比较被动,也制约了自主品牌的发展。

二、海洋油气装备产业领域

(一)自主研发创新动力不足,技术创新能力不成熟

由于国内自主研发创新动力不足,技术创新能力不成熟是海洋油气装备发展的阻碍之一。海洋油气装备开展自主研发通常因为技术难度高、周期长、资金消耗大,且回报率不稳定等原因,导致装备制造企业创新动力不足,技术推进困难。海洋石油工程行业与其他行业相比较,其设备受功能性以及特殊性较强等因素的影响,在其他民用领域几乎没有市场需求,也给相关设备生产企业的发展带来一定程度的影响,进一步加重了我国海洋石油工程行业对国外企业的依赖程度。同时,经费来源渠道单一和经费来源比例不协调,海洋油气装备的发展是一个系统工程,涉及的利益多且杂,不但需要政府部门发挥职能作用,还需要大型的海洋油气装备企业发挥带头作用,更需要民间的私人企业积极地参与进来,形成良好的市场竞争环境。

例如海洋钻井装备的研发,我国从事海洋钻井装备研发制造的主力为传统陆地钻井装备制造企业,企业规模和经营状况难以支持海洋钻井装备的研发或资金投入意愿不强。又如海洋油气应急救援装备,均以应急为主,使用周期具有不确定性,因此很难在短期内实现成果转化,且应急救援的投资回报率很低,所产生的效益无法用直接的经济收入来具体衡量。在投入巨额资金采办应急救援设备之后,每年还需要维护保养,确保其任何时候都处于良好的状态,因此实现产业化也相对比较困难。

我国海洋油气工程科技创新链、技术链、产业链不完整,对海洋工程中的关键耦合机制、力学行为的理论描述、数值预报、设计准则的探索和分析依然有限,对关键技术难题的把握和认识不足,制约着新型高端海洋油气装备的研发与应用。我国海洋油气装备的开发起步晚,为了快速追求效益,多以模仿和集成为

主,虽然起点相对高一些,但基础技术的研究仍然不够,目前国内的研发活动主要聚焦补齐技术空白和跟随国外先进技术,缺少原创性、引领性的技术和产品。

比如海底地震节点采集装备、光纤检波器、MEMS检波、升沉补偿装置、动力定位系统、铺缆船多功能应急响应船等技术仍然比较薄弱,对于产品现场应用经验也不足。对于TLP、SPAR等国外已有广泛应用的装置,以及近年涌现出FLNG、FDPSO、干树半潜等新型浮式生产装置,我国的研究投入不足,尚难以全方位满足南海不同情况下的开发需要。水下压缩机、水下多相增压、水下分离器技术等国外已经开展应用,是未来深远海油气开发的重要方向,技术壁垒较高,而我国目前连相关的科研都很少涉及。尚未具备自主开展深水高端船舶和深水平台的自主设计能力,本土产业链的配套率不到30%。现在国内外各企业生产的水下采油树形式各异,自成系统,部件不能互换,如果对一定规格和压力的水下采油树关键部件采取行业标准化,能够实现模块化和互换,定能加速国内水下技术装备的国产化进程。

(二)海洋油气装备产业发展机制及管理模式不健全

产业发展机制及管理模式的不健全也制约着海洋油气装备的产业发展。我国海洋油气产业的引领作用薄弱,我国历年海洋生产总值占国内生产总值的比例不足10%,海洋油气产业体量依然不大,产业结构和区域布局均处于优化调整和转型升级阶段。海洋油气产业发展相关的管理体制机制不完善,政策措施协调不足,现有的产业扶持政策在实施中缺乏部门协调,使得政策效应难以充分发挥,海洋工程相关企业缺乏基本的制度保障,在培育和管理模式方面都落后于国外。

随着国内海洋油气装备行业开始与国际市场接轨,国外企业纷纷进入国内市场,给国内海洋油气装备行业带来巨大冲击。现阶段,我国海洋油气装备制造企业在管理方面与国际先进水平有较大差距。由于从前我国长期实行计划经济体制,很多企业没有建立与市场经济相适应的管理体制,企业的国际竞争能力普遍低于国外同行的水平。法律、法规、制度方面建设滞后制约着海洋油气装备行业的发展。迄今,我国在海洋油气装备行业尚未形成与管理和施工需求相配套的法规标准,极易出现范围不清晰、责任不明确的现象。

(三)国内海洋油气装备的测试认证流程不健全

国内海洋油气装备正式投用前的测试认证流程不够健全,给推广应用造成了一定的困难。大多数时候工业应用相对更青睐具有成熟应用业绩的产品,但国内没有权威的海试平台、测试机构及认证单位。国外的海洋装备研发制造企业自研立项开始,就与最终客户油田公司和作业方建立战略联盟,实现深度合作,较好地解决了海试和产业化推广问题。

国内海洋油气装备企业多是陆地石油设备制造企业下海,海洋水下设备的制造经验积累缺乏,完成"最后一公里"的海试面临一系列的困难,难以在短时间内高效地达到工业化应用的条件。国内由于体制与机制各方面问题的制约,用户往往从当前收益和固定资产投入的角度来考虑,不愿意承担相应的海试风险,国内众多的海洋新产品虽被研发出来,但没有用户依托。这样不仅没有促进技术发展,反而导致装备制造企业失去技术研发的积极性,形成恶性循环,从而制约了这些关键设备的国产化进程。

(四) 海洋油气装备产业发展所需的高素质人才缺乏

海洋油气装备技术水平的提升离不开高端专业人才的推动,高端专业人才的储备与利用不足也是制约行业发展的主要原因,很显然,当前我国高素质的海洋油气装备开发专业人才、国际化设计人才、国际化项目管理、经营管理和商务法律人才储备较为缺乏。

这也与教育制度、体系、模式有很大的关系,一方面在于装备制造业的人才培养体系不够全面与完善,开设相关领域专业学科的高等院校较少。目前,高校学生的培养仍存在一些问题,如培养目标模糊,培养模式僵化,无法满足行业的需求等。另一方面,专业教育对于人才的实践能力培养存在一定的不足,课程设计与实际需求存在一定程度的脱节现象。

(五) 海洋油气装备行业间、企业间联动机制尚不健全

海洋油气装备行业内的制造生产企业及行业间的联动机制不健全,并未给国产化道路摆平障碍。目前,国内海洋工程相关企业各自为战,无序竞争的现象明显,金融、船舶和海洋工程等行业间的联合能力仍处于起步建设阶段,行业间、企业间的合作、交流、共享意识仍有待进一步提高。在行业联动方面,以高端产品孵化制造为例,2018 年中海油成立国内首个海洋工程高端装备产品孵化制造中心,但金融行业、海洋工程行业内部参与的广度和深度仍显不足。

三、海洋安全保障装备产业领域

与我国其他工业领域重要装备类似,海洋安全保障装备的主要特征是技术含量高,需要长期技术积累。总体来看,我国海洋安全保障装备的技术创新和发

展模式是一种国防需求牵引下的后发追赶模式,具体表现为先引进消化吸收和集成创新,其次完成整机的突破,整机突破后再带动零部件发展,零部件突破再带动材料和基础理论突破的发展模式。而先发国家则采用正向创新模式,具体表现为先开展基础研究,研发新的零部件后进而形成新的整机。后发追赶的模式带来的主要弊端是在基础研究方面的积累不够,不可避免地在多数零部件领域的研发投入较少,同样也带来相关领域的科学知识和人才缺乏,导致技术基础薄弱,从而形成关键核心技术问题攻关难的局面。

(一)顶层统筹仍然不够,产业创新资源尚未有效整合

我国海洋安全保障装备军地一体化发展的顶层统筹不足的问题尚未根本性解决,对海洋安全保障装备创新链、技术链、供应链的支撑不足。从科研投入来看,海洋安全保障装备领域军队和地方两大创新体系仍然存在军队、政府和军工三条线,军地两大体系之间、军地两大体系内部之间多头化、碎片化管理的现象仍未根本性解决,不利于海洋安全保障装备军地一体化发展;从科研力量分布来看,我国海洋安全保障装备领域的研发力量分散在军队和地方、军工和非军工多个部门及系统。总体来看,海洋安全保障装备的研发设计力量主要分散在大型重点集团下属的科研院所、哈尔滨工程大学、西北工业大学、上海交通大学等院校、中国科学院相关研究所等单位,对海洋安全保障装备领域核心技术的一体化支撑作用不明显。

在我国武器装备发展坚持独立自主、自力更生、自主创新的原则下,海洋安全保障装备自主可控产品的技术路线差异大、测试验证不充分、成系统解决方案不足等因素,制约了装备的体系化快速发展。如国产处理器发展较晚,部分品牌产品互不兼容,技术路线受到国外技术体制的影响;国产操作系统在具体应用领域存在多种定制版本。海洋安全保障装备领域尚未形成需求牵引和技术推动的紧密互动机制,尚未形成促进成体系、成系统组织装备专业领域和自主可控产品研发的良好局面,尚未形成满足装备要求的生态环境。总体来看,与海洋安全保障装备发展相关的体制机制不灵活:一是适应海洋安全保障装备产业链战略性发展需要的高层次人才、骨干技术人才不足;二是一些国防企业创新的激励机制仍有待加强,相关单位的管理考核、审计监督环节有待建立宽容失败、鼓励创新的体制、机制。

(二)核心技术攻关能力有限,高端核心产品存在断链风险

海洋安全保障装备研制是一项复杂的系统工程,它涉及的关键技术众多,装

备产业链仍处于"缺芯""少核""弱基"的不利局面。近年来,国家采取了一系列针对性措施,使得我海洋安全保障装备产业链自主可控能力逐步升级,产业链逐渐丰富、产业生态逐渐完善,各关键产业的技术性能、工艺水平和应用积累得到保障,但受限于前期相对薄弱的产业基础,目前部分电子元器件国产替代不均衡,整体数据掩盖了核心关键高技术的短板问题。核心技术的缺失导致供应链的安全和稳定面临巨大挑战,国外技术壁垒、垄断和封锁将带来极大的风险。许多关键技术源于不同国家和地区,它极大影响着供应链的全链条安全,总体来看,海洋安全保障装备产业链自主可控方面面临的问题包括:一是关键技术和产品的自主可控程度不高,受制于人;二是核心产品的国内供应商少、技术含量高;三是产业链部分环节受国际政治、企业和个人利益影响,供应链的稳定性不够;四是关键技术的研发投入大、短期回报率低,企业参与的积极性不高。究其原因,主要在于:一是国内企业的新技术、新产品开发研制出来后,受限于国防用户单位在保密、采购管理等方面的资质门槛约束,无法第一时间交付于海洋安全保障实践,难以得到应用迭代的机会。二是海洋安全保障领域的科研与产业存在部分脱节、协同效应发挥不充分,"民不知军所需,军不知民所长"的现象屡见不鲜。三是对供方市场的牵引利用不够,一些产品线重复建设,存在"小而全"、低水平重复建设的现象。

（三）采购机制有待改进,部分产品的市场竞争供应不足

目前,由于海洋安全保障装备的国防用途属性,其供应链相对封闭,装备市场的供给主体结构单一,"独立、封闭和垄断"的特征明显。外部配套体系不完善,本单位承担产品科研生产及服务保障任务后,通过分包、外协、外购等方式交由其他单位完成的部分任务仍存在分包、外协、外购等实施、管理困难的问题。良好的外部配套能够引导一些垄断性企业进一步开放外部配套,从而带动国内相关产业链良性发展。但目前,大量外部配套因渠道相对固定,且订货周期紧张,部分项目难以通过官方认可的渠道发布需求,完成招投标,造成总体配套不协调。总体来看,目前海洋安全保障装备的采购机制缺乏积极鼓励引进民营企业的先进技术、优质产品的创新举措。

四、海洋动力装备产业领域

随着世界海运贸易的逐步复苏、IMO 环保政策趋严以及绿色低碳技术逐步成熟推动全球船舶向绿色低碳发展,全球船舶动力将迎来新的变革。船舶动力

经过百年的竞争发展,低速和中速船用发动机以及船舶辅机因多方面的不同特性形成了不同的全球产业格局,但高附加值部分仍主要集中在欧美日船舶动力企业手中,我国围绕发动机及其关重件的研制呈现沿海、沿江分布,主要集中在上海、大连、潍坊、武汉、重庆等城市。通过梳理国际海洋动力装备产业发展的相关现状和分析海洋动力装备上、中、下游产业链现状,分析认为,我国海洋动力装备产业链发展的堵点、难点和痛点主要表现在以下方面。

(一)海洋动力装备产业链发展的堵点在于供应链体系建设、研发创新和技术转化能力以及全产业链的合作机制

产业链堵点主要体现在供应链体系的建立、研发能力和技术转化能力以及全产业链的合作机制上。当前,我国船舶动力最前端的基础技术研究能力并不薄弱,特别是以大学为主的基础研究方面不断有新成果出现。整机设计方面,依托低速机工程、高技术船舶等科研项目建立了船舶中、低速机关键技术框架体系,突破了总体集成设计技术、高效清洁燃烧技术、高效高增压技术、电控共轨燃油系统设计技术、先进试验与测试技术,高指标活塞连杆曲轴、受热零部件等一系列关键核心技术。但是,由于国内船用发动机行业多年来以引进生产许可为主,技术和市场均受制于人,加上国内市场无序价格竞争激烈,因此国内行业的利润微薄,无法依靠企业自身投入开展船用发动机的技术研究和产品创新。

从供应链体系方面来看,国内中、低速机整机研发的数字化平台依赖国外软件,数字化样机和性能样机基本基于 PTC、Gamma、AVL、达索等国外软件公司构建;发电机组的相关设计与仿真分析软件,例如电磁场仿真、多物理场耦合仿真软件等目前仍依赖国外软件;状态监测系统设计软件,包含原理图设计、印刷电路板设计、软件开发、集成部署等各个环节的设计开发环境依然被国外企业控制,对外依存度较高。发电机组整机设计与仿真分析软件严重依赖国外软件,基础理论研究人员、软件设计及开发人员、用户未能有效组织结合,是制约我国自研基础仿真软件、数字化设计平台软件开发推广的关键问题。国内在芯片专利、设计、制造装备等方面存在的堵点凸显,制约了国产芯片产能的提高,尤其是高端产品严重不足,阻碍了国产控制模块的生产制造。

船用发动机全行业的人才梯队建设、研发能力建设包括基础研究和应用研究成果快速转化到产品的能力仍有待加强。目前,我国中、低速机的研发和配套体系中研究机构、高校、整机厂、零部件企业的定位分工并不清晰,界面划分并不明确。这使我国船用中、低速机研发体系中的各单位(企业)不能有针对性地在擅长的领域发挥专长,实现优势互补。

船舶动力行业的研发能力条块分割,大型科研试验设备设施相对欠缺,投资效益不佳;产学研用各主体间常常以项目申请为合作模式,缺乏长期协作机制;研究成果保护与共享机制不健全,不同企业间技术封锁现象严重,低水平、重复性研究现象普遍存在。新产品研制任务多来自国家科研项目,而非基于总装生产企业的市场需求,存在与市场实际需求脱节的现象,配套企业与研发和总装企业之间的关系仍未理顺,未形成创新共同体,利益分配机制尚待明确,缺乏研发协同与合作机制。配套企业没有足够的资金和专业技术人员投入到新产品的研发中,导致总装企业的新机型需求得不到配套企业的快速响应,只能选择国外企业的配套产品。

在新技术和新规范方面处于跟跑状态,虽然布局了甲醇、氨燃料船用中、低速机燃烧与排放控制、燃料喷射系统等关键技术和关重件的预先研究,布局了大数据、智能运维、故障诊断等智能化技术预先研究,但是在产品层面,LNG、甲醇、氨、氢等新燃料方面,技术储备不足,起步相对较晚,不能支撑"双碳"目标下海洋动力装备的产业竞争需求。

基础工艺技术也是明显的薄弱环节,我们通常更加关注基础技术研究、新技术开发、产品设计等设计技术各环节,对于后端基础工艺研究的关注度不够,工艺技术发展跟不上需求变化,制约着关键零部件的自主配套发展,例如在表面强化、耐磨技术研究等基础工艺技术方面,在高效制造、敏捷制造、零部件再制造等配套技术方面存在明显短板,轻重量、高强度、高韧性、耐磨材料等材料工艺和技术方面存在较大差距,制约着海洋动力装备产业链的高质量发展。

(二)海洋动力装备产业链发展的难点在于关重件的材料、关键技术指标、可靠性、质量稳定性方面与国外产品存在差距

经过多年发展,我国已经基本建立了核心关键配套件的供应链和自主研制能力,但在配套自主品牌产品的过程中,普遍暴露出关重件、铸锻件材料及工艺、可靠性等基础技术薄弱,零部件表面材料及改性强化等先进工艺方面与国外相比有差距等问题,制约着高强度零部件的设计制造。

船用发动机二轮配套产业发展滞后,高压共轨、增压器、轴瓦、活塞环等核心配套件完全依赖进口,与国外先进产品相比,其关键技术指标、寿命、可靠性、质量稳定性等都存在一定差距,影响整机的可靠性。由于二轮配套供应能力不足,大大增加了船用柴油机企业的采购成本。目前我国船用低速机二轮配套体系

中,不仅电控部分、气缸盖、气缸套以及中间体等关键零部件绝大部分需要进口,凸轮轴等产品出于生产能力不足或技术水平落后等原因,也需要从国外进口成品。我国主流船用低速机企业二轮配套本土化率为 45%～55%。中速机二轮配套企业,低水平的零部件重复生产,对控制系统等高技术含量的零部件不具备生产能力,完全依赖进口;连杆、曲轴等技术含量较高的关重件,企业生产能力不足,专业化水平低,生产工艺和质量性能,不能满足需求,仍要依赖进口。

以轴瓦为例,这个配套件看似简单却一直困扰我国船机产业的发展问题,其关键瓶颈就是材料,而要突破这个瓶颈则需要开展长期的基础研究,积累大量数据,真正掌握轴瓦材料理化特性和内在规律。目前,世界范围内具备大型船机轴瓦研制能力的企业屈指可数。对于轴瓦的材料配方这一核心技术,欧洲某公司采取自主研发的方式,虽然其与 40 余所高校及研究所开展广泛合作,但合作内容主要以仿真技术以及其他技术领域为主,材料的配方则由该公司自己掌握,这与国内情况有较大不同。国内轴瓦企业在开展此类项目时,通常将材料的研制委托给高校或材料研究院所,企业往往只是研制材料的最终用户。

(三)海洋动力装备产业链发展的痛点主要体现在自主品牌价值和全球服务网络的建立方面

海洋动力装备的自主品牌产品基本处于示范应用阶段,缺乏规模化应用,成熟度不高,部分关重件实现了从 0 到 1 的突破。但由于缺乏一定市场规模的支撑,科研成果转化能力弱,在深度开发和应用方面明显不足,虽然设计指标可以与国际一流产品对标,但是在设计数据积累、系列化设计、可靠性验证以及通用化配套方面有所缺失,品牌认知度不高、品牌影响力弱,难以与国际知名品牌的产品同台竞争。

从目前海洋动力装备产业链来看,服务保障环节是重要的价值链环节,我国在该环节存在明显的短板。一方面缺乏有竞争力的自主品牌产品,全球服务保障环节被国际品牌专利方牢牢控制;另一方面由于缺乏全球服务体系,自主研发的产品无法推向国际市场;从短期来看,即便建立了全球服务体系,在缺乏足够数量的装备配套下,又很难支撑完整的全球服务体系。从整个船用发动机行业来看,以 MAN ES、瓦锡兰为主的品牌逐步整合,品牌集中度越来越明显,这也给新品牌推向市场带来巨大的压力和挑战。

第五章

促进我国海洋装备产业链高质量发展的举措和建议

本章结合国内外海洋装备市场发展的宏观环境,面向 2035 年、2050 年,明确了我国海洋装备产业链高质量发展应以国家战略需求为导向等基本原则,提出推动我国海洋装备在全球供应链中占领更多中高端市场、突破一批空白产品、加强一批弱项产品、培育一批优势产品等主要目标;针对海洋运载、海洋油气、海洋安全保障、海洋动力四大领域产业链的发展需求提出强化关键技术研发、提升供应链韧性、建设全球售后服务网络等方面的重点任务;并从政策体制、科技创新、行业协同、人才培育等方面提出以上四大海洋装备产业链领域发展的保障措施及建议。

第一节 我国海洋装备产业链发展的原则与目标

一、发展原则

促进海洋装备产业链的高质量发展,应秉承以下基本原则:一是坚持战略引领,以海洋强国、科技强国"双循环"等战略需求为导向;二是坚持创新驱动,强化企业创新主体地位,加强新兴技术与海洋装备产业的融合;三是坚持统筹协调,促进产业链上大中小企业间的融通发展,推进产业链各环节的协同创新;四是坚持开放合作,利用好海洋装备的国内外两个市场、两种资源。

解决海洋装备产业链发展的"卡脖子"问题,应重点提升海洋装备产业链的基础能力和产业链关键环节的掌控能力,提升我国海洋装备在全球产业链价值链中的地位和竞争力,促进海洋装备的高质量发展,进而带动海洋国防、安全、经济各领域的协同发展。发挥举国体制优势以及完善的海洋装备工业体系优势,充分融合借鉴新能源汽车、5G 等新兴行业发展的技术和经验,全面提升海洋装备的绿色化、智能化水平,促进海洋装备产业链的转型升级。

二、发展目标

(一)总体发展目标

本书围绕海洋装备产业链的自主可控、建立国内产业大循环的战略需求,基于海洋装备天然处于全球供应链之中、"两头在外"的产业特点,研究认为,重点发展目标应是推动我国海洋装备在全球供应链中占领更多的中高端市场。目前,我国海洋装备供应链处于中低端,达不到中高端的供应链需求,所以依赖进口,围绕海洋装备技术绿色化、智能化的发展需求,亟须锻长板、补短板。

发展思路方面,以绿色、智能为着力点,依托产业链短板能力提升工程、船海领域"新基建"工程等重大工程和项目,分类施策,推进关键产品和技术的国产化及国际化,一要解决一批从 0 到 1 的"卡脖子"问题,突破一批海洋装备空白产品,构筑高质量的国内循环主体体系;二要解决一批从 1 到 10、再到 1 000 的市场化应用问题,加强一批海洋装备弱项产品,扭转其质量可靠性和稳定性不足、工艺薄弱的困局,提高自主配套设备的装船率和市场应用;三要扶持一批市场竞争力弱的海洋装备产品,力争抓住几个重要的、有价值的海洋装备产业优先发展,尽快将其培育成为优势产品;四要针对一批现有的优势产品,全面开展品牌国际影响力建设,助力其走向全球产业链的中高端市场,做强国际循环的基础。

(二)重点领域的发展目标

1. 海洋运载装备产业链的发展目标

至 2025 年,依托低碳化、数字化升级手段,健全绿色装备与配套设备的标准、标识、认证体系,实现关键技术的自主可控,提高装备产业链的节能减排水平,增强市场竞争力。借鉴汽车制造业的绿色化、智能化发展经验,推动绿色智能技术的应用,建立海洋运载装备数字化、低碳能源动力技术体系,重构装备数字化控制系统构架,增强设备数字化升级与集成服务能力。实施供应链提升工程,优化海洋运载制造业的供应链生态体系,围绕产业链和供应链上的关键原材料、技术、产品,研发关键瓶颈技术和配套"卡点"设备,提升产业基础共性研发能力,增强供应链的灵活性、可靠性。把握海洋运载装备高端化趋势,完善技术标准规范,覆盖行业(团体)、国家、国际等标准层次,固化科研成果并高质量开展推广应用、行业共享,支持关键设备系统的研发与产业数字化升级。

至2030年,以绿色化、智能化转型为主线,驱动装备高端化、产业规模与效益协同的高质量发展。发展智能制造、绿色制造,引导产业链上下游联合攻关,促进产业链、创新链、生态链的融通发展。攻关关键核心技术和系统,自主研制关键零部件,填补国内产品空白,确保产业链和供应链稳定;提升设备自主配套能力,关键部件和核心设备系统自主可控水平,以智能运维提升装备的远程保障能力。培育具有国际影响力的企业和品牌,形成具有国际市场竞争力的配套产品,建成覆盖全球主要港口的售后服务网络;引导船舶企业由提供"产品"向提供"产品+服务"转变,全面提升产业价值链。提升海洋运载装备产业的研发、制造、试验、服务能力以及综合竞争力,实现海洋运载装备及其制造过程的绿色化、数字化、智能化,使我国海洋运载装备产业进入国际一流行列。

至2050年,建立海洋运载装备现代化的产业体系,提升产业链和供应链的韧性及安全水平,海洋运载装备产业的经济规模、创新研发、综合竞争力达到国际领先水平。海洋运载装备实现绿色化(低碳/零碳)、智能化(少人/无人)、高端化、定制化、远程遥控、完全自主航行船舶广泛投入应用,支持国家"双碳"目标。形成一批具有生态主导力、核心竞争力的龙头企业,关键核心技术处于引领行业发展态势,积极参与国际合作与竞争,并建立创新型产业链。海洋运载装备产业全面实现绿色、智能制造,产业链具有良好的质量效益和国际市场竞争力,成为世界海洋运载装备行业的关键力量。

2. 海洋油气装备产业链的发展目标

2030年的发展目标为"补链、固链":明确我国海洋油气装备产业链关键环节中的短板弱项问题,开展重点技术攻关,突破自主化程度较低的关键环节,完成主要核心装备和技术的国产化,完成海洋油气装备优势领域的巩固、优化与升级,显著提升核心零部件的国产替代率,实现自主可控。

2035年的发展目标为"强链":海洋油气关键核心装备高度自主,高端海洋油气装备制造实力显著增强,我国海洋油气装备品牌的国际影响力全面提升,进入国际第一阵营。实现全面"内循环"的同时,不断加强"外循环",提升海洋油气装备重点企业的国际竞争力,打造优势产品、优势领域的"链主"地位,拓展中国海洋油气装备品牌的国际影响力,全面提升海外售后的服务能力。

2050年的发展目标为"延链":成为海洋油气装备强国,锁定国际海洋油气装备产业"链主"地位,实现中国海洋油气装备产业链的全球布局。以先进的海洋油气装备产业带动海洋经济优化转型和海洋科技的飞跃,达到国际领先水平,有力支撑海洋强国建设。

3. 海洋安全保障装备产业链的发展目标

发挥好经济建设和国防建设双向需求的牵引作用,充分发挥国家规划引领和市场资源配置优势,激发海洋安全保障装备产业链间的协同效应和集聚效应,加快构建海洋安全保障装备产业"经略海洋需求牵引整机、整机带动配套、配套支撑整机、全产业链支撑经略海洋"的发展格局,提升海洋安全保障装备产业链的资源获取、市场开拓、整机研发、生产配套、产品服务、运营管理等能力,打造海洋安全保障装备整机研制、关键配套、运营服务等协作群和生态圈,实现海洋安全保障装备全产业链形成一体化体系,实现海洋安全保障装备产业链安全可靠、创新发展。

到 2030 年,海洋安全保障装备与世界领先水平的差距显著缩小,基本形成现代化的科研生产体系和自主创新能力,产业结构优化升级,产业体系更加完善,质量效益明显提高,国际竞争优势巩固提升,主要海洋安全保障装备的技术水平和研制能力达到世界先进,配套能力显著增强,有力支撑世界一流军队建设,为海洋强国建设奠定坚实的基础。

到 2035 年,海洋安全保障装备产业链在产品、技术、人才、质量效益、管理能力、市场竞争力等方面均达到国际一流水平,总体和系统的研制水平不断提升,总装集成能力不断优化,关键系统和设备实现自主可控。

到 2050 年,海洋安全保障装备产业链形成现代化的科研生产体系和自主创新能力,产业体系和产业生态更加完善,质量效益明显提高,第四代装备形成自主可控的供给能力,各型新研发装备和技术水平全面迈入世界一流水平。

4. 海洋动力装备产业链的发展目标

基于我国船用发动机产业向绿色智能转型发展的需要,通过"政、产、学、研、用、检"相结合的方式,从船用发动机全产业链"研发、制造、品牌、服务"四个主要方向入手,建立自主完善的船用中、低速机供应链产业体系,坚持扶优扶强,发挥新型举国体制的优势,集智攻关,培育一批具有国际影响力的"专、精、强"的产业链隐形冠军企业,为我国船用发动机产业高质量发展打下坚实的基础。

到 2030 年,建立海洋动力装备研发协同创新体系,建立海洋动力装备科研成果高效转化服务体系,加快开展国产设计软件研发,促进一批海洋动力装备关键核心技术及工艺突破,国产材料、芯片、软件性能可对标国际先进水平。

到 2035 年,形成国产设计软件的自主能力,一批自主品牌海洋动力装备赢得船舶所有人认可、走入国际市场,建立完善自主品牌海洋动力装备小批量示范运行和核心数据库的积累与共享数据库,形成覆盖 LNG、甲醇、氨、氢等低碳零碳动力产品型谱并完成典型示范应用,以满足船舶所有人的个性化需求。全球售后服务网络体系建设方面,覆盖全球 80% 以上服务区域。

到 2050 年,全面实现船用柴油发动机的系列化、全产业链自主可控,完全具备甲醇、氨、氢等低碳零碳动力产品的全产业链能力,跃居国际市场领先地位,全球售后服务网络体系建设方面,实现服务区域全球覆盖。

第二节　我国海洋装备产业链发展的重点任务及路线图

一、重点任务

(一)海洋运载装备产业链发展的重点任务

1. 关键技术与设备研发

围绕海洋强国、交通强国、制造强国、质量强国的目标,加大科技创新力度,提升产品绿色化、智能化、高端化水平;对标国际一流,不断提高产业链整体的质量效益;打造研发—制造—服务一体化的"创新引领型、绿色智能型、质量效益型"海洋运载装备产业链。

面向 2030 年,以相关国家部委的高技术船舶科研计划为牵引,推动核心部件、关键设备与系统、高端新型装备研发和产业基础的研发创新能力提升,加快绿色智能高端装备核心技术的研发与应用,推动海洋运载装备高端化、智能化、绿色化发展,提升海洋运载装备产业链的先进性和竞争力。

1)绿色船舶关键技术与设备研发

应对 IMO 的环境规则和"双碳"目标要求,开展绿色低碳零碳船舶关键技术研究,推动清洁能源和可再生能源应用,打造一批精品绿色船型,研发绿色能源动力和减排关键设备,并形成系列化的配套能力,提高清洁能源和可再生能源的应用水平。

围绕海洋运载装备主流船型节能减排的需求,探索新型低碳/无碳燃料(氢、氨、甲醇、生物燃料等)、可再生能源、电池电容推进的应用技术,开发新型绿色船型,推进船体表面涂层减阻、船底空气润滑减阻、太阳能、风力助推等技术的综合集成与实船示范,开展新能源动力设备谱系化研发,打造一批精品绿色船型。构建海洋运载装备低碳清洁能源体系与装备谱系发展规划,推动船舶绿色动力装备升级,提升产业链安全发展水平。

围绕国际、国内温室气体减排目标,结合船舶的能效水平和排放现状,研究风能、太阳能、LNG、氢能、氨等新能源在船舶上应用的技术可行性,根据不同新能源的特征及应用方式,提出适应于不同船型的新能源动力技术的发展路径;研究太阳能、风能、氢能、氨等新能源的综合利用方式,根据各种类型能源和船舶推进器的形式和特征,研究多能源协同利用的动力系统拓扑结构,提出船舶新能源动力系统的设计方法;结合不同的目标需求,研究特征各异能源的匹配理论和方法,形成不同水路交通装备动力系统构型及匹配原则;根据船舶新能源动力系统结构,分析新能源系统的动态特征,建立基于负荷扰动的能源系统动力学模型,提出船舶多能源系统能量优化管理与柔性控制策略;根据船舶的能源需求特征,研究各种构型动力系统配置与不同船型、不同吨位、不同航程船舶能量需求的演绎规律,形成船舶新能源装备动力系统谱系。

2)自主航行船舶技术的研发与应用

以 IMO Level 3(远程遥控)为目标,开展自主航行船舶核心技术的研发与系统研制,推动配套设备技术升级、测试验证能力提升和自主航行船舶技术标准规范体系建设。

围绕提升船舶航行安全性、降低船员工作强度、提升效率效益的实际需求,进一步开展航行/靠离泊等场景的增强感知和避碰避障辅助决策的技术研发,完善核心算法,攻关核心元器件,突破“自主航行、自主靠离泊”等场景下的增强感知与避碰/避障辅助决策技术,提升智能航行系统集成配套技术。对于特定航线、特定任务的小型(内河)船舶,开展高可靠交互、协同运行的优化控制、无人驾驶多模式控制等技术研究,实现自动航行/靠离泊、遥控航行等功能。优化船舶网络通信的安全性能,保障智能船舶可靠航行。提升船舶网络通信安全性能,保障智能船舶可靠航行,推进智能设备及系统验证技术与体系建设,健全智能船舶的标准体系,提升我国在 IMO 智能船舶法规框架谈判方面的话语权。

面向船舶航行智能化、少人化发展的需要,结合气象、海况进行在线航线、航速优化技术研究;面向船舶无人自主驾驶技术的前沿领域,开展船岸协同的船舶自主航行技术及装备研究,突破不同通航条件下船舶航向、航速、航路保持及偏航预警修正技术、自主航行避碰技术、人机协同权限分配及切换技术、远程安全辅助与人机共驾技术,形成远程遥控驾驶系统和自主航行系统,实现在开阔水域、狭窄水道、进出港口等场景下船舶有条件地自主航行,在靠离码头等不同航行场景和复杂环境条件下实现船舶的遥控航行,在岸端布设岸基监控中心对船舶进行远程监控。同时,探索船舶编队协同航行运动建模与控制方法,引领水路交通自主驾控技术的发展。

3)气体运输船舶的自主设计与配套

打造具有国际一流水平的大型 LNG 运输船;全面突破气体运输船配套系统的核心关键技术,填补液货围护系统、处理系统等关键配套系统空白,构建国内综合性低温工程测试平台,形成关键设备与系统的系列化配套能力,推动气体运输船自主配套和气体运输船舶大型化、系列化发展,提升气体运输船的市场竞争力。

4)邮轮研制与产业化能力

突破邮轮模块化建造、全过程精度控制、供应链管理、成本控制等建造与管理的关键技术,实现邮轮自主建造;突破薄板结构变形控制、滚装系统数字化工艺设计、上层建筑模块化设计建造等高效的建造技术,缩短高端客滚船的建造周期,降低综合建造成本,推动邮轮运行维护能力的提升,形成产业可持续高质量发展的基础。

5)极地船舶关键技术与设备研发

建成完善的北极航道、冰情、水文等基础数据和预报技术体系,加快极地船舶和关键配套系统设备的自主设计建造,开展极地船舶航行性能、安全性与环境适应性的试验技术研究,制定中高冰级极地船舶的工业标准,重点开展北极海冰环境预报和海冰管理系统、极地航行船舶总体设计、极地海洋工程装备基本设计技术、极地海洋工程装备动力与配套技术、冰水池试验、冰区航行稳性/快速性/操纵性、极地环境环保与应急救援、极地抗冰防寒与防污染、涂层耐低温、耐腐蚀、耐磨损、易焊接、高韧性等研发;开展冰下声学物理特性与冰下水声技术研究,解决极地环境下的声场特性认知、冰下网络化水声探测与通信机理等难点;研发极地船用 LNG 动力、核动力、全回转推进器等动力与推进技术,极地锚泊与动力定位、锚泊与动力定位联合控制技术,高负载系泊快速脱离与重新连接等关键技术。

2. 深入实施智能制造和绿色制造

以智能制造、绿色制造技术的应用为重点,增强制造业核心竞争力,推动海洋运载装备产业的创新发展。实施海洋运载装备的智能和绿色制造工程,优化总装建造的生产效率,牵引配套设备制造技术升级,推动设计、制造、服务一体化的数字化协同发展,提升产业协同效率与效益。

推动海洋运载装备行业"增品种、提品质、创品牌",开展质量提升专项行动:聚焦重点工序,加强先进铸造、锻压、焊接与热处理等基础制造工艺与新技术融合发展,实施智能化、绿色化升级。对于总装建造厂、动力配套设备厂,开展制造全过程组网/感知/物流传输、制造流程与工艺自适应匹配、基于智能感知识别的制造精度及品质管控、数字虚拟制造、工业云平台、基于设计信息的零部件编码/视觉识别/智能定位等技术的应用;对于总装建造厂,开展切割成形/装配焊接/涂装等智能机器人、板材排料与切割智能优化、总装建造5G应用、总段智能柔性精准对接、虚拟现实应用等技术的应用;研究船舶中间产品生产线的设计集成与控制、智能化工艺设计、智能制造工艺、制造过程智能管控、关键制造环节智能决策等技术,重点开展船舶典型中间产品生产线的设计集成与控制、智能化工艺设计、智能制造工艺、制造过程智能管控、关键制造环节智能决策等技术研究,打造人工智能技术、物联网技术、大数据技术、云计算技术和虚拟仿真技术在船舶智能制造示范应用标杆工程,并建立海洋运载装备智能制造的标准体系和标准规范,引领行业发展。

3. 提升产业链供应链韧性和安全水平

围绕三大主力运输船、极地运输船、LNG运输船、邮轮等海洋运载装备的技术瓶颈和配套卡点,补齐产业链的短板;锻长板推动配套设备产业绿色智能技术升级,提升自主品牌产品的竞争力;推动产业链的数字化、智能化技术应用,提升行业协同效率效益,形成产业高质量发展基础。

1)高技术船舶核心部件与设备研发

加快高端船舶总体设计、关键原材料技术、总装建造等卡点技术的突破,围绕LNG货物处理系统及核心配套设备、LNG货物围护系统及关键材料、极地低温钢、邮轮内饰绝缘材料等被国外垄断的高端船舶卡点设备开展研发,推动原油运输船货油泵等关键设备的国产化应用,研发高效低噪声推进系统技术及智能控制技术;舱室机械、甲板机械、船舶专用设备与系统的数控与智能化技术(如低温/常温/高温数控泵阀、加注/储气/供气系统、运动补偿智能起重机等);污油、污水、氮/硫氧化物、固体废物船载监测/控制/处理系统技术等,提升高端装备配套的关键技术与核心器件的自主配套能力。面向自主航行船舶的需要,通过开展航行态势感知、导航等多元信息融合设计的技术研究,构建船舶航行态势感知多元信息融合系统,使之能够实现船舶航行空间的数字化表达,增强船舶航行环境感知能力;通过航行态势感知技术增强瞭望和辅助避碰,结合船舶航行交通环境安全识别与智能预警、设备安全管控等技术手段,开展船舶航行安全与风险控制技术研究,研发在航船舶风险防控系统,形成智能航行态势感知和安全保障成套装备服务智能船舶,全面提升船舶航行感知能力和安全保障水平。

2)新一代绿色智能船舶集成配套技术研发

推动船舶配套绿色智能技术的升级,重构船舶设备绿色智能技术体系,提升船舶配套核心竞争力。锻长板,开展船用设备能效提升和优化技术研究,研发高能效船舶设备,研究提升设备运行能效策略,制定设备能效等级标准,淘汰高能效落后产品,形成高能效船用设备谱系和高能效船用设备配套方案,通过智能化能效管控系统实现设备运行能效提升与排放的量化评估,促进主要产品的竞争力达到国际先进水平,促进海洋运载装备节能减排,提升供应链的绿色化水平。提升配套设备数字化智能化水平和系统集成能力,推动船用设备状态监测与健康管理、故障诊断与视情维护、趋势预测与视情维护、远程操控与运维等技术应用,研发船载机器人技术与应用,构建无人甲板和无人机舱域控制体系构架,提升智能船舶设备安全高效集成控制水平。突破复杂环境下的船岸信息交互与安全技术,提升船岸协同信息平台的技术性能,深入推进智能船舶"一个集成平台+N个智能应用"研究,推动基于模型的系统工程(MBSE)方法进行智能船舶系统研发设计,提升智能系统集成设计与配套能力,提升效率效益,研发基于数字孪生技术的船岸协同运维管理系统,提升数据分析与服务水平,保障装备安全高效运行。

4. 提升产业高质量发展基础能力

以建设造船强国为目标,围绕产品技术性能、质量与可靠性、生产成本与效率、服务与保障等方面,对标国际一流水平,夯实海洋运载装备高质量发展的技术基础。

1)现代服务体系与智能运维技术研究

推动海洋运载装备企业由提供"产品"向提供"产品+服务"转变,开展智能运维、数据分析技术研究与应用,提升装备远程保障能力和产业价值链。加快海外服务网络建设和服务能力提升,提高海外服务的响应速度和客户认可度。研究制订全球服务网络体系顶层设计,通过自主建设和国际合作"两条腿"走路的方式,依托重点企业加快区域服务中心和服务网点建设,基本形成覆盖全球主要港口的售后服务网络,初步具备全球服务能力。

开展配套设备智能运维技术研究和系统研发,实现设备远程在线监测、故障诊断和趋势预测,推动岸基数据中心和服务数据、服务流程标准化体系的建设,提升岸基设备运维管理、数据分析与服务、远程保障能力,推进不同企业专业服务技术、海外站点、备品备件、服务团队等能力建设和资源协同共享,实现数据增值。

2)绿色智能船舶基础共性技术与标准研究

推动绿色智能船舶基础共性技术的自主研究,包括虚实结合的装备设计与评估技术、能效优化的船型及水动力学技术、复杂环境中结构与装备的安全性技术、装备防腐防污技术、航线航速及运行能耗的智能优化控制技术、船舶高效推进技术、减振降噪与舒适性技术等自主研发,提升产业发展的基础技术水平。

面向绿色清洁能源应用以及自主航行船舶和 IMO 规范要求,开展产品研发与标准的同步建设,推动支持绿色智能技术商业应用的标准规范制定,完善绿色智能船舶的研发设计、总装建造、设备配套、技术服务的技术体系和产品体系,积极参与国际标准法规的制定,实现标准引领海洋运载装备产业的高质量发展。

(二)海洋油气装备产业链发展的重点任务

1. 研发设计环节

1)超前部署 3000 米级深水油气田开发技术和装备研发体系

以突破南海深远海油气开发的技术瓶颈为目标,超前部署 3000 米级深水油气田的开发技术和装备研发体系,为南海中南部开发做好储备。加快突破自主可控的深远海油气独立开发的关键技术装备,重点突破 FLNG 液化、存储、外输装卸等核心装备(用于气田)和深水 FPSO 装备(用于油田);加强对 TLP、圆筒形 FPSO、深远海保障平台、深水大型多功能施工船等新型浮式装置的研发技术攻关,打造能够适应南海开发不同需求的深水开发舰队;针对深远海回接距离远的问题,研发攻克水下分离、水下多相泵、水下压缩机、深水智能集输等关键设备。开展南海深水多气合采、多能协同开发模式探索,实现深远海开发的可持续发展和低碳转型。

2)加快实现 FLNG 的突破,打造大国重器

南海中南部离岸上千米,缺乏可依托的设施,水深远超 1500 米,为实现深远海天然气的独立开发,FLNG 装置是首选方案。FLNG 等深海高端装备既是开发深海资源的大国重器,也是科技创新重大突破的里程碑。高端重大装备的研发需要大量的资金投入,因此对于其首次应用,需要国家给予一定的配套政策支持,以鼓励相关企业积极推动技术和装备的进步。建议通过相关立项进一步支持 FLNG 关键技术和核心装备的研发,为后续的示范应用做好储备。针对其生产处理、液化、船体、系泊、外输等环节的核心设备和材料予以攻关,重点突破紧凑式预处理设备、液化工艺包、液舱维护系统、单点系泊装备、外输装备、低温设

备及材料等装备技术,尽早实现自主可控的关键技术装备能力。

2. 原材料环节

重点研制深水工程所需的原材料,提升生产质量水平。

建议加快自主研制深水工程所需的原材料,低温材料、抗腐蚀材料、抗高温和高压材料等,提高生产质量水平。原材料是技术与装备创新的物质基础与保障,针对海底所需的关键材料进行集中攻关,包括合金钢、耐蚀合金、抗大变形、高疲劳性能、大厚度与直径比(t/D)以及高尺寸精度的海底管线钢管、高强度厚壁酸性服役环境用海底管线钢管、特种高强度抗腐蚀焊接材料以及深水水下焊接材料等,应尽快具备自主加工生产的能力。严格按照规格书和相关规范的要求提供合格产品,按照相关质量控制标准和验货标准加强生产过程、验货过程和施工过程的质量控制。

3. 配套环节

制定关键核心装备清单,加快核心装备的突破。

建议加大国家专项资金的投入,加快我国海洋深水油气田开发的关键设备和技术短板突破,加大原始创新力度,重点开展深水工程所需的核心元器件、关键核心装备的自主研发,加快开展水下生产系统关键设备国产化应用、浮式设施配套关键设备的研发力度,加快推动深水浮式设施配套关键设备的自主研发;加强深水工程关键设备和产品及其所需的核心元器件(高精度的监/检测数据传输、大型轴承、滑环堆栈、深水立管柔性接头/张紧器等关键配件等)的自主研发,推动国产化和产业化应用。

4. 总装建造环节

加快无人化、智能化、标准化发展,实现常规海洋油气装备产业的升级。

加快海洋油气装备无人化、智能化升级,建设数字油气田、智能油气田,提升海洋油气装备建造和运维的智能化水平,实现海洋油气装备的现代化升级;加强常规海洋油气装备设计建造的标准化建设,以通用设计的方法形成规模定制化工程设施,通过构建工程通用模式和技术体系,显著提高开发建设效率,实现工程设施共享,助力海上油田的高效开发。

5. 船海服务

加强海洋油气装备测试及认证体系建设,助力首台(套)装备的应用。

加强海洋油气装备测试体系的建设,确保工业样机研发完成后能够经过测试以验证其性能;完善国内海洋油气装备认证机构和体系建设,获取并积累相关认证经验;加强中试、海试体系建设,为工业化应用积累数据和经验;通过海洋油气装备测试及认证体系建设,打通国产装备投产前的"最后一公里",助力"首台(套)"海洋油气装备的应用。

(三)海洋安全保障装备产业链发展的重点任务

到 2030 年,突破先进动力装备的瓶颈短板,着力形成自主可控的技术和产品体系。解决海洋安全保障装备高端制造装备、关键软硬件、大型基础工业软件、关键材料及通用基础机电产品、电子元器件、测试仪器等短板弱项问题;实现海洋安全保障装备产业链安全性、可靠性的明显提升。

到 2035 年,主流海洋安全保障装备的设计建造水平世界领先,新一代海洋安全保障装备的研制实现新突破,形成深度融合高质量发展的新格局,有力支撑海洋安全保障装备实现现代化,有力支撑海洋强国建设。

到 2050 年,工业基础进一步夯实,无人装备、量子通信导航等前沿颠覆性技术和产品取得显著成效,海洋安全保障装备多域跨域行动的能力显著提升,有效支撑世界一流海军建设。

(四)海洋动力装备产业链发展的重点任务

1. 我国中、低速机产业链发展的重点任务

综合对我国船用中、低速机产业链发展现状的分析,其产业链各环节存在薄弱环节(见表 5-1),其中材料、表面技术、设计标准和规范、设计软件、系列产品的核心数据库和知识库以及品牌和售后服务需要补链,试验验证能力和关重件开发中的高压共轨、增压器、轴瓦、活塞环等以及运营方面需要强链。

表 5-1 船用中、低速机产业链的薄弱环节及建议

产业链定位	产业链环节	主要薄弱环节	发展建议
上游	基础理论研究	材料、表面技术、设计标准和规范	补链
	整机研发设计	设计软件、系列产品的核心数据库和知识库	补链
		试验验证能力	强链
	关重件开发	高压共轨、增压器、轴瓦、活塞环等	强链
中游	生产制造	—	固链
下游	销售	国际知名度低	补链
	运营	以国内客户为主,缺乏国外客户	强链
	售后服务	尚未建立高效的全球维保网络	补链

推动我国船用中、低速机产业链高质量发展需重点开展如下任务工作。

（1）发挥国家体制优势，集智攻关，以海洋动力装备创新为抓手，提高中高端市场竞争力。

制订行业层面的船用中、低速机中长期发展计划，以自主品牌船用中、低速机的研发活动带动技术进步，是进一步实现产业链发展水平提升的基本保障。从世界船用中、低速机技术发展的情况来看，谁掌握了整机开发，谁就掌握了产业链的主动权，进而拥有了行业话语权。研发活动是一项长期工作，需要不断提升行业相关方的耐性和韧性，需要建立久久为功的技术攻坚机制，因此建议建立经过长期积累及大量试验验证的数据信息库，指导研发工作，提升船舶发动机自主设计研发能力。

制订落实专项支持行动方案，鼓励技术研发创新、制造技术提升。船用中、低速机所属的是一个充分开放的竞争性市场，自主品牌的整机或关重件市场规模难以在短时间内实现量的急剧增加，有必要开展针对性的产业链保护措施。同时，鼓励国内行业外的企业进入船用中、低速机产业链，为行业自身无法及时解决的技术难题和缺项产品提供方案。

不断健全和完善产业链生态体系，建立研发、制造、服务一体化的协同创新模式。在研发端，建立和完善"政、产、学、研、用、检"的联合协同创新团队，用新型举国体制下的联合攻关攻克行业技术难题；在制造端，不断改进工艺、提升效率，不断提升产品质量，着力构建稳定的供应链体系，保持和扩大产量规模效应的影响力；在服务端，保证与技术端和制造端以及与市场的良性互动，保障高利润点。

在当前航运造船市场不景气的背景下，航运企业、造船企业和配套企业强化合作，抱团发展是最有效的手段，大型国有企业加强协同，贯彻实施"国轮国造"和"国轮国配"的方针，保护国内相关企业的基本利益，建立国外动力配套企业的准入机制，尤其是要有针对倾销低价行为的反制措施。以新型船舶的科技创新为引领，以整船项目为牵引，带领新型自主船用中、低速机产品尽快突破中高端市场，形成规模化，推动海洋动力装备产业链实现高质量发展。

（2）抢抓"双碳"换道竞争发展机遇，快速推进低碳、零碳燃料中、低速机全产业链产品研发，加强基础性技术能力建设。

基于我国船用中、低速机产业现有的技术基础，攻关生物燃料、甲醇、氨、氢等低碳或零碳燃料发动机的关键技术，以典型的低碳零碳船用中、低速机产品自主研发为牵引，形成低碳、零碳船用中、低速机完整产业链产品的自主研发能力，同时提升高端制造的工艺水平,突破低碳、零碳关重件研发,形成应对未来低碳需求的产品储备。

加强工业基础技术的应用研究,包括基础技术(材料、表面技术、标准和规范)、工业软硬件、传感器、测试设备/仪器等,鼓励现有的产品和技术在船舶领域,尤其是在船用发动机领域的技术应用研究。通过科研扶持,加强产品详细研发流程、知识产权与标准规范体系建设方面的建设,力争于2030年健全标准规范体系、完善产品详细研发流程,健全自主研发技术、部件和产品自主知识产权的维护。

(3)实施成本质量工程,提高船用中、低速机产业链市场竞争力。

主机厂牵头实施,对标国内外主流船用中、低速机市场售价,从设计、制造、服务等各环节着手,通过低成本设计、关重件国产化、集中采购等方式不断降低产品成本,明确内河、近海、远洋、陆用等细分市场的不同需求,平衡整机指标和价格,提高用户的接受度,实现产品和市场的有机接轨。

核心配套件方面,各专业配套企业牵头实施,优化产业布局,持续提高机体、气缸盖、曲轴、凸轮轴、连杆、复杂箱体等零部件质量,降低成本,如突破曲轴全纤维锻造、圆角强化等制造技术,提高"三泵(润滑油泵、燃油泵、水泵)"产品性价比等,打造一批具有国际竞争力的自主品牌配套件产品。

(4)加强关键技术和核心配套件的自主研发,提升产业链的自主可控能力。

关键技术研发方面,由相关研究院所牵头,对标国际领先产品水平,针对船用中、低速机领域在关键技术上存在的差距,开展船用中、低速机关键技术的提升工程,突破绿色低碳船用中、低速机高热效率、轻量化设计、高性能高可靠性等关键技术。并且,在进一步夯实关键技术的基础上,加强智能发动机的控制系统、智能管理和远程服务、智能发动机设计和验证技术等方面技术的研究开发,形成绿色智能船用中、低速机及相关产业链。

核心配套件方面,充分发挥研究院所关键技术攻关优势和相关配套件制造商的生产制造优势,联合国内优势企业,加强燃料喷射系统、电子管理系统、轴瓦、增压器等短板弱项产品和技术的自主攻关;建设完善核心配套件性能和可靠性验证平台,显著提高核心配套件性能和可靠性,打造一批具有国际竞争力的自主品牌配套件产品。

2. 我国船用柴油发电机组产业链发展的重点任务

综合对我国船用柴油发电机组产业链发展的现状分析,其产业链各环节存在薄弱环节(见表5-2),其中联轴器金属及橡胶原材料、销售和维保网络、基础芯片、基础软件需要补链,逐步实现自主可控;控制模块、减振降噪装置、机旁监控装置(含状态检测系统)需要强链,逐渐赶超国际先进水平;发电机组整机成套设备需要固链,维持产业链发展的领先地位。

表5-2 船用柴油发电机组产业链各环节的薄弱环节及建议

产业链定位	产业链环节	主要薄弱环节	发展建议
上游	柴油机	见柴油机产业链	—
	发电机	励磁装置	强链
	联轴器	金属、橡胶原材料	补链
	减振降噪装置	产品质量、性能	强链
	机旁监控装置	控制模块	强链
	应用软件	基础芯片、基础软件	补链
中游	整机成套设备	—	固链
下游	销售	国际知名度低	补链
	运营	以国内客户为主,缺乏国外客户	强链
	服务	尚未建立高效全球维保网络	补链

针对产业链上部分金属、橡胶原材料、基础芯片、基础软件尚未实现自主可控,以及机组核心控制模块与进口产品的功能和性能存在差距等问题,建议国家基于行业需求开展调研,投入专项经费,组织专项攻关,以国家工程中心为依托,在行业内选取产、学、研优势单位建立联合团队,充分发挥研究院所、高校的关键技术攻关优势和相关配套件制造商的生产制造优势,加快推进相关材料、芯片、软件的自主化研制工作和产品功能性能提升工作,力争2025年实现芯片、材料、软件的国内替代,研制出先进控制功能完备的国产化励磁装置;2027年实现机组核心控制模块功能、性能可对标国际先进水平,国产化励磁装置的可靠性和故障率经实船验证达到国际先进水平;2030年国产材料、芯片、软件性能可对标国际先进水平,国产化励磁装置配装的发电机装船率达到90%。

立足行业中期发展需求,针对低碳双燃料发电机组混合动力系统推动形成完善的体系架构及激励政策,支持产业的进一步推广普及。同时,加大对新形式双燃料动力系统的研发和示范应用支持,形成多技术路线并行发展的局面。通过政策引导并规划行业长期发展所需的零碳动力产品技术研发,并对上游的燃料制备、储存、运输和供给等配套支持产业进行规划和引导。力争于2035年形成覆盖 LNG、甲醇、氨、氢等低碳零碳发电机组动力产品型谱,并完成典型示范应用,以满足船舶所有人的个性化需求。

同时,鼓励认证机构提前开展相关的支撑性工作,尽早出台规范标准和服务性政策。鼓励产品应用设计单位提前开展相关论证工作,确保产品研发和应用设计不脱节,提高产品的适用性和用户满意度,加快产业应用节奏。

针对相关产品国际知名度低、国外市场占有率不高、尚未建立高效全球维保网络等问题,建议国家给予财政和政策支持,为相关产品参与国际市场竞争提供税收优惠和财政补贴,并通过发布约束性、鼓励性政策引导国内高端船舶市场逐步提高发电机组的价值链水平,同时组织各地区各行业建设一批国产化船舶示范工程,提高国产设备的知名度,培育具有国际竞争力的零部件供应商,形成若干家国际一流的船用柴油发电机组企业集团和配套件企业集团,摆脱进口依赖,逐步实现自主品牌发电机组产品进入并占领中高端市场。

此外,建议国家联合各国有大型造船企业及国有核心船舶设备供应商,探索共享模式,建立国产船舶设备售后服务共享网络,通过新建、租借、购买服务网点等多种手段,分重点、分批次、自内向外、自近至远逐步建立并拓展国产船用设备的国际服务网络,力争在 2027 年前初步构建全球销售及售后服务网络,覆盖全球 30%服务区域需求,在 2030 年前拓展至覆盖全球 70%服务区域,在 2035 年前实现全球联保。

二、发展路线图

海洋运载装备产业链发展路线如图 5-1 所示。

海洋油气装备产业链发展路线如图 5-2 所示。

海洋安全保障装备产业链发展路线如图 5-3 所示。

海洋动力装备产业链发展路线如图 5-4 所示。

第三节　我国海洋装备产业链高质量发展的举措和建议

一、促进海洋装备产业链高质量发展的总体建议

一要把海洋装备高端产业支撑政策的建立放在首位,以政策引导市场发力,加快高端海洋装备产业核心技术攻关。通过政策机制调整,将国有企业、民营企

内容	时间			
	2030年	2035年	2040年	2050年
战略需求	应对国际形势：国际海事公约规范日益严格，极地航道开通，极地资源开发争夺日益激烈 服务双循环：交通强国、制造强国，"双碳"目标 促进海洋经济发展：海洋强国			
主要目标	部分关键装备和核心部件自主可控 基础共性材料及机械设备自主可控 三大主力船型市场占有率达60%，本土化装船率达85%	船舶核心或专用设备规模化本地生产 动力与燃料供应系统攻关 气体运输船市场占有率达50%，本土化装船率达50%	解决一批重点产业自主可控问题，打造一批自主品牌优势产业，获取更多中高端市场份额 技术创新基础及能力提升 专用系统设备引领 客船（含大型邮船）国际市场占有率达30%，本土化装船率达50%	服务型制造产业升级 通信导航及自动化控制系统引领 低地运维船市场达60%
重点任务	关键设备或核心部件及技术攻关 T型吊船维进器、LNG专用设备、豪华邮轮配套设备攻关 低速机、中速机、锅炉、舵口盖、吊机等自主可控	面向中高端装备领域，打造优势产品	船海装备研发水平和智能制造达国际先进水平 导航产品、动力定位系统	智能运维及自主航行技术领先 监测部件及感知器件、功能部件
	政策体制、行业协同、人才培养			
举措和建议	制定并完善海洋运载装备产业发展规划，明确产业发展目标、重点领域和政策支持措施，鼓励并支持跨部门合作，建立海洋运载装备产业发展协同机制，促进政策实施和资源配置支撑 建立海洋运载装备领域产业联盟，促进企业间信息共享，推动技术创新和产业升级。加强产学研合作，为产业提供创新支撑 建立海洋运载装备领域的人才培养体系，制订培养计划，培养工程技术、管理和市场营销等人才，鼓励企业与高校和研究院所开展所需的人才研究。加强产业与高校间的人才培养合作	持续优化产业政策，技术创新和产品升级。加强知识产权保护，防止技术泄露和侵权 深化产业合作，鼓励海洋运载装备企业在供应链中形成优势互补，推动整体效益的提升，加强国际合作，积极参与国际竞争，提升产业国际竞争力 建立多层次、多领域的人才培养机制，培养具有创新精神和国际视野的复合型人才，鼓励人才参与创业创新，支持创新团队和创业项目，推动产业发展	引导企业加大研发投入，加速技术创新和产品升级。加强知识产权保护，防止技术泄露和侵权	深化改革，推动市场在资源配置中起决定性作用，营造市场化竞争和创新创业，逐步建立健全绿色合同持续发展，展政策体系，促进海洋运载装备产业的绿色发展 强化海洋运载装备企业的全球价值链地位，加强与国际优秀企业的合作，拓展国际市场份额，布局加强加值领域延伸，培育具有国际竞争力的领军企业 鼓励海外留学人才回国，引领产业创新发展，搭建国际化人才合作平台，持续优化人才培养机制，关注人才培养质量和效果，确保人才队伍的可持续发展

▲ 图 5 - 1 海洋运载装备产业链发展路线

内容	时间 2030年	2035年	2040年	2050年
战略需求	补链、固链		强链	延链
	应对国际形势，服务"双循环"			
	核心装备技术国产化，优势领域优化升级，提升国际影响力，进入国际第一阵营			海洋油气装备技术国际领先，带动海洋经济优化转型和海洋油气装备技术的飞跃，有力支撑海洋强国建设
主要目标		获取更多中高端市场份额		成为海洋油气装备强国，全领域"链主"，实现产业链全球布局
	明确"卡脖子"问题，开展技术攻关，提升国产化率		提升国际竞争力，打造优势产品和领域，优势领域"链主"，全面提升售后服务能力	
重点任务		面向中高端装备领域		全面掌握超深水油气开发装备技术，且技术水平国际领先
	突破关键技术，加快水下生产装备的国产化应用；加强测试及认证体系建设	无人化、智能化、标准化发展，实现产业升级；超前部署3 000米级深水油气田开发技术和装备体系	制定关键核心装备清单，实现FLNG的突破，打造大国重器	
举措和建议			政策体制：做好统筹规划，发挥体制机制优势，实现"政-产-学-研-用-检"一体化	
	加强海洋工程科技领域的顶层设计，创新海洋人才培养机制，加强人才培养和成果转化	人才培养：创新海洋人才培养体系机制，集成应用		

▲ 图 5-2　海洋油气装备产业链发展路线

内容	时间			
	2030年	2035年	2040年	2050年
战略需求	海洋强国战略、强军目标、建设世界一流海军			
	制造强国战略、造船强国战略、新发展格局需求			
主要目标	一批关键技术突破，国外封锁，实现自主可控	在产品、技术、人才、质量效益、管理能力、市场竞争力等方面均达到国际一流水平	关键系统和设备实现自主可控	第四代装备形成自主可控的供给能力
	产业结构优化升级，产业体系更加完善		产业链形成现代化的科研生产体系和自主创新能力	产业体系和产业生态更加完善
	质量效益明显提升，国际竞争优势巩固提升		主要装备的技术水平和科研制能力处于世界先进水平	各型新研装备和技术水平全面迈入世界一流水平
重点任务	积极开展水下攻防、侦察预警、指挥控制、信息对抗等重点领域的技术攻关	先进动力、关键材料、基础机电产品等工业基础进一步夯实	先进动力、关键材料、核心零部件及基础机电产品等工业基础进一步夯实	先进动力、关键材料、核心零部件及基础机电产品等工业基础世界领先
	打破舰船柴油机、燃气轮机、综合电力系统等军用先进动力制造的瓶颈	新一代海洋安全保障装备研制实现新突破	新一代海洋安全保障装备研制实现新突破	量子通信导航、电磁发射、定向能武器等颠覆性技术和产品取得显著成效
		综合隐身、警戒探测、水下预置武器、水下攻防、无人装备、深海环境监测等前沿技术和产品取得显著成效	综合隐身、警戒探测、水下攻防、无人装备、水下预置武器、深海环境监测等前沿技术和产品取得显著成效	新一代海洋安全保障装备研发建造能力国际领先
举措和建议	加强国家规划和重大工程项目对海洋安全保障装备发展的支持，制定实施补链、强链专项工程			
	发挥好经济建设和国防建设双向需求牵引作用			
	推动企业工程技术中心、军地科研机构和高校协同开展科技创新，加强人才联合培育和引进，形成人才梯队			

▲ 图 5 - 3　海洋安全保障装备产业链发展路线

内容	时间			
	2030年	2035年	2040年	2050年
战略需求	服务国家"碳减排"、海洋强国、造船强国建设等战略需求		海洋动力装备系列化、全产业链自主可控	
主要目标	实现海洋动力装备全面自主可控 甲醇、氨等新燃料动力装备技术研发建造达到国际领先水平 建立海洋动力装备自主品牌国际影响力，提高国际市场占有率			
重点任务	海洋动力装备关键核心技术取得突破，实现一批关重件自主研制与优化 建立海洋动力装备研发协同创新体系，科研成果高效转化服务体系 自主品牌海洋动力装备小批量示范运行和核心数据库建设与信息共享		实现国产软件自主应用，各类型海洋动力装备谱系化 甲醇、氨等新燃料动力装备实现应用 甲醇、氨等新燃料动力装备技术国际领先	
举措和建议	研发机构、总装企业和配套企业一同构建创新共同体，针对关重件材料工艺、可靠性等基础技术以及核心配套件进行攻关，提升配套零部件的质量、寿命和性能指标 发挥国家体制优势，集智攻关，抢抓"双碳""弯道宽争发展机遇，快速推进低碳/零碳燃料海洋动力装备全产业链产品研发，以海洋动力装备创新为抓手，提高中高端市场竞争力 开展针对性措施的产业链保护措施和政策研究，为自主品牌整机和关重件进入市场并具备市场竞争力提供必要支持 开展国产设计软件研发		以产品质量为中心，提升品牌价值	

▲ 图5-4　海洋动力装备产业链发展路线

业紧紧地拢成一个大的产业集团,由企业牵头,联合高校等科研单位集中攻关,提升科技创新能力。此外,要抓住和利用国家计划建立区域创新中心的机会,以总装建造牵引配套等实现海洋装备上下游产业的协同发展。

二要面向国家重大需求、面向前沿技术,特别是着眼未来绿色智能技术的发展,着力实施海洋装备产业链锻长板工程。加快海洋装备企业转型升级,利用数字技术对传统产业进行改造和提升,如船舶工业。打造优势产品、优势品牌的同时,还应重视建立一套极端情况下的统筹反制策略,以充分应对制造业回流、产业回购等影响海洋装备产业链稳定发展的不利因素。

三要以"双循环"和"双碳"目标为契机,弯道超车,拓展布局新的海洋装备产业链,加快探索未来能够使我国站在国际高端海洋装备市场前沿的突破口,锚定海洋装备产业应该聚焦的重点方向和任务,比如绿色低碳、智能方向。以重大海洋装备的创新研发为牵引,逐步建立和完善海洋装备产业链上不足和缺失的装备设备及关键技术。

四要加大需求拉动和培育市场需求的研究。海洋装备产业链的高质量发展势必要走国际化的道路,仅靠内需驱动是不够的。要谋求国际合作,获取更多国际订单,通过退税奖励等方式鼓励企业使用国产配套设备,提升国产配套能力,是拉动和培育国内高端海洋装备市场的重要方式。另外,市场品牌的建立和售后服务对提升国际竞争力而言非常重要。

建议以海洋装备产业链上的重点产品为抓手,重点解决以下两个方面的问题。

一是重点解决海洋装备产品技术能力问题:建议部署重大海洋装备工程项目,加快推进空白产品及关键核心技术攻关,切实提升技术装备更新迭代的能力和效率。梳理重点依赖进口的产品和设备清单,形成路线图,明确5~10年攻关的阶段目标,培育一批填补国内空白、具有世界影响力的创新型海洋装备产品;加强海洋装备测试及认证体系建设,助力"首台(套)"装备的应用等。

二是重点解决国内外市场认可度低的问题:通过国家政策引导,以内需拉动需求,以口碑赢得市场。建议由国家层面组织、中船集团等大型船企牵头、国内相关配套企业参与,形成海洋装备配套大目录(含国内外配套设备信息)并进行对标;以政策推动中远海运、招商局集团、中船集团、中海油等用户积极选用国产海洋装备产品。建议建立国产配套设备的售后服务体系,通过新建、租借、购买服务网点等手段,分重点、分批次、自内向外、自近至远逐步建立海洋配套设备的国际服务网络;出台专项保险为已纳入的国产配套设备提供风险保障,让国内船舶所有人愿意选择国产品牌,推动国船国造、国配国用。

二、海洋运载装备产业链发展的举措和建议

（一）政策体制层面，加大科研创新投入，实现技术引领

围绕国家战略需求，合理加大资源投入，建立完善的科研投入和成果转化机制，实施产业基础再造工程和重大技术装备攻关工程，以技术攻关为牵引，建立海洋运载装备现代化产业体系，分类施策推进关键产品技术的国产化工作，实质性化解供应链受制于人的隐患，推动战略性新兴产业集群式发展，形成人工智能、生物、新能源、新材料、高端装备、绿色环保等新兴技术的增长点。遴选矛盾突出、事关行业发展的关键技术和产品，在科技研发、能力建设等方面给予充分保障。对于我国海洋运载装备的供应链短板产品和技术，尽早策划组织有关企业进行攻关；对于国家工业基础类产品和技术，协同国内其他行业开展联合攻关；对于国内有能力研制但尚未国产化的供应链产品，利用国家、地方及行业平台，积极开展需求对接，以市场推动产业化进程。

（二）科技创新组织机制层面，大力发展自主品牌，推动国产替代

面向海洋运载装备产业的发展需求，大力发展自主品牌，从设计源头强化"国船国配"方针，大幅提升自主品牌的市场竞争力和市场占有率，研究制定"国船国配"政策引导，推动中远海运、招商局集团、中海油等国内用户积极选用自主品牌产品；设立产业发展基金，支持自主品牌产品从首台（套）示范应用到小批量生产、产业化推广应用；以提升海洋运载装备产业链的竞争力为目标，加快推进专业化整合，优化资源配置，适度提高行业资源的集中度，支持形成拥有自主品牌、具有较强竞争力的产业链龙头企业，在细分产品领域形成一批具有全球领先水平的单项冠军企业。

（三）行业协同层面，加快推进新兴技术与海洋运载装备产业链的融合发展

促进新兴技术融入海洋运载装备产业，推动战略性新兴产业融合集群发展，构建新一代信息技术、人工智能、生物技术、新能源、新材料、高端装备、绿色环保等一批新的增长引擎。以"智能制造、智能装备"建设为抓手，统筹推进船海领域"新基建"工程，充分发挥 5G、数据中心、人工智能、工业互联网新兴技术的应用潜力，全面推进数字化、网络化和智能化技术在船舶及配套设备设计、制造、管理、维护、检验等全流程的应用，打造安全、高效、绿色、智能的现代化海洋运载体系。同时，发挥好数据作为生产要素的关键作用，强化数字经济理念，推动数据与海洋运载装备全产业链的融通，全面推进海洋运载装备企业数字化转型，实现

数字增值,提升行业的效率效益。

(四)人才培育层面,加快领军人才培养和高水平研发团队建设

围绕海洋运载装备产业链的发展战略和目标实现需要,完善人才培养机制,加快海洋运载装备领域的领军人才培养,通过国家级创新平台,推动高水平专家团队和专业化的研发团队建设;建立合作共赢和成果共享的协同创新机制,搭建有活力的行业协同研发平台,完善激励创新和成果共享机制,推动知识共享与成果转化,促进用户、企业、高校、科研院所等各类型单位之间的协同创新与合作,提升发展动力和核心竞争力,保障海洋运载装备产业链的高质量发展。

三、海洋油气装备产业链发展的举措和建议

(一)加强政策体制支撑,促进海洋油气产业发展

在财政、税收、金融政策方面,设立专项长期性建设国债、高端装备制造业专项发展资金等支持海洋油气装备产业发展;对于海洋油气装备制造企业引进国外先进技术和高端设备的情况,建议予以财政补贴,支持实现相关油气开发技术设备的优化升级。对于符合条件的装备制造企业通过上市融资、发行企业债券等方式筹集资金所取得的收入,免征增值税和企业所得税,建立支持海洋油气装备制造业发展的多渠道、多元化的投融资机制。引导金融机构进入海洋油气开发经济领域,允许涉海金融机构在一定范围内进行金融服务和金融工具创新,适当简化涉海金融业务的报批手续。配合国家海洋战略,政策性银行业务向海洋油气装备制造业倾斜。

(二)加强龙头企业的科技创新,带动中小企业迅速发展

针对我国海洋油气装备产业龙头企业不足的问题,组织实施海洋油气装备产业强企行动,遴选一批具有发展潜力的海洋油气装备制造企业作为扶植对象,在研发平台建设、国家重大项目实施等方面给予一定支持,加速企业的科技创新效率和能力,将其打造成为具有较强国际竞争力、能够带动中小企业创新发展的海洋油气装备产业龙头企业。鼓励民营企业开展科技创新,加强政策体制等扶持力度。

(三)推动全产业链协同创新,提高海洋油气装备产业的质量和效率

建立全产业链互融共生、分工合作、利益共享的一体化组织新模式。支持全链条产品的综合设计研发,提高产业链系统的创新效率。开展全产业链协同创新,培养企业形成持续创新能力和良性循环,以创新带动产品升级,以创新提升

产业链附加值,实现产业竞争力的整体跃升。支持设立由大型骨干企业主导,科研机构、高校、专业技术服务公司等参与的产业联盟,全面推进"政—产—学—研—用—检"一体化建设。

(四) 壮大海洋油气领域的高科技人才队伍,推进人才体制改革

强化海洋科技人才的核心作用,完善海洋人才建设的顶层设计,优化国家战略科技力量布局,探索适宜中国海洋科技创新发展的人才队伍建设和培养的体制机制,针对海洋油气装备产业的发展需求,大力培养产业急需的专业技能型人才,建立符合海洋油气装备产业发展需要的人才培养体系。依托国家重大科技项目、创新平台建设,培养具有自主创新能力、掌握核心技术的海洋油气领域的科技领军人才。

(五) 推进国际海洋科技合作,促进海洋油气装备产业国际化发展

鼓励海洋技术引进与合作研发,充分利用全球创新资源,共同创造和分享国际创新成果。支持创新中心和企业积极开展新产品研发、标准制定、人才培养、知识产权等方面的国际交流与合作。推动海洋科技的国际合作与产业创新,努力提高海洋油气装备产业研发、建造、安装、运维等各环节的国际化发展水平。

四、海洋安全保障装备产业链发展的举措和建议

(一) 政策体制层面

1. 针对海洋安全保障装备产业链的短板弱项,着力强链、补链

紧紧抓住海洋安全保障装备动力系统的瓶颈和短板,以及高端制造装备、关键软硬件、大型基础工业软件、关键材料及通用基础机电产品、专用电子元器件、专用测试仪器等短板弱项问题,加强军地协同科技创新,加快新型柴油机、燃气轮机、船机电型号产品的创新研制和迭代升级,加强对海洋安全保障装备产业链中"独子线"、孤源供应商情况的备份,着力巩固现有海洋安全保障装备产业链的安全性和可靠性。

2. 针对海洋安全保障装备升级和新一代装备研发,着力组链、升链

面向国家重大需求、面向前沿技术,特别是着眼未来的数字技术、绿色技术、无人智能技术等发展,加快研发无人装备、量子通信导航等前沿颠覆性技术和产品,引进消化吸收与海洋安全保障装备产业链相关的工业基础、战略性新兴产业以及其他关键领域的先进技术、工艺以及设施设备等,推动海洋安全保障装备产业链系统和产业生态的创新升级,通过"弯道超车"构建新的产业优势。

（二）行业协同层面

进一步巩固提升一体化的国家战略体系和能力。在国家层面设立专门的领导小组，加强国家部委与中央军委机关之间的统筹，充分发挥好中国科学院、中国工程院、军工科研院所等国家科技力量，以及中船集团、中国电科集团等企业的龙头骨干作用，对海洋安全保障装备产业链进行统一领导和部署。特别是对于新型安全保障装备，鼓励优先引入优势民营企业参与，充分发挥我国造船业总装建造优势，进一步激发竞争，降低建造成本，增强产业链韧性。

（三）人才培育层面

引导资本和高端人才的聚集，加强人才梯队的培育和引进。无论是生产制造，还是配套的产业孵化、资本运营、保障平台等服务业都需要人才，谁拥有一流的创新人才，谁就拥有了科技创新的优势和主导权。因此，在教育上需加大力度，利用高校和研究机构建立相应的学科，培育更多的有志之士成为海洋安全保障装备人才；加强海洋安全保障装备产业链"政—产—学—研—用—检"协同，推动相关企业、科研院所、高校、用户单位等的人才交流与培养；强化全球视野，下大气力引进海洋安全保障装备产业链高端人才；鼓励海洋安全保障装备产业链中的骨干企业做大做强，兼并收购，加快形成龙头效应，引领行业的发展。

五、海洋动力装备产业链发展的举措和建议

制订行业层面的海洋动力装备中长期发展计划，以自主品牌的研发活动带动人才梯队培养和研发能力的提升，是进一步实现产业链提升的基本保障。不断健全和完善产业链生态体系，建立研发、制造、服务一体化的协同创新模式。

在研发端，建立和完善"政-产-学-研-用-检"的联合协同创新团队，用新型举国体制下的联合攻关攻克行业技术难题；开展国产设计软件和仿真分析软件研发。在制造端，不断改进工艺、提升效率，不断提升产品质量，着力构建稳定的供应链体系，保持和扩大产量规模效应的影响力。在服务端，保证与技术端和制造端以及与市场的良性互动，保障高利润点。开展有针对性的海洋动力装备产业链的保护措施和政策研究，为自主品牌整机或关重件进入市场和具备市场竞争力提供必要支持。逐步落实"国船国配"的方针要求，保护国内相关企业的基本利益，建立国外动力配套企业的准入机制，尤其是要有针对性地建立反制低价倾销行为的措施。

海洋动力装备领域的研发机构与总装企业和配套企业一同构建创新共同

体；加强行业协会和专业学会的行业协调和监督管理能力，规范行业市场行为，协助国家部委推进产业链布局和科技创新活动论证。针对关重件材料及工艺、可靠性等基础技术以及核心配套件生产质量的稳定性和一致性进行攻关，提升配套零部件的寿命及技术性能指标。加大面向海外市场的宣传推广，同时将国产海洋动力装备品牌的宣传推广内容融入更多高端元素，以品牌历史传承为基础，打造具备活力和创新能力的品牌形象。

参考文献

［1］宋磊,童骏,孙江龙.纵倾调整对三大主力船型航行性能的影响[J].实验室研究与探索,
2021,40(2):18-22,48.

［2］工业和信息化部装备工业二司.2022年中国船舶工业经济运行报告[R/OL].[2023-06-
05].http://lwzb.stats.gov.cn/pub/lwzb/fbjd/202306/W020230605413586638411.pdf.

［3］中国船舶工业行业协会.2021年船舶工业经济运行分析[EB/OL].(2022-01-19)
[2023-04-17].http://www.cansi.org.cn/cms/document/17230.html.

［4］吴有生,曾晓光,徐晓丽,等.海洋运载装备技术与产业发展研究[J].中国工程科学,
2020,22(6):10-18.

［5］"中国海洋工程与科技发展战略研究"海洋运载课题组.海洋运载工程发展战略研究[J].
中国工程科学,2016,18(2):10-18.

［6］中国造船工程学会.我国海洋工程装备产业发展形势与对策[J].船海工程,2014,43(1):
1-9.

［7］European Commission and European investment fund launch €75 million BlueInvest fund
[EB/OL].(2020-02-04)[2023-04-17].https://ec.europa.eu/commission/
presscorner/detail/en/mex_20_189.

［8］Maritime Cleantech.ShipFC-Green ammonia energy system[EB/OL].[2023-04-
17].https://maritimecleantech.no/project/shipfc-green-ammonia-energy-system/.

［9］Wärtsilä Corporation.Wärtsilä launches major test programme towards carbon-free solutions
with hydrogen and ammonia[EB/OL].(2021-07-14)[2023-04-17].https://www.
wartsila.com/media/news/14-07-2021-wartsila-launches-major-test-programme-towards-carbon-
free-solutions-with-hydrogen-and-ammonia-2953362.

［10］Kongsberg and MAN Energy Solutions sign MoU for collaboration on common data
infrastructure for maritime sector[EB/OL].(2019-10-11)[2023-04-17].https://
www.kongsberg.com/maritime/about-us/news-and-media/news-archive/2019/kongsberg-
and-man-energy-solutions-have-signed-a-memorandum-of-understanding/.

［11］Shell global solutions international B.V.has awarded Kongsberg digital an enterprise
framework agreement for the supply of Kognitwin® energy,digital twin software[EB/
OL].(2020-08-28)[2023-04-17].https://www.kongsberg.com/digital/
resources/news-archive/2020/shell-global-solutions-international-b.v2.-has-awarded-kongsberg-

digital-an-enterprise-framework-agreement-for-the-supply-of-kognitwin-energy-digital-twin-software.

[12] 陈柏全,刘二森.2021年韩国船舶工业发展回顾[J].中国船检,2022(2):52-58.

[13] European Commission. EU blocks merger of Daewoo and Hyundai [EB/OL]. (2022 - 01 - 14)[2023 - 04 - 17]. https://xindemarinenews.com/m/view.php? aid=35625.

[14] 陈柏全,万鹏举,屠佳樱,等.2019,韩国造船为何能再次超越[J].中国船检,2020(2):47-53.

[15] 秦琦.LNG运输船建造:韩国缘何能一枝独秀?[J].中国船检,2019(8):34-37.

[16] 屠佳樱,刘二森.2021年日本船舶工业发展回顾与展望[J].中国船检,2022(2):59-64.

[17] 易国伟,陈刚,刘佩,等.国产首制大型邮轮总装能力建设与产业发展研究[J].中国工程科学,2022,24(2):113-122.

[18] 桂傲然.以技术创新引领我国船舶工业新发展[J].中国船检,2020(10):42-45.

[19] 卓睿璇,张高磊,卓红.绿色航运背景下LNG动力船舶政策与法律研究[J].浙江海洋大学学报(人文科学版),2022,39(5):31-38.

[20] 阴晴,谢予,朱永安.中国造船业对外开放"四十年":历程、路径及影响分析[J].船舶标准化与质量,2018(5):47-49.

[21] 宋余庆,李艳,陆介平,等.镇江船舶与海洋工程装备产业专利分析:基于生态位理论[J].情报杂志,2016,35(4):105-111.

[22] 谢荣,胡杰,谢易.船舶与海洋装备制造业市场发展趋势分析[J].江苏船舶,2018,35(6):1-4,8.

[23] 王娜娜,甄希金.船舶智能制造技术现状及发展趋势[J].船舶工程,2019,41(9):6-9.

[24] 吴国凡.基于波特钻石模型的中国船舶工业国际竞争力分析[J].船海工程,2016,45(2):105-108,112.

[25] 师桂杰,冯加果,康美泽,等.极地海洋工程装备的应用现状及关键技术分析[J].中国工程科学,2021,23(3):144-152.

[26] 李翼,吕建军,周陶然,等.船舶智能制造关键共性技术体系探究[J].船舶工程,2021,43(6):24-30.

[27] Cheng T C E, Farahani R Z, Lai K H, et al. Sustainability in maritime supply chains: challenges and opportunities for theory and practice [J]. Transportation Research Part E: Logistics and Transportation Review, 2015,78:1-2.

[28] Stopford M. Three maritime scenarios 2020-2050 [Z]. Seatrade Maritime: Colchester, 2020.

[29] 胡波,张良福,吴士存,等."中国海洋安全的现状与前景展望"笔谈[J].中国海洋大学学报(社会科学版),2022(1):1-18.

[30] 王优西,张晓通,邹磊,等.欧盟碳税新政:内容、影响及应对[J].国际经济合作,2021(5):13-24.

[31] UN body adopts climate change strategy for shipping [EB/OL]. (2018 - 04 - 13)[2022 - 05 - 09]. https://www.imo.org/en/MediaCentre/PressBriefings/Pages/06GHGinitialstrategy.aspx.

[32] Council of the EU. Council agrees on new rules to drive down deforestation and forest degradation globally[EB/OL].(2022 - 06 - 28)[2022 - 07 - 26]. https://www.consilium.europa.eu/en/press/press-releases/2022/06/28/council-agrees-on-new-rules-to-drive-down-deforestation-and-forest-degradation/? ref = www. adl-finishing. com.

[33] 董利苹,曾静静,曲建升,等. 欧盟碳中和政策体系评述及启示[J]. 中国科学院院刊, 2021,36(12):1463 - 1470.

[34] IMO. Marine Environment Protection Committee (MEPC 80),3 - 7 July 2023[EB/OL].[2023 - 08 - 08]. https://www.imo.org/en/MediaCentre/MeetingSummaries/Pages/MEPC-80.aspx.

[35] Stena Germanica the first ship in the world to run on methanol as a marine fuel[EB/OL].[2023 - 08 - 08]. https://www.wartsila.com/marine/customer-segments/references/ferry/stena-germanica.

[36] 贺林,李锋,董思濰. 船用大功率中速氨燃料发动机现状及发展趋势分析[J]. 中国机械, 2023(2):69 - 72.

[37] 魏梅,潘放,汪颖异,等. 2021 年世界船舶市场评述与 2022 年展望[J]. 船舶,2022,33 (1):1 - 18.

[38] 谢予,孙崇波,阴晴. 日本船舶工业的脱碳与数字化技术研发进展[J]. 世界海运,2022,45 (8):1 - 6.

[39] 吕龙德. 日本如何抢占新能源船舶研发先机?[J]. 广东造船,2021,40(6):14 - 15.

[40] Maritime Singapore decarbonisation blueprint: working towards 2050[EB/OL].(2022 - 04 - 20)[2023 - 08 - 08]. https://www.mpa.gov.sg/regulations-advisory/maritime-singapore/sustainability/maritime-singapore-decarbonisation-blueprint.

[41] 钱跃华,刘博,吴朝晖. 船用低速发动机技术发展综述[J]. 推进技术,2020,41(11): 2418 - 2426.

[42] 中国船舶重工集团动力股份有限公司. 中国船舶重工集团动力股份有限公司 2021 年年度报告[R/OL].[2022 - 06 - 15]. http://www.sse.com.cn/disclosure/listedinfo/announcement/c/new/2022-04-29/600482_20220429_17_2MDSbThQ.pdf.

[43] 付玉辉,翁雨波. 船用低速机品牌市场分析[J]. 中国船检,2018(9):72 - 75.

[44] 顾宏中. 中国舰船柴油机研发百年回眸:中国内燃机百年纪念[J]. 柴油机,2008,30(5): 1 - 5.

[45] 时志刚,刘啸波. 世界舰船柴油机技术发展回顾与展望[J]. 舰船科学技术,2012,34(3): 137 - 139.

[46] 黄立,张东明,张学艳,等. 新型船用中高速机自主研制现状与展望[J]. 柴油机,2023,45 (1):2 - 7.

[47] 任代光. 船舶发动机排气污染物排放限值及测量方法发布[J]. 重发科技,2016(2):34 - 39.

[48] 王术新,姜春明. 船用柴油发电机组的研究现状与发展趋势[J]. 舰船科学技术,2004,26 (4):23 - 25.

[49] 周守为,曾恒一,罗平亚,等.面向 2035 海洋能源开发及核心技术战略综合研究[M].北京:石油工业出版社,2023.

[50] 李宇航,王莹莹,王文涛,等.巴西海洋与极地领域科技创新战略及对我国的启示[J].海洋开发与管理,2022,39(9):48－56.

[51] 孙悦琦.韩国海洋经济发展现状、政策措施及其启示[J].亚太经济,2018(1):83－90.

[52] The government's revenues [EB/OL].(2024－05－16)[2023－07－08].https://www.norskpetroleum.no/en/economy/governments-revenues/.

[53] 挪威批准逾 180 亿美元的油气投资[EB/OL].(2023－06－30)[2023－07－15].http://www.sinopecnews.com.cn/xnews/content/2023-06/30/content_7069787.html.

[54] 英国政府发布《海事 2050 战略》[EB/OL].(2019－04－03)[2023－07－12].https://www.thepaper.cn/newsDetail_forward_3250513.

[55] 丁铎.英国发布新《国家海洋安全战略》,可否重拾昔日荣光?[EB/OL].(2022－08－19)[2023－07－12].https://m.thepaper.cn/newsDetail_forward_19510301.

[56] 陈礼清,习小慧.低碳低合金及含铜海洋工程用钢的研究及其发展[J].轧钢,2023,40(1):1－11.

[57] 牛爱军,毕宗岳,张高兰.海底管线用管线钢及钢管的研发与应用[J].焊管,2019,42(6):1－6.

[58] 赵涛,黄元元,贾向锋,等.我国海洋油气钻井装备技术现状及展望[J].石油机械,2022,50(4):56－62.

[59] 王定亚,孙娟,张茹新,等.海洋钻井装备技术现状与发展思路研究[J].石油机械 2021,49(3):84－89.

[60] 张钦岳,殷志明,李滨.海洋深远海油气开发应急救援装备发展趋势[J].石化技术,2021,28(3):137－141.

[61] 程兵,付强,李清平,等.我国海洋油气装备发展战略研究[J].中国工程科学,2023,25(3):13－21.

[62] 曾晓光,金伟晨,赵羿羽,等.海洋开发装备技术发展现状与未来趋势研判[J].舰船科学技术,2019,41(9):1－7.

[63] 鲍劲松,程庆和,张华军,等.海洋装备数字化工程[M].上海:上海科学技术出版社,2020.

[64] 徐晓丽,曹林.海洋工程装备技术绿色动向[J].中国船检,2023(2):65－68.

[65] 周守为,李清平.构建自立自强的海洋能源资源绿色开发技术体系[J].学术前沿,2022(17):12－28.

[66] 朱海山,李达,魏澈,等.南海陵水 17－2 深水气田开发工程方案研究[J].中国海上油气,2018,30(4):170－177,214.

[67] 国务院关于印发《中国制造 2025》的通知[EB/OL].(2015－05－19)[2023－07－12].https://www.gov.cn/zhengce/content/2015-05/19/content_9784.htm.

[68] 八部门关于印发《海洋工程装备制造业持续健康发展行动计划(2017—2020 年)》的通知[EB/OL].(2018－01－05)[2022－04－09].https://www.gov.cn/xinwen/2018-01/05/content_5253494.htm.

[69] 关于印发《"十四五"能源领域科技创新规划》的通知[EB/OL].(2021－11－29)[2022－

04－09]. https://www.gov.cn/zhengce/zhengceku/2022-04/03/content_5683361.htm.

[70] 李志刚,安维峥.我国水下油气生产系统装备工程技术进展与展望[J].中国海上油气,2020,32(2):134－141.

[71] 尹彦坤,周声结,李清明,等.聚酯缆在"深海一号"半潜式生产平台的应用技术[J].船舶工程,2022,44(S1):592－608.

[72] 赵南,张伟,杨勇.深海半潜式生产平台张紧式系泊系统安装方案[J].船舶,2016,27(2):80－87.

[73] 董璐,朱为全,高巍.可解脱内转塔单点系统与关键技术[J].海洋工程装备与技术,2020,7(1):59－67.

[74] 央视:海洋油气勘探关键技术装备重大突破!这套"自主研发"有哪些亮点?[EB/OL].(2022－09－30)[2022－11－09]. https://mp.weixin.qq.com/s/Wk-lp9UrzJmn9P-ebKDUukg.

[75] 中国船舶集团有限公司.海洋装备业[EB/OL].(2019－06－29)[2023－09－05]. http://www.cssc.net.cn/n135/n173/n194/n217/c8176/content.html.

[76] 吴有生.中国海洋工程与科技发展战略研究:海洋运载卷[M].北京:海洋出版社,2014.

[77] 杨德森.海洋安全保障装备发展战略研究[R].北京:2020 中国工程院重大咨询项目研究报告,2020.

[78] 吴彦艳.产业链的构建整合及升级研究[D].天津:天津大学,2008.

[79] 倪光南.发展自主可控的信息技术和产业[J].电子产品世界,2015(10):25－26.

[80] 许喜平,肖振红.基于知识流动的国防科技工业自主可控研究[J].科学管理研究,2017,35(6):57－60.

[81] 夏泓,李京苑,李应选,等.航天元器件自主与可控概念及量化研究[J].电子元件与材料,2013,32(7):50－53.

[82] "中国工程科技 2035 发展战略研究"项目组.中国工程科技 2035 发展战略:机械与运载领域报告[M].北京:科学出版社,2019.

[83] 中国船舶集团经济研究中心.中国船舶工业发展研究[R].[S.l.]:中国船舶集团经济研究中心,2021.

[84] 海运在线:数字化提速　船舶数据用量增长近两倍[EB/OL].(2021－10－14)[2023－09－05]. https://www.sohu.com/a/495116484_121089755.

[85] 新华社.习近平:高举中国特色社会主义伟大旗帜　为全面建设社会主义现代化国家而团结奋斗:在中国共产党第二十次全国代表大会上的报告[EB/OL].(2022－10－15)[2023－09－05]. https://www.gov.cn/xinwen/2022-10/25/content_5721685.htm.

[86] 傅梦孜,刘兰芬.全球海洋经济:认知差异、比较研究与中国的机遇[J].太平洋学报,2022,30(1):78－91.

[87] 李彦庆.在"十四五"规划纲要指导下实现船海产业高质量发展[J].中国远洋海运,2021(4):34－38.

[88] 潘云鹤,唐启升.海洋工程科技中长期发展战略研究报告[M].北京:海洋出版社,2020:40.

[89] 上海外高桥造船有限公司.主流船舶供应链体系调研分析[R].上海:上海外高桥造船有

限公司,2022.

[90] 殷为华,常丽霞,李白.海洋工程装备产业发展态势及上海的对策[J].科学发展.2013
(8):93-99.

[91] 中国船舶工业集团公司海洋工程部.大力发展海洋工程装备　推动我国成为海洋强国
[J].海洋经济,2011,1(1):16-20.

[92] 魏广成,张曼茵.主要发达国家推进海洋制造业发展的做法及启示[J].中国发展观察,
2022(8):109-112.

[93] 吴崇伯,姚云贵.日本海洋经济发展以及与中国的竞争合作[J].现代日本经济,2018
(6):59-68.

[94] Korea Marine Equipment Research Institute. A Global Leader in Marine Equipment
Research & Testing [R]. Pusan:KOREAN, 2009.

[95] 韩国发布《确保造船产业竞争优势战略》[EB/OL].(2022-10-21)[2023-09-05].
http://www.cansi.org.cn/cms/document/18205.html.

[96] 中国船舶集团经济研究中心.世界船舶工业发展蓝皮书(2021)[R].[S.l.]:中国船舶
集团经济研究中心,2022:19-20.

[97] 马运义,吴有生,方志刚.船舶装备与材料[M].北京:化学工业出版社,2017.

[98] 郭大成.以改革开放40周年为重要契机,推动船舶工业高质量发展取得新突破[EB/
OL].(2018-12-25)[2023-09-05].http://www.cansi.org.cn/cms/document/
11325.html.

[99] 赵金楼,徐鑫亮.中国海洋工程装备制造业发展问题研究[J].学习与探索,2014(4):
110-112.

[100] 杜利楠.我国海洋工程装备制造业的发展潜力研究[D].辽宁:大连海事大学,2012.

[101] 中国工程院.制造强国战略研究报告[R].北京:中国工程院,2020:281.

[102] 干勇.大数据链支撑产业链供应链安全战略[R].济南:中国工程科技知识服务协同发
展论坛,2021.

[103] 汤敏,李汎,曾力,等.船舶配套设备智能化发展战略研究[J].中国工程科学,2019,21
(6):22-26.

[104] 刘畅.乘"风"而上"能"动世界:专访中国船舶集团产业发展部主任、中船风电公司董事
长吴兴旺[N].中国船舶报,2022-12-23(5).

[105] 曹友生.积极参与国际标准规则制定,提升我国全球海事治理地位[J].标准科学,2022
(zl):233-237.

[106] 郭娅.2020年船舶行业国际标准发布和立项情况[J].船舶标准化与质量,2021(1):60-
64.

[107] 陈哲,高维新.中国的海洋发展与金融发展路径研究[J].经济师,2019(6):43-46.

[108] 张玉洁,李明昕.新常态下我国海洋保险业发展现状、问题及对策研究[J].海洋经济,
2016,6(3):10-14.

[109] 前瞻研究院.2017—2022年中国船舶修理行业产销需求与投资预测分析报告[R].深
圳:前瞻研究院,2022.

[110] 中国船舶工业行业协会.中国修船产业白皮书(2022)[R].北京:中国船舶工业行业协

会,2022.

[111] 郭志莹."印太战略"下美国海洋安全政策的调整及中国应对[D].长春:吉林大学,2022.

[112] 夏豪斌.基于技术创新效率评价的海洋工程装备产业链网络鲁棒性研究[D].镇江:江苏科技大学,2022.

[113] 马文婷.习近平关于中国海洋安全保障论述研究[D].大连:大连海事大学,2021.

[114] 孟祥尧,马焱,曹渊,等.海洋维权无人装备发展研究[J].中国工程科学,2020,22(6):49-55.

[115] Xu P. Safeguarding maritime rights and interests in the New Era: China's concept and practice [J]. China International Studies, 2021(1):50-83.

[116] 徐正源.构建"海上安全命运共同体":中国推进海上安全治理的根本路径[J].教学与研究,2019(2):49-58.

[117] 吴平平,陆军.基于产业链分析的海洋工程装备制造业发展研究[J].机电工程技术,2018,47(5):36-37,193.

[118] 赵卫华.中国与周边国家海洋争端的层级及中国海洋维权的若干思考[J].石河子大学学报(哲学社会科学版),2018,32(2):14-23.

[119] 石源华.海洋维权与海洋维稳的平衡与互动[J].世界知识,2017(19):72.

[120] 王乐.基于产业链分析的江苏海洋工程装备制造业升级研究[J].经贸实践,2017(18):163,165.

[121] 张偲,权锡鉴.我国海洋工程装备制造业发展的瓶颈与升级路径[J].经济纵横,2016(8):95-100.

[122] 石志宏,冯梁.印度洋海上安全研究综述[J].印度洋经济体研究,2016(2):92-156,160.

[123] 王祎,李志,李芝凤,等.基于产业链分析的海洋工程装备制造业发展研究[J].海洋开发与管理,2015,32(7):40-43.

[124] 刘堃.中国海洋战略性新兴产业培育机制研究[D].青岛:中国海洋大学,2013.

[125] 杨令.当前海上安全形势下的海警建设对策[J].公安海警学院学报,2012,11(4):30-32.

[126] 郭明.中国当前的海上安全挑战及对策[J].亚非纵横,2011(1):29-36,58.

[127] 郝澍葳.试析21世纪初期中国海上安全战略[D].郑州:河南大学,2010.

[128] 高奇.浅析当前我国海上安全形势及海警部队的对策[J].法制与社会,2010(1):186.

[129] 段廷志.中国海上安全战略选择[J].瞭望,2005(28):22.

[130] 贺三,邓志强,杨克诚,等.乙二醇溶液脱盐工艺应用现状及进展[J].应用化工,2019,48(11):2714-2718.